Emancipação e história

José Maurício Domingues

Emancipação e história
O retorno da teoria social

1ª edição

Rio de Janeiro
2018

Copyright © José Maurício Domingues, 2018

Capa: Ronaldo Alves
Imagem de capa: AP/Eugene de Salignac/Department of Bridges & Structures/Courtesy NyC Municipal Archives

CIP-BRASIL. CATALOGAÇÃO NA PUBLICAÇÃO
SINDICATO NACIONAL DOS EDITORES DE LIVROS, RJ

D718e
Domingues, José Maurício
Emancipação e história / José Maurício Domingues. – 1ª ed. – Rio de Janeiro: Civilização Brasileira, 2018.
294 p.: il.; 23 cm.

Inclui bibliografia
ISBN 978-85-200-1135-5

1. Ciências sociais. 2. História. I. Título.

18-47519
CDD: 320
CDU: 32

Direitos de edição da obra em língua portuguesa no Brasil adquiridos pela EDITORA CIVILIZAÇÃO BRASILEIRA. Todos os direitos reservados. Nenhuma parte desta obra pode ser apropriada e estocada em sistema de bancos de dados ou processo similar, em qualquer forma ou meio, seja eletrônico, de fotocópia, gravação etc., sem a permissão do detentor do copyright.

EDITORA CIVILIZAÇÃO BRASILEIRA
Um selo da
EDITORA JOSÉ OLYMPIO LTDA.
Rua Argentina, 171 – Rio de Janeiro, RJ – 20921-380 –
Tel.: (21) 2585-2000.

Seja um leitor preferencial Record.
Cadastre-se em www.record.com.br e receba informações sobre nossos lançamentos e nossas promoções.

Atendimento e venda direta ao leitor:
mdireto@record.com.br ou (21) 2585-2002.

Texto revisado segundo o novo Acordo Ortográfico da Língua Portuguesa.

Impresso no Brasil
2018

Sumário

Introdução   7

1. Vicissitudes e possibilidades da teoria crítica hoje   13
2. Modernidade global: níveis de análise e estratégias conceituais   35
3. Questões sociais existenciais, tendências de desenvolvimento e modernidade   61
4. História, sociologia e modernidade   93
5. Realismo, conceitos-tendência, Estado e modernidade   117
6. Família, modernização e teoria sociológica   153
7. As formas básicas da interação social   179
8. Imaginário e política na modernidade: a trajetória do peronismo   209
9. Teoria social crítica e tendências de desenvolvimento, emancipação e comunismo tardio   239

Referências bibliográficas   269

Introdução

As ciências sociais vêm desempenhando um importante papel nas discussões sobre a emancipação social, desde que essas duas vertentes se juntaram, em meados do século XIX. A teoria social foi decisiva para esse processo, ao perscrutar o futuro através das marcas deixadas por este no presente, antecipando-se a seu próprio tempo. Assim foi com a teoria de Marx, os marxismos, outras linhas socialistas, outras vertentes da teoria crítica, hoje com as poucas correntes que, seja dentro ou fora do marxismo, tentam elaborar propriamente uma teoria de alcance mais amplo. Conceitos analíticos mais abrangentes se apresentam, desse modo, como uma demanda da própria teoria. Mas na verdade esse compromisso com os grandes processos e a maneira de pensá-los em larga medida se perdeu.

Há boas razões para isso, visto que as certezas excessivamente firmadas e promovidas pelo marxismo muitas vezes se mostraram discutíveis e, em vários casos, simplesmente equivocadas. Nenhuma teleologia histórica se mostra mais convincente. Isso não deveria ter levado, porém, a abandonar os esforços de ler no presente os traços possivelmente prefigurativos do porvir, no sentido de que eles se anunciam como possibilidades, cuja realização nada tem de necessária, dado que outras possibilidades e tendências se apresentem, com frequência, mais poderosas do que as que levariam à emancipação. Trata-se, sim, de examinar o que talvez sejam tendências em meio a outras, algumas das quais poderiam ser impulsionadas na direção emancipatória para a qual apontam. Isso permitiria conectar de forma mais plena e produtiva o que se chamará aqui de conceitos--tendência com a criatividade social e a contingência histórica.

O tema da contingência é recorrente na sociologia, a criatividade é, como quase sempre, evocada de maneira retórica e aqueles temas da direcionalidade do desenvolvimento social praticamente se perderam. O esforço dos textos aqui reunidos, os quais são parte de um projeto maior, visa a promover a sua rearticulação, de modo que possamos, nos quadros da modernidade avançada em que vivemos, retomar a discussão sobre a emancipação social sem nos prendermos a esquemas teóricos que já não funcionam, nem nos abandonarmos ao empirismo e ao imediatismo. As consequências políticas de nos mantermos prisioneiros de antigos esquemas que não têm respostas adequadas ou do rebaixamento ao empiricismo são, de resto, o taticismo, uma vez que uma estratégia de longo prazo tem de ser guiada por objetivos e modos de alcançá-los. Sem dúvida, não se trata de reivindicar novas certezas e exclusivismos, mas de pôr em questão processos amplos, a partir dos quais a política possa ser pensada.

A junção entre emancipação e história, em particular mediante o retorno da teoria social, aponta exatamente para estas perguntas: quais tendências de desenvolvimento do mundo contemporâneo se podem discernir hoje, sem abrir mão da ideia de contingência e da criatividade social? É possível delinear algum horizonte de futuro, como pretendia a teoria clássica, ainda que exageradamente? Há algo, a respeito do horizonte de futuro, que mereça ser discutido do ponto de vista da teoria crítica, vinculando-se às possibilidades de emancipação da espécie humana? Somos capazes de ir além da descrição empírica e da narrativa histórica, dando resposta a essas indagações no plano da teoria social? São essas as questões mais gerais que permeiam os textos aqui reunidos.

O livro começa com uma indagação acerca do próprio significado da teoria crítica hoje, fazendo uma avaliação bastante severa dos caminhos que foram traçados e sugerindo alternativas que a revigorem (Capítulo 1). A maior parte dos textos aqui apresentados tem em seu centro a discussão dos *conceitos-tendência*, seja de modo geral, seja com focos específicos. Os conceitos-tendência, em

INTRODUÇÃO

seu vínculo, ao menos tal como são entendidos aqui, com a *subjetividade coletiva*, são tematizados de forma sistemática, nos quadros da teoria sociológica (Capítulo 2). A religião e a secularização são temas que exemplificam o escopo e o alcance da discussão, em uma perspectiva global. A análise segue seu rumo ao tratar do estatuto que vários autores, entre os quais Marx e Weber, atribuem às diversas "dimensões", como se costuma chamá-las muitas vezes, da vida social. A questão é solucionada pela conceituação do que defino como as fundamentais *questões sociais existenciais da espécie* e as diversas maneiras de enfrentá-las (Capítulo 3). O tema se desdobra no que diz respeito, também em plano ainda bastante geral, à relação entre história e sociologia, em particular nas obras exatamente daqueles dois sociólogos clássicos (se reconhecessem ou não nesta definição) (Capítulo 4).

Duas ordens de temas ainda bastante gerais, mas já mais recortados, nos permitem avançar na compreensão dos conceitos-tendência. Isso diz respeito primeiramente à construção da *modernidade política* como uma dimensão fundamental e separada da vida social, enfrentando-se a questão existencial específica do poder, com o Estado em seu centro. Essa tendência se acompanha de uma autonomização dos cidadãos como indivíduos cada vez menos controláveis pelos aparatos estatais, que no entanto continuam se fortalecendo (Capítulo 5). Eis aí um eixo crucial da emancipação nos termos da vida contemporânea, o qual de certa forma é relegado a um estatuto secundário na teoria marxista, seja por sua concentração inicialmente na economia política e depois na filosofia e na cultura, seja porque a "ditadura do proletariado" prometia de forma simples, ainda que praticamente dramática, resolver de modo completo essa questão. A epistemologia subjacente à maneira como concebo essas tendências retorna e é expandida também neste texto. Enfim, *a família na modernidade global* abre alguns temas à discussão, com sua flexibilização e como forma de resolução de uma de nossas questões existenciais fundamentais – a dupla constituída pela reprodução da espécie e pela sexualidade (Capítulo 6).

O *imaginário* – foco crucial de discussões contemporâneas e em parte fulcro do exercício da criatividade, aqui comparecendo em diálogo direto com Castoriadis – oferece um eixo a mais à análise, atravessando na verdade todo o livro. Ele se particulariza e se abre à discussão do chamado "populismo" e da bastante influente teoria de Laclau sobre o que seria esse fenômeno, a qual é criticada por suas simplificações e consequências problemáticas (Capítulo 7). A discussão das *formas básicas da interação social* – em que as redes de colaboração voluntária, tão decisivas para qualquer projeto socialista, têm de estar contempladas, ao lado dos princípios do mercado e da hierarquia – repõe também certas questões, em nível conceitual bastante exigente. Eis aqui o que me parece um exemplo preciso do que se deve entender como uma estratégia de construção categorial analítica (Capítulo 8).

Enfim, voltamos aos temas longitudinais – que remetem à história e estão no cerne deste livro – e à trajetória dos conceitos-tendência na história do marxismo, assim como em algumas teorias contemporâneas, como as de Negri e Sousa Santos, que fornecem um campo de indagações sobre a relação entre elas e a própria ideia de *teoria crítica* e *emancipação*. O objetivo é, em larga medida, retomar a discussão nos quadros de uma aproximação àquilo a que me refiro como a questão do "comunismo tardio", de fato aí concluindo-se o volume (Capítulo 9). Trata-se, de certa maneira, de um retorno, mas já em outro plano, à temática apresentada no primeiro capítulo. À medida que o livro avança, de modo geral, os temas são aprofundados e expandidos e podemos finalmente retomar as questões introduzidas no início contando com as análises sistemáticas realizadas nos capítulos anteriores. Isso se verifica de maneira particularmente saliente neste caso.

Vale notar ainda que, se o Capítulo 6 evidencia o peso das diversas tradições civilizatórias na articulação concreta das tendências de desenvolvimento da modernidade no que se refere às relações mais íntimas e básicas – "primárias", segundo uma corrente tradi-

INTRODUÇÃO

cional da sociologia –, assim como à religião e às visões do mundo em geral, os Capítulos 5 e 9 apontam uma questão que precisamos tratar ainda de maneira mais sistemática, no que se refere igualmente a desdobramentos práticos. Trata-se da *mediação* política, e novas formas de exercê-la e de mobilização coletiva vêm trazer essa questão para o centro da experiência e do debate político. Ela depende do princípio da colaboração voluntária estudada no Capítulo 6, projeta-se como elemento cujo reforço potencial é tendência real, mas difícil, da modernidade, agora como anteriormente.

Com esse tipo de construção acredito conseguir ir mais além de trabalhos recentes em que oferecemos uma visão crítica da modernidade global, ao mesmo tempo que criticamente nos afastamos das teorias ditas pós-coloniais e descoloniais (por exemplo, Domingues, 2012). Não porque não abordem problemas em princípio interessantes, senão por tratarem de forma demasiadamente difusa a crítica à modernidade, por se concentrarem em sua própria discursividade – em detrimento de construções propriamente teóricas – e, enfim, deste modo, por não se armarem de fato para identificar o que seriam realmente as questões-chave a serem tratadas criticamente e, ao fim e ao cabo, politicamente, numa direção emancipatória.

À sociologia é atribuído, portanto, um papel teórico sistemático, de maneira contrária ao que se faz, muitas vezes, na teoria crítica dedicada a ela, ou seja, de identificação de processos meramente empíricos, distinto do que fariam a filosofia e a economia política. Supõe-se de fato aqui que a filosofia tem suas teorias construídas com pouca referência ao mundo empírico, ou que ao menos a ele sobrepõem seus esquemas bastante *a priori*, ao passo que a economia política trata de apenas um aspecto da vida social, de certo modo, ao contrário do que pensava Marx, provavelmente não tão central para a emancipação em termos estratégicos, campo que parece pertencer à *política* tal qual a conhecemos hoje (sem prejuízo de sua importância para a construção de um mundo alternativo ao capitalista em que vivemos). É a teoria, recusando-se a ser capturada pelos casos específicos e exclusivos do Ocidente, que tem de facultar a superação do eurocentrismo e do ocidentocentrismo, bem como do orientalismo, permitindo-nos uma visão crítica dessa modernidade global, de suas tendências gerais de desenvolvimento e, assim também, de suas particulares expressões regionais, nacionais e locais, em suas hibridizações efetivas com a civilização moderna.

Estes textos e pensamentos vêm se tecendo aos poucos, ao longo dos últimos anos, atingindo definições mais precisas. Muitos contribuíram para sua elaboração. Nas notas aos diferentes capítulos, agradecimentos específicos são explicitados, embora outros seguramente me hajam escapado. Vale aqui observar que este é um projeto desenvolvido nos quadros do Núcleo de Estudos sobre Teoria Social e América Latina (Netsal), abrigado no Iesp/Uerj. Agradeço a seus diversos membros e, em especial, a Breno Bringel, que o coordena comigo, pelas discussões que viemos realizando, assim como especialmente a Wolfgang Knöbl por leituras e debates em que alguns desses temas afloram com muita frequência. Agradeço também a Peter Wagner, que me recebeu em Barcelona em 2013, e a Paula Diehl, que arranjou minha estadia em Berlim, em 2015. Boa parte dos textos aqui reunidos encontrou inspiração e redação em algum desses ambientes. Esta pesquisa foi possível graças ao apoio do CNPq e da Faperj.

1. Vicissitudes e possibilidades da teoria crítica hoje[1]

Definindo a teoria crítica

A proposta aqui é pensar os rumos da teoria crítica hoje e suas relações, em particular, com a sociologia, com referência concreta ao mundo contemporâneo. Não se trata de restringir a ideia de teoria crítica à tradição da chamada Escola de Frankfurt e de seus desdobramentos, tampouco de delimitá-la em termos do que se convencionou chamar de "marxismo ocidental". Prefiro enfocar a teoria crítica de forma mais "ecumênica" e assim supor que outros autores e correntes nela se situem de maneira lata, compartilhando alguns pressupostos comuns. Isso nos leva a uma discussão sobre, inicialmente, algumas correntes que poderiam contribuir na direção de uma renovação desse vasto campo teórico. Antes de fazer isso, cumpre, entretanto, definir em que medida – e até que ponto – uma abordagem teórica poderia ser vinculada à tradição crítica, sem pretender uma discussão sistemática de todas as correntes que

---

1. Publicado originalmente em *Revista de Sociologia & Antropologia*, v. 1 (2011); e, em forma modificada, que serve de base para esta versão, em Breno Bringel e José Maurício Domingues (orgs.), *Global Modernity and Social Contestation* (Londres e Delhi: Sage, 2015).

hoje poderiam ser vistas como componentes desse campo intelectual. Pretendo me concentrar em algumas linhas fundamentais do debate contemporâneo.

Uma ambivalência em relação à evolução da modernidade, em seus aspectos multidimensionais, que incluem o capitalismo, sem a ele se limitar, caracteriza muito da teoria social europeia desde ao menos meados do século XVIII até sobretudo as últimas décadas do século XX. Liberdade e dominação aparecem nessas várias análises como polos em que se realiza e se frustra a modernidade, embora suas promessas sejam efetivadas de maneira parcial e unilateral por meio de instituições que, se de um lado concretizam os valores da liberdade igualitária, que desde sempre foram cruciais para o imaginário moderno, de outro estabelecem padrões de relação social que se calcam em novas formas de dominação (Domingues, 2002, caps. 1-2). Alguns levam a crítica muito longe, como no caso de Weber, mas isso não chega a constituir uma visão que se enquadre no que quero definir ecumenicamente como teoria crítica: ele se contentou com uma resignação perante um mundo em que os valores do liberalismo eram realisticamente, acreditava, carta já fora do baralho, impossíveis de se realizar em uma sociedade altamente burocratizada e privada de liberdade, onde vigora um sistema de dominação racional-legal consubstanciado no Estado moderno (Cohn, 1978; Domingues, 2000).

A teoria crítica aqui se põe então como uma vertente de questionamento da modernidade que não apenas sustenta seus valores contra as instituições do tempo presente, mas que também busca localizar nele, e nos agentes sociais que dentro dele se movem, os potenciais e possíveis sujeitos da emancipação prometida anteriormente pela modernidade. Mas esses valores não são nem podem ser uma pura derivação das ideias do teórico crítico, antes consistindo em extrapolações conceituais de temas e tendências que se verificam no mundo social efetivo da modernidade em suas sucessivas transformações, nas quais, contudo, muito deles perdura permanentemente.

Ou seja, trata-se de uma *crítica imanente*, que visa a, entretanto, *transcender* as condições sociais que impedem a realização dos valores da modernidade e as demandas que os agentes sociais concretamente críticos trazem à linha de frente da disputa intelectual e política (Benhabib, 1986, pp. 328-329; Browne, 2008).

De fato, mesmo na tradição da Escola de Frankfurt mais limitadamente concebida, há muitas formas e "modelos" de fazer teoria crítica (ver Müller-Doohm, 2005). De todo modo, deve ficar claro aqui que não se trata nem de se ater apenas às concepções de justiça que se apresentam nos movimentos sociais, nem de buscar os elementos morais incipientes que as articulam a partir do sofrimento moral, ou podem vir a articulá-las, mas todas essas coisas e outras mais, desde que a demanda por liberdade igualitária se insinue, no que divirjo tanto de Fraser quanto de Honneth (2003). Se aquela demanda fornece um critério claro, por outro lado obviamente a realidade não é pura. Some-se a isso que a transcendência pode ser prefigurada nesse sentido tanto em termos de elementos institucionais quanto, apenas, imaginários. Mais complicada é a substituição direta de Habermas (1981) da análise social e de impulsos sociais imanentes para a mudança pela ideia de que o cerne da teoria crítica descansa na própria estrutura da comunicação humana e por uma ideia um tanto obscura de "reconstrução" conceitual, que aplicou de maneiras distintas a vários fenômenos.

Nobre (2008a e 2008b), por exemplo, vem insistindo na pretensão de "não concorrência", a partir de Marx, mas sobretudo com referência ao texto fundador de Horkheimer, entre "teoria tradicional e teoria crítica", perspectiva que se estenderia até ao menos certa altura da obra de Habermas, como uma marca definidora da questão, nos quadros de uma delimitação mais estrita do que seria a teoria crítica. Mas vejo aqui certa ambiguidade: não está claro se a não concorrência se põe em termos de desenvolvimentos paralelos, apesar de a teoria crítica incorporar os achados da teoria tradicional, ou se aquela seria efetivamente superior, por seu ponto de vista cognitivo, a esta. Apenas sob esta última ótica creio ser válida a perspectiva de uma não concorrência em Marx e Lukács. Mais geralmente, o ponto de vista crítico, vinculado à emancipação, pode reivindicar preeminência somente na medida em que está calcado na transcendência do presente mediante o reconhecimento dos elementos emancipatórios que nele se encontram ao menos em germe, sejam valores, processos, instituições ou agentes.

É isso que falta à teoria tradicional, que desse modo segue presa exclusivamente ao círculo do presente. Nesse sentido, há de fato concorrência, embora também complementaridade parcial. Esta é a forma com que posso entender, por exemplo e exemplarmente, a crítica da economia política de Marx, que apresenta por outro lado uma construção conceitual sistemática que vai além daquela articulada pela teoria tradicional, sem perder sua carga de negatividade. Ou seja, complementaridade crítica e competição teórica emancipatória não se excluem do ângulo pelo qual enxergo a questão, embora a qualidade e a efetividade da produção não sejam nem de longe garantidas por uma retórica crítica e que qualquer ponto de vista seja capaz de gerar sistemas conceituais e interpretações de grande alcance e sofisticação.

Eu gostaria de sugerir, porém, que não é em uma perspectiva metodológica que devemos enraizar a teoria crítica, mas sim na imanência de um valor central, que não perdeu de modo algum seu potencial, ainda que possa ficar adormecido quando algumas metas da emancipação social são alcançadas. Refiro-me à *liberdade igualitária*, ou seja, à demanda de que cada um tenha o mesmo *poder* social e esteja livre para escolher seu próprio caminho na vida, individual e coletivamente, para além dos sistemas de dominação – ou que impliquem controle – e da falsa dicotomia entre liberdade positiva e negativa. Esse tem sido o núcleo histórico substantivo da teoria crítica desde Marx, passando por Adorno e chegando a Habermas (Domingues, 2002, caps. 1-2).

Assim, cabe perguntar: por onde anda a teoria crítica em sentido estrito? Há vinte anos, quando a democracia começava a decair no mundo ocidental, após décadas e mesmo séculos de difícil e conflitiva expansão, as abordagens mais destacadas da teoria crítica defendiam a ideia de que a expansão da "sociedade civil" ou da "esfera pública" – e mais exatamente a democracia procedimental e deliberativa – passaria ao centro da política emancipatória na virada para o século XXI (Cohen e Arato, 1992; Habermas, 1992).

Nada de capitalismo, nada de neoliberalismo, nada de transformações desdemocratizantes do Estado. Nesse sentido, embora já houvesse problemas com sua obra máxima, em particular em função de sua adoção da teoria dos sistemas e de uma filiação tácita à teoria neoclássica do mercado (Habermas, 1981), a discussão posterior de Habermas sobre a democracia avançou no sentido de preencher, ainda que de forma discutível, uma lacuna que era altamente problemática para a teoria crítica. Por outro lado, contudo, ela significou um retrocesso de um ponto de vista conceitual mais amplo. Sua última intervenção relevante nesse debate enveredou por discussões importantes acerca da invasão do neoliberalismo eugênico sobre a política da vida (com referência à biotecnologia) (Habermas, 2001a e 2001b); e, mais recentemente, evidencia talvez o começo do reconhecimento da possibilidade de processos de desdemocratização, exemplificados concretamente pela sina atual da Europa (Habermas, 2011).

Honneth, depois de muito insistir na centralidade da política do reconhecimento – que pode nos oferecer uma interessante teoria de alcance médio, porém não mais que isso –, parece haver terminado por supor, em contribuição conjunta com Martin Hartmann, que a crítica perdeu seu núcleo imanente transcendente. Isso se deveria à capacidade do capitalismo contemporâneo de assumir as demandas da geração de 1968, com sua crítica estética e social, no máximo restando como elemento de tensão os "paradoxos" gerados pela inevitavelmente incompleta e algo ilusória realização desses valores (Honneth, 2010), embora, no que é até agora sua obra máxima, a liberdade, como princípio da vida ética moderna, seja reafirmada (sem entretanto um reconhecimento mais explícito de seu impulso igualitário, como valor, nessa civilização), e como se tivesse sido basicamente institucionalizada (Honneth, 2011). Concepções globais de justiça, para os indivíduos, também vêm chamando a atenção de autores nessa tradição, mas apenas recentemente, em relação a indivíduos, não a países e coletividades, nem no que se refere à dinâmica do capitalismo ou da democracia nos planos nacional e global (Fraser, 2009).

Para tecer aquele último argumento, Honneth se baseia em parte na obra de Boltanski e Chiapello (1999), cujo diagnóstico da modernidade tem grande interesse, ao tratar do que seria o "novo espírito do capitalismo", ainda que com ênfase excessiva na moral e na motivação, como se este fosse o problema de Weber (o que não é verdade, embora tampouco seja correto falar simplesmente em lógica sistêmica). Ou seja, trata-se de uma teoria protestante do capitalismo, calcada na ideia de internalização das normas, curiosamente mediada por sua absorção por Parsons, antes que de uma teoria do protestantismo e seu impacto sobre o desenvolvimento do capitalismo, quando então se esfuma, segundo Weber, dando lugar à mera lógica sistêmica e a objetivos instrumentais. Trata-se de problema que também prejudica a obra de Habermas e, hoje, em particular, a de Honneth.

De maneira mais grave, perdeu-se Boltanski, o *chef d'école* do grupo, posteriormente em uma definição de crítica amorfa e inespecífica, na afirmação da questão moral como se ela esgotasse o universo social, diluindo-se seus argumentos, além disso, em uma retórica obscura da qual está ausente o tema do poder (Boltanski, 2009). Ela não empresta centralidade e sequer ventila os desdobramentos cruciais que vivem hoje os países europeus, aliás opera como se esses problemas não existissem, uma vez que, de resto, a seleção de modelos de crítica que realizou anteriormente com Thèvenot, todos igualitários-meritocráticos, não dá espaço para relações de dominação, que quase nunca se explicitam moralmente na modernidade, ou, problema gritante na Europa de hoje, para a situação de populações emigrantes.

Ademais, apesar de mobilizar vários autores da filosofia política, arbitrariamente selecionados, não visa a uma "sociologia crítica", mas sim a uma "sociologia da crítica", sem dar atenção aos principais valores mais gerais que com certeza se podem encontrar nos diversos mundos da vida e em suas críticas cotidianas, os quais compõem o núcleo do imaginário moderno (Boltanski e Thèvenot, 1991). Ou seja, polarização das classes, demagogia racista, decadência da democracia, neoliberalismo, nada disso está presente em seus textos, a despeito de aspectos cruciais do capitalismo serem de fato abordados em seu estudo conjunto com Chiapello. De resto, a meu ver aquela contraposição entre formas de crítica só faz algum sentido no contexto de sua oposição à teoria de Pierre Bourdieu, a qual não reconhece as faculdades reflexivas, portanto tampouco a capacidade crítica, dos seres humanos comuns. De modo algum é este o caso com a vertente alemã que se estende de Marx a Honneth, bem como com outras correntes menos objetivistas de teoria crítica.

Ao mesmo tempo, alguns autores marxistas, como Harvey (1990 e 2009), vêm apresentando discussões interessantes e relevantes do ponto de vista crítico sobre o mundo contemporâneo, todavia conceitualmente procedendo como se bastasse fundamentalmente retomar o arcabouço teórico de Marx para dar conta da questão, o que, é óbvio, não é plausível depois de mudanças substanciais no mundo e na teoria nas últimas décadas. Em compensação, em seu esforço de renovação, certos autores "pós-marxistas" partiram para o mundo do "discurso" e, a despeito de discussões conceituais interessantes, enveredaram por uma esfera bastante nebulosa, com, a meu ver, limitada capacidade de compreensão do presente, em sua multidimensionalidade (por exemplo, Butler, Laclau e Zizek, 2000). Uma concentração redutiva no Ocidente, mais uma vez, de modo geral se baseia também nessas correntes.

De outro lado, deparamo-nos com o "pós-colonialismo". Espera-se ainda para ver quais serão suas inovações concretas, para além da demanda de que é preciso reinventar a teoria social totalmente, para além do eurocentrismo, como se nada jamais houvesse sido projetado nessa direção e como se as ciências sociais e as humanidades nunca tivessem sido capazes, por exemplo, na América Latina, de propor soluções para os problemas de dependência intelectual e inadequação conceitual que eles denunciam, o que é patentemente absurdo (Devés Valdés, 2012).

Mais interessantes são propostas como as de Nandy (1978), cuja obra é – ou deveria ser – uma referência global. Ele é um exemplo claro de uma crítica parcialmente não moderna à modernidade, ainda que ao mesmo tempo se ponha como alteridade já modernizada (e, portanto, parte também da modernidade), centrada na questão da liberdade e mesclando influência europeia e herança transformada da civilização índica (ver Domingues, 2010).

Análises concretas sobre o mundo contemporâneo, sobre as sociedades ditas pós-coloniais, faltam absolutamente nessa abordagem – afora as intervenções de Chatterjee (1993 e 2004), cuja fixação na ideia de "comunidade" e secundarização da luta por direitos são, como veremos adiante, muito discutíveis, a rigor condizentes com uma aceitação sub-reptícia – e certamente não intencional – do *status quo* que se afirma hoje.

Na América Latina, destaca-se nesse sentido Mignolo (2000 e 2005), cujo trabalho está centrado na exclusão, pela "colonialidade-modernidade", dos povos originários e na busca de uma articulação retórica selvagem, ao contrário do racionalismo e da racionalização oficiais ocidentais. Aqui é o mundo do discurso, tão caro ao cruzamento do pós-modernismo e do pós-estruturalismo, o que informa muito desse ponto de vista pós/descolonial restrito, no melhor dos casos, apesar da relevância de certos problemas que enfatizam.[2] De todo modo, embora esses temas sejam de fato relevantes – a diversidade do mundo social global bem como desafios epistemoló-

---

2. Exemplo cintilante disso se encontra em Spivak, 1998.

gicos e políticos têm de ser enfrentados –, a crítica não pode deter-se aí. Além disso, essa discussão não é uma exclusividade do pensamento pós ou descolonial: muitos na América Latina e alhures, por exemplo, o marxista egípcio Samir Amin (1973 e 1988), têm estado atentos a essas questões, seja apontando essencialmente para o papel do imperialismo ou fazendo uma crítica acerba do "eurocentrismo", pensemos ou não que ele acertou na mosca.

Há vários elementos relevantes nessas abordagens, embora a meu ver elas sejam limitadas. Entretanto, o mundo enfrenta problemas crescentes e a modernidade é conduzida em uma direção de cada vez mais polarização social e solapamento da democracia, ao que na América Latina ao menos se resiste ultimamente com certo sucesso. Esse é um aspecto fundamental do que venho chamando de terceira fase da modernidade, no que tem de mais perverso e mais vinculado à derrota dos projetos emancipatórios, embora isso não seja nem absoluto nem inevitável.

Examinemos mais de perto a questão, para poder entender o que se pode falar de teoria crítica, concretamente, em nosso tempo presente. Aqui se trata de ao tempo seguir uma estratégia ecumênica e resgatar intuições, de corte empírico e teórico, que se puseram nos primórdios dessa tradição. Nisso tem muito a oferecer uma abordagem sociológica incisiva, antes que filosófica, mas que mantém o choque entre valores e instituições modernas em seu cerne.

Sem dúvida, há outros autores e abordagens que se pretendem críticas, as quais vêm dando atenção a essas questões, assim como inúmeros temas, como a patriarquia e o sexismo, o racismo e a destruição do meio ambiente, que têm suas próprias linhagens críticas. Não imagino aqui lidar com todas elas, de modo algum, muito menos esgotar os temas múltiplos e cada vez mais específicos que a vida social em exponencial complexificação nos vai lançando nesse sentido. Importa neste contexto somente delinear o que seriam os eixos fundamentais de um diagnóstico crítico do presente, apontar para forças emancipatórias nessa quadra histórica, tema crucial para a própria legitimidade da teoria crítica, e indicar caminhos de pesquisa que me parecem relevantes nessa conexão.

A modernidade contemporânea

Nas últimas três ou quatro décadas houve uma mudança radical na situação dos diversos países em todo o mundo. O capitalismo mudou seus padrões de acumulação e regulação, bem como de consumo; ou seja, alterou-se bastante seu "modo de desenvolvimento", para utilizar a expressão dos regulacionistas franceses. O neoliberalismo é uma expressão disso, mas também o são as profundas mudanças na forma de organização da produção e do consumo, que se convencionaram chamar de "pós-fordismo". Uma globalização desses processos emergiu em todos os países do mundo, de forma "desigual e combinada", juntamente com sua fragmentação: pelo *just in time* e pela *lean production*, pela terceirização e pelas redes entre empresas, pela pluralização e segmentação dos mercados de consumo, assim como por mais concentração e centralização do capital e por uma polarização social crescente entre classes sociais, ou entre pobres e ricos, de um ponto de vista fenomenológico. Isso marcou, de modo contingente, devo enfatizar, o que se pode caracterizar como a passagem da segunda fase da modernidade – organizada em grande medida pelo Estado – para a terceira, de acrescida complexidade social e na qual o Estado recua para outras tarefas de governamentalidade, deixando a economia, agora muito mais globalizada, ser cada vez mais regulada pelo mercado, com predomínio em parte do capital financeiro sobre ele (Boyer, 1986; Harvey, 1990 e 2009; Piketty, 2013; Domingues, 2008, 2012 e 2015).

Havia, contudo, a expectativa de que a democracia viesse a florescer – ou ao menos havia uma perspectiva normativa quanto à questão democrática. Vinha daí a esperança de setores dominantes da teoria crítica que apostaram nisso, já mencionados anteriormente. Isso não ocorreu de modo geral, trata-se de esperanças frustradas e os elementos democráticos desses sistemas políticos encolheram – em termos da confiança dos cidadãos no comportamento dos ocupantes do Estado, do espaço de participação e de sua proteção quando participam (Tilly, 2004, pp. 7-30; 2007, especialmente cap. 1).

Seria possível sugerir que o problema está localizado nos países do antigo "Terceiro Mundo" e naqueles que viveram o "socialismo real", seja a China, seja Cuba, seja a Rússia. Mas isso é patentemente falso: a democracia é restringida e recua exatamente naqueles países em que emergiu no Ocidente originalmente, seja na Europa ou nos Estados Unidos.

Participação, respeito ao mandato eleitoral conferido pela população, articulação com as forças organizadas da sociedade, respeito aos direitos humanos e demais direitos, liberdade de imprensa, tolerância em relação a grupos étnicos e religiosos distintos, tudo isso se vê em xeque por fraude eleitoral explícita, por uma acentuação do poder repressivo do Estado, pela completa indiferença pelo mandato recebido pelos partidos e "lideranças" para realizar políticas definidas em suas campanhas – mudando-as de forma totalmente cínica a seu bel-prazer, ou conforme as exigências do mercado –, pelo uso oficial da tortura e do sequestro, pelo aumento dos segredos e dos serviços secretos e de vigilância, pelo racismo oficial e aberto, pelo uso instrumental e seletivo da Justiça, pelo crescente fortalecimento e independentização dos executivos frente aos parlamentos (e dentro daqueles, dos bancos centrais), por ataques à imprensa de forma frontal quando ela se mostra crítica ao *establishment*, ao passo que os meios de comunicação de massa se fazem cada vez mais monopolistas e vinculados ao neoliberalismo global.

Infelizmente, muito pouco – ou quase nada – vem sendo, criticamente ou não, teorizado nesse sentido (para certos aspectos disso ver, contudo, American Political Science Association, 2004; Crouch, 2004; Giroux, 2004; Sassen, 2006; Pierson e Skocpol, 2000;

Streeck, 2011 e 2013).³ Em certa medida, a continuidade formal – na verdade duvidosa, na melhor das hipóteses, em muitas instâncias – dos sistemas liberais democráticos subtrai o tema à discussão. Obviamente, tampouco se deveria esquecer o que se poderia chamar de "desexcepcionalização" do "estado de exceção" que marca a evolução das democracias liberais desde sua própria emergência no século XIX e que hoje, segundo Agamben (2003), atinge seu ápice, o que se encontra na base do fortalecimento dos executivos em detrimento da soberania popular e do parlamento.

Nesse sentido, embora com dificuldades e limitações, a América Latina é a única região do mundo que avança, em sentido contrário ao que ocorre em outras paragens, na direção de construir e aprofundar a democracia, desenvolvendo o que defini como uma revolução "molecular democrática". É verdade que um projeto "transformista" tem tido muito peso nas sociedades latino-americanas, em particular com o neoliberalismo dos anos 1990 e que, do ponto de vista econômico, a situação, a despeito de um crescimento acentuado desde 2009 e mesmo anteriormente, se complica por conta de processos de reprimarização ou mercantilização que reiteram, até mesmo no caso do Brasil, sua vocação periférica ou, na melhor das hipóteses, semiperiférica. É verdade ainda que, de modo geral, o fortalecimento do Executivo também se verifica na região. Mas um projeto de mais "coesão social" – que vem recusando nos últimos dez anos a polarização e os diferenciais crescentes de renda e riqueza que marcam o mundo todo hoje – é visível, em maior ou menor grau, na maioria dos países latino-americanos. Isso é claro no caso do Brasil, embora falar de uma nova classe média, baseando-se nos métodos das agências de publicidade que querem pensar os merca-

---

3. Curiosa e estranhamente, em seu livro sobre a democracia, democratização e desdemocratização, Tilly (2007) em momento algum se refere aos Estados Unidos no século XX e apenas rara e obliquamente o faz em relação à Europa, sustentando com frequência, a despeito do avanço que seu trabalho representa, uma posição formalista uma vez estabelecida a institucionalidade liberal-democrática.

dos consumidores em função da renda e das possibilidades de lucro, não faça sentido, sendo antes um aumento geral do poder aquisitivo e da mobilidade social o que vem ocorrendo.

Isso levou ao que, em certa medida, pode ser visto como o início de uma nova onda de mobilização, que começou com manifestações massivas em 2013, em que teve destaque o tema dos direitos sociais universais (Domingues, 2008 e 2015). O que não quer dizer que os sistemas político-administrativos de dominação – de soberania e governamentalidade – não sigam vigentes nesses países e que seu controle por parte da cidadania seja menos importante e premente que em outras regiões do planeta. Não é razoável esquecer as lições weberianas e foucaultianas sobre o tema da dominação, mesmo que racional-legal e hoje marcada por elementos mais ou menos amplamente democráticos na conformação do sistema político, bem como por vezes com boas intenções de cunho social-civilizatório, embora tampouco devamos nos restringir à simples resignação.

Por onde anda a chamada teoria crítica frente a tudo isso? Na melhor das hipóteses, é preciso ressaltar, à deriva. A teoria crítica com Marx centrou-se na discussão da modernidade liberal – sua primeira fase –, com Adorno e Horkheimer, bem como Habermas e os outros integrantes da assim chamada Escola de Frankfurt, na segunda fase, organizada estatalmente, neste caso sobretudo no plano da filosofia. Isso foi reproduzido em outros lugares no mundo pós-colonial ou semiperiférico mais geralmente através de movimentos de liberação nacional, e projetos nacionalistas e afirmativos de vários tipos, com frequência remetendo ao século XIX (Devés Valdés, 2012).

Frente à terceira fase, que se desdobra violenta e rapidamente ante nossos olhos, ela se mantém calada e distante, ou ao menos acabrunhada e ensimesmada. Em compensação, as expectativas e o comportamento de cidadãos e semicidadãos desse mundo transformado são hoje de profunda inquietação e rejeição desses modelos de dominação econômica, política e cultural, embora isso encontre dificuldades de tradução programática e nos sistemas políticos formais. Trata-se comumente de populações quase ingovernáveis ou no mínimo muito menos dóceis, pouco dadas à deferência (o que nem sempre, vale observar, deriva em práticas virtuosas, sobretudo quando democracia e bem-estar lhes são negados, podendo descambar para a criminalidade e a violência cega). Isso é tão verdadeiro na França e na Espanha quanto na Tailândia e no Egito de hoje (Ungpakorn, 2006; Therborn, 2009; Pleyers, 2011; Castells, 2013). De modo geral, a demanda de liberdade igualitária em relação à democracia, a rejeição do neoliberalismo e a defesa dos direitos sociais e de modos de vida plurais têm retomado o centro do palco. Manifestações, novos movimentos sociais e revoltas vêm expressando isso ao redor do globo, a despeito da ascensão de um social-liberalismo mais suave e o fato de que tendências reacionárias de direita se apresentam também nesse contexto.

O argumento pode parecer estranho, uma vez que os movimentos sociais, em particular da classe operária, se enfraqueceram, que o horizonte da revolução social, fortíssimo durante todo o século XX, se desvaneceu quase que por completo. No entanto, ele se faz plausível quando focamos a destruição dos laços de dominação pessoais e pré-modernos em todo o mundo (do que é expressão a extinção ou a modificação radical do antigo campesinato), pela expansão do capitalismo, bem como o alcance generalizado do Estado em suas sociedades, e uma perda de legitimação das hierarquias sociais em todas as partes do mundo.

Concretamente, essas populações vieram a entender, ao menos de maneira parcial, que a ideia de "elites" é mera justificação para um poder maior e ilegítimo, bem como para o cerceamento da liberdade igualitária que a modernidade lhes prometeu. Ou seja, os mecanismos de desencaixe postos em movimento pela modernização radical do mundo contemporâneo, em múltiplas direções (com destaque para o neoliberalismo ocidental e a variante de capitalismo que se encontra em particular no leste da Ásia), vêm promovendo uma constituição da subjetividade popular que, a despeito da utilização de vários modelos de "governamentalidade" (em especial mediante políticas voltadas para o combate à pobreza e à miséria, implicando subjetivação e controle), é muito mais livre socialmente do que o que se via desde o início da revolução neolítica e da fixação dos grupos nômades pela agricultura.

O que resta de controle são as duras restrições à imigração global. Trata-se em geral, contudo, de uma massa desorganizada, cuja mobilização política e horizontes de transformação são com frequência curtos e sem projetos bem definidos. Daí que alguns queiram falar inclusive da "multidão" (Hardt e Negri, 2000), positivando-a, mas deixando escapar os sérios limites que subjazem a seu movimento. Nesse sentido, também, difere a América Latina, cujos movimentos sociais têm sido fundamentais para mudanças democratizantes, entre as quais das instituições políticas nas últimas décadas (Domingues, 2008, caps. 1 e 3, e 2015).

Na verdade, em vista das restrições que se põem ao exercício da participação e a resposta adequada a suas demandas, é possível esperar até por um recrudescimento das formas de rebelião que marcaram o fechamento do espaço político na Europa e em outros lugares (Tilly, 2004, pp. 27-28), com a atual decadência das práticas democráticas por parte do Estado.

É importante observar que os sistemas e projetos de dominação que caracterizaram em grande medida a primeira e a segunda fases da modernidade calcaram-se em tentativas de homogeneização da vida social. Isto se deu pela generalização do mercado, pela cidadania em suas diversas dimensões, pelo nacionalismo, pela produção e pelo consumo de massa (em especial na era fordista). No mesmo sentido se lançaram os projetos emancipatórios, pela homogeneização das classes – sobretudo da classe operária, mas por vezes também do campesinato – como sujeitos da transformação, pela reivindicação de *status* compartilhado de cidadania na social-democracia, por certa ênfase na igualdade e nos nacionalismos defensivos e emancipatórios da periferia.

Obviamente, certo pluralismo social e de projeto sempre subsistiu a essas propostas, que além disso, quando vitoriosas, não lograram implantar-se por completo, em especial graças à resistência da própria sociedade. Toda a crítica de Adorno e Horkheimer (1944-1945) e de seus descendentes intelectuais, centrada na violenta homogeneização promovida pelo "Esclarecimento", se calcava precisamente nessas tendências e nesses giros modernizadores, transferindo seu cerne intelectual para uma leitura da filosofia da história que denunciava seu "logocentrismo", o qual chegava a seu ápice na solução final da eliminação da particularidade (*Besonderheit*) irredutível do judeu por obra do nazismo.

Mas hoje, com mais complexidade social e pluralismo, a heterogeneidade não assusta mais. Se ela já não podia ser controlada, na verdade passou a estar na base de novos projetos de dominação, segmentação, exclusão e cooptação, pelo mercado e pela política, no que seria uma nova fase da civilização moderna (Cohn, 2003). Sem dúvida, ela pode vir misturada com demandas de homogeneização, como o racismo populista de que lançam mão dirigentes políticos europeus de extrema direita e, agora, de centro-direita também, bem como a direita evangélica norte-americana, constituindo giros modernizadores que não deixam de conter tendências e elementos contraditórios, todos articulados, porém, de modo a reforçar ou retomar o vigor dos sistemas de dominação estatais que possibilitariam uma ofensiva continuada dos grupos dominantes da Europa e dos Estados Unidos em face de uma crise econômica cuja superação se mostra muito difícil.

Isso é verdadeiro ainda no que se refere, por exemplo, à Índia e à China, com velozes desenvolvimentos do capitalismo, crescentes desigualdades (apesar da diminuição da pobreza de modo geral), nacionalismos abarcadores e bastante exclusivistas, fragmentação dos mercados de consumo, destruição da natureza e afirmação não apenas dos ricos enquanto ricos, mas também de uma classe média que se descolou fundamentalmente dos pobres e vive o sonho de um consumismo sem fronteiras.[4] Este último é um dos elementos cruciais de sua diferenciação, ao lado de outros mecanismos que caracterizam estilos de vida, que se afastam pela moradia, hábitos, atitudes, da massa dos trabalhadores e mesmo de parcelas inferiores das classes médias, derrotadas e vinculadas a serviços e direitos sociais.

A indiferença, como na China, ou o desprezo, como na Índia, pela democracia, que contudo neste último país é entusiasticamente celebrada pelas classes populares e castas subalternas, completa o quadro da vinculação dessas classes médias a seus países. Esse quadro remete à terceira fase da modernidade, crivada pela heterogeneidade, pela polarização, pelos nichos de mercado e pelas ameaças ou os impedimentos à democracia (Abaza, 2006; Lange e Meier, 2009; Domingues, 2012). Como já observei, embora a América Latina compartilhe muitas dessas características, seu movimento nos últimos anos vem sendo na direção oposta. Até que ponto isso é sustentável a longo prazo, em que medida não se funda em um giro de pouco fôlego e pouca significação na longa duração da história são indagações que somente o futuro será capaz de responder.

Nesse sentido, compreende-se que o "autonomismo" que afeta os movimentos sociais argentinos há algum tempo leva ao impasse (Svampa, 2008), embora se possa entender quanto se veem na contingência de se defender de um peronismo sempre de tendências autoritárias. Assim, deve-se questionar também a visada teórica de Chatterjee (1993, especialmente pp. 218 e 238; 2004), em outra parte do mundo, que em princípio identifica, mas de fato também celebra, a "sociedade política", a qual existiria ao contrário da lei, declinando da demanda por direitos, oposta, segundo ele, à "sociedade civil" das classes médias, recomendando a ideia de "comunidade moral" autônoma. Isso hoje pouco afeta sistemas de dominação que

---

4. Não se trata, contudo, de fenômeno casual, tendo na estratégia das grandes corporações seu eixo fundamental, como salientado por Ortiz, 1994, cap. 5.

se mostram bastante satisfeitos em manter a sociedade fragmentada em regiões estanques, desde que os chamados "excluídos", as novas "classes perigosas", estejam sob controle, de sua governamentalidade se ocupando mais as organizações não governamentais (ONGs) que o Estado (ainda que o arcabouço geral de sua atuação seja por ele mediado).

Para os sistemas de dominação atuais, ao contrário, tal arranjo pode ser bastante favorável, afastando-se definitivamente de qualquer princípio universalista de coesão social, que demanda uma solidariedade mais ampla, bem como níveis diversos de responsabilidade individual e coletiva (Domingues, 2002, caps. 6-11), que não pode deter-se no plano das micromobilizações. É preciso evitar o paroquialismo de mobilizações que não ultrapassam de fato o nível local, que são, aliás, típicas de mobilizações que se realizam sob regimes mais radicalmente autoritários (Tilly, 2004, p. 30) – não fazendo sentido reproduzir tal estratégia em particular quando há mais espaço para a participação, ainda que em democracias limitadas.

Isso não quer dizer que se deva recusar uma "sociologia das emergências" (Santos, 2002), em que se identificam e apoiam configurações que apresentam novidades em relação à própria estruturação da modernidade, mas sim reconhecer que apresentam muitos limites, ainda que seja possível retirá-las de seu possível localismo através da conformação de redes que potenciem seu impacto social.

É difícil fazer uma análise da sustentabilidade desse modo de desenvolvimento capitalista, com mercados relativamente encolhidos por design, sobretudo porque uma crise de superacumulação e superprodução (ou subconsumo) pesa no horizonte, o que se agrava por ser a China uma locomotiva industrial para exportação cujo consumo interno é todavia bastante restrito (sua taxa de poupança interna permanecendo altíssima) (Brenner, 2006; Ho-fung, 2008). Porém mais interessante é, ao mesmo tempo que se enfatiza o potencial emancipatório, neste momento se expressando de forma ainda bastante defensiva no Ocidente, chamar a atenção para a questão da cidadania real, no que se distingue da cidadania formal que vige em vários países.

Não se trata de denunciar que de fato sujeitos sociais desiguais em termos de estruturas de classe, gênero e outras mais subjazem ao exercício dessa cidadania, condicionando-o. Isso é verdadeiro, sem dúvida, mas gostaria de ressaltar que o próprio exercício da cidadania formal se vê ameaçado pelo aprofundamento das clivagens sociais e a paulatina destruição do *status* comum de cidadão que foi o logro histórico da social-democracia especialmente na Europa, mas que nos Estados Unidos se reproduzia sobretudo em termos de possibilidades de ascensão social e inclusão no mercado, as quais hoje já não existem. Afinal, desde Aristóteles este tem sido um tema crucial para a teoria política, o qual não cabe esquecer: quem, concretamente, é o cidadão, como pode exercer sua cidadania, com que alcance (Dun, 1979, caps. 1 e 5). Mesmo na América Latina, cujo *télos* atual é de avanço, pode-se terminar por perder o impulso que a faz mover-se nessa direção, naufragando ou parando a meio caminho o processo de democratização que se desdobra há algumas décadas.

Também importante é pensar como os diversos países se enquadram no sistema global hoje, para o que, ainda que carecendo de revisões importantes, a teoria crítica latino-americana por excelência, o estruturalismo da Comissão Econômica para a América Latina (Cepal) da Organização das Nações Unidas, e algumas versões da teoria da dependência ainda se mostram fonte segura de inspiração e análise (ver Domingues, 2008, cap. 2). Isso afeta todas as dimensões da vida social, a começar pela questão da justiça global, de um ponto de vista coletivo.

Podemos avançar hoje mais do que temos feito, para além do imaginário e das instituições da modernidade, mas também da retórica? Conceitos-tendência (ver o Capítulo 2 deste livro), para o diagnóstico do presente bem como para a identificação de possibilidades de desenvolvimento para além da modernidade – o "movimento real das coisas", como se assinalou um dia –, têm sido cruciais para a teoria crítica. Mas esses esforços foram simplesmente abandonados em favor de uma leitura da história que põe uma ênfase excessiva na contingência, com poucas exceções (como a teorização anterior de Habermas sobre os novos movimentos sociais, ou aqueles que apontam para um agente abrangente e não especificado, a "multidão", como o grande emancipador da era pós-moderna). Não há nada claro neste momento, e talvez o nível de complexidade da vida social bloqueie afirmações absolutistas excessivamente generalizadas sobre tendências de tão largo alcance (embora o poder das corporações pareça cada vez mais profundo e assustador, de maneira nenhuma emancipatório). Deixar para trás as certezas, seus suportes epistemológicos e sociológicos, era de fato necessário. Talvez, contudo, precisemos retomar aqueles diagnósticos de maneira mais sistemática, ainda que inevitavelmente com uma atitude mental mais modesta (e não forçosamente otimista). É claro que a sociologia pode desempenhar papel destacado nisso.

Renovando a crítica

Com certeza, o projeto multidisciplinar do Instituto de Pesquisa Social de Frankfurt, conduzido por Adorno e Horkheimer, continua sendo um modelo interessante a emular, embora haja outras formas de buscar a totalidade – hoje vista como inevitavelmente mais parcial por outro lado –, formas estas que se realizem de maneira menos sistemática, mas com sorte também efetiva. Uma teoria geral da modernidade não pode senão requerer um esforço conjunto e multidisciplinar. Além disso, a gama de problemas que requerem atenção do que seriam perspectivas críticas, necessariamente plurais, é muito ampla, com destaque, por exemplo, para o que Adorno e Horkheimer chamaram um dia de "indústria cultural", cuja importância não para de crescer e se acha tão vinculada de forma geral à cultura do consumo, embora suas teorias estejam longe de nos oferecer respostas atuais (em particular na América Latina, como observado por Martín Barbero, 1987).

Contudo, para compreender esse universo social contemporâneo nada melhor que a sociologia, disciplina cuja identidade parece evanescente, destroçada pela colonização de seu campo por disciplinas afins ou adversárias, como a antropologia e a ciência política, a linguística e a filosofia, a economia e pesquisas em políticas públicas, ou, no caso brasileiro especificamente, pelo chamado "pensamento social". Sem falar da mistificação que o "pós-colonialismo" tardio começa a tentar promover entre nós, o mito de que nada ocorreu entre os latino-americanos no sentido de buscar reformular conceitos das ciências sociais em função de nossas especificidades. Não se trata de reivindicar a pureza da sociologia, em um momento em que sua imbricação com a filosofia política e social, bem como com aquelas outras disciplinas, se mostra essencial. Trata-se, sim, de acentuar o legado analítico, em relação ao imaginário, às práticas sociais e às instituições, que pode a tradição sociológica oferecer.

É sobre isso que em grande medida creio ser possível e necessário refundar uma teoria crítica ecumênica e vital. Ela não tem nas populações inquietas do planeta nem seu objeto, nem seu sujeito, nem seu destinatário, mas sim a vasta e descentrada subjetividade coletiva com que deve ser capaz de dialogar e cujos caminhos, em múltiplas e variadas dimensões, pode analisar, discutir, criticar, sem pretensão de superioridade, porém tampouco sem o embaraço de se sentir menor por restringir-se à prática intelectual que constitui seu continente próprio, no que já se chamou de "batalha das ideias". Livrar-se de concepções incômodas, do pensamento livre e não imediatamente prático, tem sido aliás projeto consistente dos setores dominantes na terceira fase da modernidade. Não há por que compactuar com isso. Por outro lado, as formas específicas que a modernidade e, dentro dela, os sistemas de dominação assumem hoje contaminam todas as esferas da vida social, em qualquer canto do planeta, o que requer atenção especial.

Assim é preciso deslocar-se da filosofia, sem deixá-la de lado, superar temas e conceitos da tradição crítica – recuperando outros e de todos eles extraindo o que perdura como seu "núcleo racional" –, descartar seriamente o provincianismo e a concentração exclusiva em um país apenas (em geral, o do próprio autor) e, entre nós, somente além disso nos Estados Unidos e na Europa, tentar sistematicamente delinear os elementos específicos do que chamei de terceira fase da modernidade, utilizando-se este conceito ou qualquer outro que capture as mudanças de enorme alcance que atravessam o mundo contemporâneo, seus sistemas de dominação e aspirações e práticas emancipatórias. O tema da cidadania, suas possibilidades e seus limites, é absolutamente crucial, uma vez que a demanda por direitos a afirma, mas pode levá-la a uma explosão de sentido, ao abri-la para outra figura imaginária e institucional, ou, por outro lado, sufocar exatamente o potencial emancipatório que nela se expressa neste momento.[5] A teoria crítica, apesar dos percalços históricos que enfrentou e enfrenta, pode e deve se renovar, de modo a lidar com as grandezas e misérias da modernidade contemporânea, contribuindo para que reencontre as avenidas da mudança social progressista.

---

5. Os temas das "abstrações reais" e da relação entre cidadania "instituinte" e "instituída" são fundamentais aqui. Ver Domingues, 2002, caps. 3-4, 2008, cap. 1, e 2012, parte 3.

2. Modernidade global: níveis de análise e estratégias conceituais[1]

A modernidade tem sido muitas vezes reafirmada como campo de debate. Isso é especialmente verdadeiro na sociologia, que emergiu como disciplina tentando, de distintas perspectivas, teorizá-la. Ela se tornou claramente global à medida que seu foco de análise se moveu de suas "jaulas" do Estado-nação para o plano mundial mais diretamente, embora isso ocorra de fato mediante mecanismos que se vinculam aos Estados e ao controle de fronteiras. O pós-colonialismo se somou, em particular nas humanidades de modo geral, à interpretação da modernidade, mas tem se mostrado incapaz de influenciar a sociologia de maneira muito profunda.[2] Mais geralmente

---

1. Publicado em *Social Science Information*, v. 53 (2014), este capítulo foi desenvolvido nos quadros de uma estadia de pesquisa como parte do projeto Tramod, na Universidade de Barcelona, coordenado por Peter Wagner. Agradeço a ele e a Kathya Araújo pela leitura de uma versão anterior do texto.
2. Esforços têm sido às vezes envidados para mostrar que o pensamento pós-colonial poderia ser aplicado à sociologia, mais recentemente por Go, 2012. Porém isso dificilmente se alcança para além de se usá-lo para repensar a identidade e o discurso como tais, os conceitos sociológicos mal sendo tocados diretamente por essas estratégias, ao passo que a sociologia aos poucos tem se aberto para o estudo de situações coloniais e relações globais de poder (embora o marxismo e a teoria do sistema mundial nunca tenham perdido esses temas de vista).

a derrocada, a despeito de um aparente retorno na esteira do desabamento do "socialismo real" em inícios dos anos 1990, de diferentes formas de teoria da modernização e do marxismo como uma narrativa ampla do desenvolvimento social, deixou basicamente a contingência como maneira de pensar a modernidade. Isso era verdade inclusive no que se refere a abordagens que emergiram com as chamadas sínteses dos anos 1970-1980, que, no caso de Giddens e dos neofuncionalistas, na teoria sociológica geral, bem como na sociologia histórica renovada, nos casos de Mann e Gellner (e também no de Giddens), haviam incorporado já a contingência em seus arcabouços teóricos. A rejeição da teoria evolutiva e seu retorno à história foram centrais em suas abordagens. As exceções a isso foram as teorias de Habermas e Luhmann. Enquanto o primeiro chegara realmente a um impasse, o quadro conceitual do segundo misturava uma visão unilinear da modernização com também uma ênfase na contingência.[3] A abordagem das "modernidades múltiplas" é mais ambígua, visto que sugira algumas tendências-mestras emanando do Ocidente, mas destaque a diversidade, concentrando-se basicamente em processos culturais (Eisenstadt, 2001).

O marxismo tem desfrutado mais recentemente de um justo retorno em relação à crise do capitalismo, para a qual as pesquisas de Marx e dos teóricos marxistas subsequentes oferecem de longe os instrumentos de análise mais consistentes (com ênfase na acumulação global de capital e na "mercantilização" generalizada, como em Harvey, 2003). A teoria da modernização tem tido alguns poucos adeptos que a tentam reviver (como Schmitt, 2007 e 2009 – com discussões sobre a individualização mais difusamente compartilhando essa perspectiva), mas seus conceitos mais amplos e ambiciosos parecem difíceis de serem defendidos, ao menos em sua forma original, em plano mais abstrato ou mais concreto. Assim, os processos que

---

3. Ver Domingues, 1999, cap. 4, para uma análise detalhada desses debates e escolas distintas.

foram um dia identificados pela sociologia clássica, na qual deveríamos agora incluir o trabalho de Parsons, perderam muito de seu poder. Contudo, não foram substituídos por conceitos de maior alcance para interpretar o desenvolvimento da modernidade, em especial no que se refere a seus desdobramentos históricos. Alguns deles se mostraram deficientes inclusive no Ocidente em tempos mais recentes, o que se dramatizou ainda mais à medida que aqueles conceitos clássicos foram aplicados fora dele, seu berço social e intelectual, a sociedades em outras regiões e com diferentes trajetórias.

Isso em certo grau justifica as reivindicações pós-coloniais que sugerem a necessidade de um olhar fresco sobre os processos de modernização ao redor do mundo e mesmo a demanda de novas "epistemologias" (sem porém jamais realmente especificar o que isso quer dizer), mas não nos deveria levar a desconsiderar o fato de que muitos fora do Ocidente estão há tempos engajados em tais tentativas de revisão e ajuste – sem contudo em geral moldar seus resultados de pesquisa em termos de afirmações teóricas.

Além do mais, estratégias pós-estruturalistas dificilmente nos servem para atingir essa meta. Sua reconstrução, contando com um equilíbrio adequado entre descrição, generalizações empíricas e categorias analíticas, deveria portanto nos permitir ir além dos binários que têm sido uma praga demasiado comum na teoria sociológica e outras abordagens para o estudo da sociedade, em especial por meio de uma contraposição entre o Ocidente e o "resto" ("atrasado", "tradicional" etc.) (Patel, 2006). Os caminhos específicos, concretos, mas vinculados, pelos quais a modernidade tem se desenvolvido são o que deve estar em nosso foco, embora suas origens no Ocidente não devam ser desconsideradas.

Em vista disso, faremos uma revisão de alguns dos principais conceitos e estratégias conceituais da teoria sociológica em relação à teoria da modernidade. Não tentarei retomar, contudo, todas as abordagens possíveis, tarefa já levada a cabo pelas incontáveis revisões do tópico, com frequência sob a forma de livros-texto, que se encontram amplamente disponíveis. Quero tão somente evidenciar algumas tendências e conceitos gerais segundo as diferentes estratégias *metodológicas* e níveis aos quais podemos recorrer para interpretar a modernidade. Esse tem sido empreendimento muito mais raro.

A primeira seção do texto se concentra, portanto, nas diferentes possibilidades de interpretação teórica que temos a nosso dispor. A primeira delas será enquadrada pela descrição de processos sociais e aspectos da vida social moderna em estágios distintos, embora se possa vislumbrar aqui uma demanda inicial, por vezes sub-reptícia, por vezes mais sistemática, de esboço conceitual de tendências de desenvolvimento na modernidade. Isso inclui exercícios de sociologia histórica comparada. Como veremos mais adiante, estas podem ou não tentar evidenciar tendências mais gerais do processo de modernização, enfatizando-as por vezes, sendo desenhadas para trazê-las à luz, ou buscando respostas para questões mais específicas.

A segunda estratégia é posta em plano teórico mais geral, mais abstrato em princípio, o qual pode, segundo Hegel, tornar-se mais "universalmente concreto" ao ser saturado de conteúdo histórico, bem como ao formar um sistema geral de conceitos. Estes podem ser mais estáticos e em certa medida descrever processos sem conteúdo específico ou se orientar no sentido de definir tendências de desenvolvimento dentro da modernidade, as quais a caracterizam como tal. Conceitos-tendência podem ser incluídos aqui.

Finalmente, duas estratégias conceituais ainda mais gerais podem ser definidas. A primeira trata de conceitos, ou sistemas de conceitos, que pertencem a todas as formações sociais. A segunda se refere a padrões gerais de desenvolvimento histórico, quer atribuamos ou não a eles características evolutivas.

A segunda parte do texto visa a aprofundar nossa compreensão da estratégia de descrição e construção analítica no que se refere aos conceitos-tendência, que costumavam ser elementos-chave das teorias da modernidade. Após estabelecer seus principais componentes, levanta a questão de se seriam defensáveis à luz dos avanços tanto teóricos como empíricos alcançados nas últimas décadas. A teoria da subjetividade coletiva será mobilizada para nos ajudar nessa tarefa, de modo a nos permitir ir além das explicações estruturais sem diluí-las em interpretações calcadas exclusivamente na agência individual no que diz respeito aos desenvolvimentos históricos, que ademais são de longo prazo. Isso é feito a partir da revisão do conceito de secularização. Um breve balanço dos problemas e desafios, bem como a discussão de alguns outros problemas teóricos, conclui este texto.

O objetivo é inquirir sobre as possibilidades de reconstrução da teoria sociológica, levando em conta as críticas de seus quadros conceituais principais no século XX, mas em certa medida retomando aqueles elementos fundamentais que permitiram uma compreensão mais geral da vida social contemporânea. A meta é, portanto, de clarificação. Ela não remete imediatamente a uma resposta precisa, mas levanta os problemas e abre a imaginação para um questionamento futuro desses temas.

Níveis de análise

O propósito desta seção é definir quais seriam os níveis de análise usuais nas ciências sociais, em especial na sociologia, embora os autores raramente explicitem isso (com frequência não têm eles mesmos essa ideia). Essa é necessariamente uma aproximação reconstrutiva em termos de abordagens metodológicas, na medida em que, na prática, esses níveis em geral aparecem entrelaçados e de maneira assistemática. Defini-los, contudo, nos ajudará a entender melhor o que estamos fazendo e as tarefas de uma teoria renovada da modernidade.

Esta é, de certo modo, uma divisão meramente analítica, uma vez que, em muitos casos, elementos dessas diferentes estratégias se encontram em outras abordagens, e se se leva em conta que a identificação de "fatos" e descrições sempre – mas apenas em certa medida e somente de maneira não especificada, próxima ao senso comum – descansa em certo arcabouço teórico. Isso foi corretamente identificado por Parsons (1937, pp. 16ss e 28ss), mas foi entendido por ele em perspectiva quase normativa, que demanda um papel inevitável e positivo para a teoria com a "descrição", por outro lado, carente de uma definição própria (apenas supostamente reproduzindo o que fazia a física newtoniana).[4]

As "categorias residuais", ou seja, conceitos que inevitavelmente aparecem para que se lide com fenômenos empíricos, mas que não são adequadamente elaborados, em geral surgem, argumentava ainda aquele autor, mesmo quando quadros conceituais são perseguidos de forma sistemática. Em outras palavras, conceitos analíticos (tanto de alcance médio quanto em um plano muito geral, como veremos adiante) estão usualmente presentes nas descrições – a definição empírica, concreta, de processos e situações –, mas isso não quer dizer que sejam teoricamente construídas: essa é tarefa da ciência, da teoria sociológica e de disciplinas afins, com o que nos movemos para além do senso comum e inclusive de vários tipos de obstáculos para um conhecimento mais profundo da vida social.

Descrições

O primeiro nível de análise seria diretamente descritivo, muitas vezes dentro de uma narrativa abrangente (combinando deste modo a identificação das propriedades de fenômenos sociais concretos com

---

4. Na teoria literária, na qual encontramos provavelmente o enfoque mais produtivo para uma abordagem sociocientífica do termo, a descrição, como modo de discurso, tem sido com frequência oposta à narrativa, na medida em que é pormenorizada e não implica ação. Mas essa é muito provavelmente uma polarização equivocada, visto que na prática estão estreitamente entrelaçadas. Ver Ronen, 1997, para uma discussão mais aprofundada. Aquele entrelaçamento costuma ser encontrado na sociologia, ao menos como momentos do estudo dos fenômenos sociais, salvo em abordagens radicalmente estruturalistas da vida social.

o movimento que as envolve, seja autoproduzido ou engendrado externamente). Visando à caracterização e particularização de situações sociais específicas, essas descrições implicam uma interpretação de tendências sociais, instituições, práticas, quadros hermenêuticos, de um ponto de vista empírico – embora isso possa ser realizado dentro de uma perspectiva mais ampla ou mais estreita (ou até mesmo redutiva). Em outras palavras, calcam-se em interpretações que implicam uma *seleção* de informação e processos sociais relevantes – e podem ser mais "positivistas" (empiricistas) ou teoricamente orientadas, com sabor hermenêutico ou especialmente quantitativas. Em geral, encontram-se permeadas por um número maior ou menor de conceitos analíticos sistemáticos, com vários níveis de generalidade, com frequência tendo a seu lado grande número de conceitos do senso comum ou ao menos descritivos, sem especificação.

Tome-se, por exemplo, a discussão de Harvey (1990) sobre o chamado regime de "acumulação flexível", que teria sucedido o fordismo por volta de fins dos anos 1980, especialmente nos Estados Unidos. O pós-modernismo como conceito voltado para a compreensão da lenta decadência da modernidade ocidental e seu sentido de ética e futuro, nos casos de Bell (1978) ou Jameson (1991), respectivamente, é outro exemplo. Estas são categorias sociológicas descritivas que permitem um retrato de determinada situação, bem como em certa medida transmitem também um sentido de história, quase inevitável em discussões sociológicas, com muitas pressuposições implícitas, incluindo algumas relativas a tendências históricas de desenvolvimento. Em todos esses casos um arcabouço teórico específico está presente e conceitos mais ou menos claros são introduzidos – tais como capitalismo (sua expansão) e compressão espaçotemporal, fordismo e pós-fordismo, no que diz respeito a Harvey, que se refere a um esquema marxista teórico mais geral, o que tem, nos casos de Bell e Jameson, ressonâncias weberianas e marxistas explícitas.

A periodização de Beck (1986), na qual a segunda das duas modernidades que ele define é dita "reflexiva", enfatiza a tendência na direção de uma sociedade global do risco em que a individualização é radical, ao passo que Wagner (1994) identifica três fases da modernidade com um tipo de desenvolvimento mais contingente. Os períodos específicos deste último autor são apreendidos, porém, através de categorias muito gerais, como liberdade e disciplina, com explicações articuladas com um escopo mais concretamente referido. Em outros casos isso é muito limitado, com os conceitos analíticos aparecendo com menos intensidade e cumprindo papel bastante reduzido. Muito do que Mann (2013, p. 5) diz sobre a "globalização" quase sempre se aplica a discussões específicas ou gerais da modernidade, visto que a maioria dos autores em ambos os casos tende a "descrever antes que explicar" esse fenômeno, característica que, inclusive, pode ser atribuída ao próprio Mann. Há sem dúvida outros esforços analíticos mais sistemáticos que escapam dessa sina, como a sociologia global "escalar" de Sassen (2007), incluindo sua identificação de tendências de desnacionalização do Estado-nação.

A mesma ordem de questões surge na sociologia histórica. Tome-se por exemplo a discussão de Weber (1904b) acerca da ética protestante e do espírito do capitalismo. Ao passo que lidava especificamente com uma individualidade histórica (o tipo geral – ver adiante – de capitalismo), sua discussão geral se localiza em uma tela comparativa muito mais ampla, incluindo o que ele considerava as outras principais religiões mundiais, implicando um vasto número de categorias gerais (tais como "ascetismo intramundano"). Outros autores detiveram-se em nível de generalidade descritiva mais baixa. Esse é o caso das passagens de Moore (1967) e Bendix (1964 e 1978) à modernidade, com seus agentes e alianças, estruturas estatais autoritárias e a cidadania; a formação dos Estados modernos segundo Tilly (1992), mediante as operações do "capital" e da "coerção"; e a análise de Wallerstein (1974, 1980 e 1989) do capitalismo e do Estado na era moderna, e de seus desdobramentos.

Se Weber investigava tendências gerais (isto é, a racionalização) e buscou explicações para elas, outros perseguiram descrições mais limitadas de processos de modernização, bem como explicações mais restritas para eles. De todo modo, as "variações concomitantes", para fazer uso da linguagem de Durkheim (1897), foram um instrumento metodológico chave em todos esses casos, explicitamente ou não, com as comparações cobrindo séculos e regiões em alguns deles, permanecendo em nível mais circunscrito em outros. Todos os exemplos citados se relacionam a autores muito sofisticados e de grande conhecimento teórico. Como observado em relação aos casos anteriormente apresentados, discussões bem menos sutis e menos orientadas conceitualmente podem ser encontradas alhures, a despeito da riqueza de informação empírica que alguns estudos possam fornecer.

Conceitos analíticos de alcance médio

Alcançamos um nível mais alto de construção analítica – apesar de ainda limitada a algumas formações sociais – por meio de conceitos que visam a ser, eles mesmos, um elemento-chave no quadro explicativo. O exemplo do conceito de "mecanismos de desencaixe", da maneira com que Giddens (1990) o articulou, pode ser sugerido como bastante instrutivo, retomado das obras de Marx, Simmel e Lerner, entre outros. De fato, quando usado para explicar o desenvolvimento da modernidade, ele permite uma explicação de por que as identidades são mais flexíveis na modernidade, por que as mudanças de vida se realizam tão rapidamente dentro dela, e daí por diante.

No que concerne a Lerner (1958), através de uma comparação implícita entre o Ocidente e um Oriente Médio modernizante, esse conceito aplica-se a um caso comparativo, ainda que sobredeterminado (como em geral ocorre com a teoria da modernização dos anos 1950-1960). A "mais-valia" se põe aí também no espectro do alcance médio, como de resto a maioria dos conceitos de Marx (1867) em *O capital*, que poderiam ser reputados analíticos, operando em plano histórico específico. Sua economia política do capitalismo é, no nível do alcance médio, talvez até agora a construção mais poderosa e sistemática das ciências sociais, incluindo certo número de outros conceitos, mais gerais, que não são elaborados nem explicitados.

Mais geralmente, esse seria o caso da maioria dos conceitos que Merton (1968: cap. 2) introduziu como de "alcance médio" (de onde deriva o título desta subseção), salvo decerto sua discussão das funções "manifestas" e "latentes" (Merton, 1968, cap. 3). Seu estudo dos fins legítimos que com frequência são alcançados por meios ilegítimos é um exemplo de conceitos analíticos de alcance médio aplicados a realidades sociais específicas (Merton, 1968, caps. 6-7, embora o tema da "anomia" e das "tensões" seja muito geral em seu seio). Eles são analíticos, referem-se a fenômenos específicos, visam a explicar tão somente a eles, sem ambições maiores, que Merton na verdade ao menos retoricamente recusa, porquanto seriam o resultado de construções e acumulação teóricas mais circunscritas.

Uma complicação se soma a isso, com relação a conceitos propriamente históricos. As formas de dominação de Weber (1921-1922, pp. 130ss), políticas ou de outro tipo, bem como as relações com o mundo tal qual encontradas nas religiões mundiais ("mundanas" ou "extramundanas", ascéticas ou não) classicamente exemplificam esta questão. São, por assim dizer, *trans-históricas*, ou seja, são conceitos elaborados para se aplicar a todas as sociedades históricas, mas não se referem a estruturas sociais e à ação por si só. Este, contudo, é o caso da noção marxiana de "relações de produção", "forças produtivas" e "modos de produção" (Marx, 1859).

Talvez este possa ser também o caso da relação entre "civilização" e "região", mesmo que originalmente recortadas para tratar do desenvolvimento da modernidade (Knöbl, 2007). No caso de Weber esses conceitos aparecem como *tipos ideais* (a construção de conceitos mediante o exagero dos traços de casos empíricos), já em Marx aparecem como *categorias analíticas* (conceitos que visam a decompor a realidade concreta em elementos discretos e reconstruí-la mentalmente). Mas com esse passo nos aproximamos já do que seria o cerne deste texto, ou seja, a elaboração e o papel de conceitos que, na modernidade, oferecem a generalização de tendências, em um nível mais elevado que o suposto por meras construções ideal-típicas.

Essas tendências de desenvolvimento estão disseminadas em muitas abordagens da teoria social, especialmente sociológica. Seu entendimento tem abarcado a teoria da modernização e seus precursores em Durkheim e Parsons, com reverberações na teoria luhmanniana, até o marxismo, com Habermas oferecendo uma versão tardia forte de tal perspectiva, que pode, apesar de tentativas de protesto, ser lida também nas concepções weberianas (a começar por sua própria) e mesmo tocquevillianas.

Muitos conceitos têm coberto as tendências de desenvolvimento, entre as quais "diferenciação" e "integração", por um lado, e "racionalização", "universalização" e "individualização", se destacam. Esses conceitos incluem ainda o desenvolvimento do capitalismo e a "mercantilização" (também da força de trabalho), bem como a "reificação", a "democratização", a "secularização", a "burocratização" e daí por diante. O *status* desses conceitos é de difícil definição, visto que podem ser bastante descritivos, meras generalizações empíricas na melhor das hipóteses, ou seja, processos que se repetem em diferentes coordenadas espaçotemporais (como em Collins, 1995, cap. 5), ou típico-ideais, podendo em princípio assumir um papel analítico em uma teoria sistemática da modernidade, assim como serem históricos ou evolutivos, com alguns deles atribuindo ou criticamente identificando perspectivas de regularidade legal subjacentes (Boudon, 1984, cap. 3).

Eles podem retratar e explicar processos regulares, mas por outro lado precisam ser explicados.[5] Seu *status* analítico dependeria de

---

5. Em um giro metodologicamente consciente, Martuccelli (2010) descritivamente define a "singularização" como uma tendência contemporânea da modernidade. Ele usa, em uma construção típico-ideal, o conceito de "prova" (*épreuve*) para entendê-la. No entanto, se isso se qualifica como uma tendência específica na modernidade, é questão em aberto.

uma passagem das generalizações empíricas para as categorias analíticas, que implicariam uma operação muito sutil, em geral deixada indefinida nas ciências sociais, o que, por exemplo, Piaget e García (1983) chamaram de "abstração reflexiva", por meio da qual o conteúdo é preservado, porém condensado em uma categoria antes que em uma descrição (ver Domingues, 1999, cap. 3, para uma discussão mais ampla da questão). Na próxima seção, será apresentado um exemplo específico de modo a inquirir sobre sua validade, especialmente em relação ao desenvolvimento de uma teoria renovada da modernidade.

Conceitos analíticos gerais

Categorias analíticas gerais têm formado talvez os tipos de conceitos cujos aspectos metodológicos vêm sendo mais discutidos nas ciências sociais, uma vez que aqueles que trabalham nesse nível estão sempre interessados em tais questões. Eles podem se referir às características básicas dos processos sociais, mas têm sido propostos na sociologia sobretudo em relação ao debate acerca da estrutura e da ação.[6]

Classicamente, isso surgiu opondo atores individuais capazes de impacto causal a coletividades sociais passivas (sistemas ou estruturas). A interação e as coletividades como agentes causais, a despeito de quão indefinido seu estatuto com frequência permaneça, têm no entanto irrompido nas brechas dessa polarização, que de todo modo é reafirmada, de maneira recorrente, visto que seja um poderoso elemento no modo pressuposicional do pensamento moderno de maneira geral (na vida cotidiana e nas ciências sociais) desde a Ilustração e o movimento romântico.

---

6. Há tantas revisões do debate que seria cansativo apresentá-las aqui. Por ora, introduziremos apenas Domingues, 1995a e 1999, como visão geral da infinita – e já agora entediante – controvérsia. A noção de "subjetividade coletiva" foi introduzida nesses livros como solução para os impasses da discussão. Assim, nos apoiaremos nela no que se segue.

Em outras palavras, esse debate sociológico se refere diretamente à polarização mais ampla entre o indivíduo e a sociedade que marca profundamente o pensamento moderno, reaparecendo nas vestes do chamado individualismo (ou abordagens orientadas para a ação) e do coletivismo (ou holismo, estruturalismo, funcionalismo). Esses conceitos, elaborados ou não, se acham presentes em qualquer empreendimento científico. Eles proporcionam suporte às explicações mais concretas do que se passa na vida social. Desde Parsons (1937 e 1951) ao menos eles têm sido o foco da teoria sociológica geral ("metateoria"). Não pretendemos nos deter neles aqui, uma vez que costumam estar sob os holofotes, em lugar disso expandindo nossa discussão sobre os conceitos de *subjetividade coletiva* e *criatividade social* como maneira particular de tratar dessa questão, também nos quadros de uma teoria da modernidade, ao aprofundar nossa discussão dos conceitos-tendência.

Categorias evolutivas ou históricas deveriam ser incluídas na categoria de conceitos analíticos gerais? Ou seja, fenômenos como os mecanismos que relacionam as "forças produtivas" às "relações de produção" e sua mudança na direção de "modos de produção" mais avançados, em Marx (1859), ou como nas duas lógicas da evolução, "cognitiva" e "instrumental", em Habermas (1976 e 1981)? Provavelmente sim, é claro apenas, porém, na medida em que acreditemos que esse tipo de teoria geral tem sentido, o que parece mais duvidoso hoje, embora seja mais fácil armar um argumento em favor de versões mais suaves de teoria evolutiva multilinear (Sahlins, 1960).

Um conceito-tendência: secularização

Ocorre, então, que a maior parte do que se escreveu sobre a modernidade é em larga medida descritivo, embora isso inclua um número variável de princípios explicativos e conceitos analíticos, por vezes inclusive suposições evolutivas subjacentes. Conceitos-tendência têm estado fundamentalmente ausentes em período mais recente, exceto talvez em razão da força expansiva do capitalismo nas teorias marxistas e da "racionalização" na teoria crítica frankfurtiana, ao passo que a maioria das outras perspectivas com esse viés foram desacreditadas tão fortemente que basicamente foram abandonadas sem debates subsequentes (ver Knöbl, 2001, para uma discussão abrangente dessas questões, em especial no que concerne ao conceito de diferenciação). Em certa medida, a teoria da secularização tem-se constituído em exceção, em relação à qual verdadeira batalha tem se desdobrado nas últimas décadas e que, a despeito de duras críticas, derivadas de um arsenal teórico e de considerável informação empírica, se recusa a morrer. Será instrutivo considerá-la aqui.

Muitos argumentariam que a teoria da secularização começou na sociologia com a obra de Weber (1904b e 1919) sobre a ética protestante. Não é necessário entrar aqui nessa discussão, bastando dizer que este foi o espírito com que foi recebida, especialmente na sociologia norte-americana. Daí por diante um vasto corpo de estudos se desenvolveu, sobretudo nos Estados Unidos e na Europa, em que a tese de que a religião perderia importância na vida social, que assim se tornaria "secularizada", se fez predominante e supostamente constituía uma teoria. Estariam reservados à religião no máximo os recessos da vida privada. A explicação para isso estava calcada na racionalização e no desencantamento, bem como na impossibilidade de manter uma visão de mundo tão unificada em face do pluralismo e da mente científica.

O dogma não tinha lugar no mundo moderno. A evidência empírica parecia dar suporte a essa tese, especialmente ao vir da Europa, onde o nível de vinculação religiosa era cada vez menor. O anticlericalismo fora sempre forte aí; com as pessoas se tornando ateias, a religião não tinha como recobrir a vida pública. E assim seguia a história. Os Estados Unidos apresentavam evidências problemáticas, o resto do mundo ainda mais, com a filiação religiosa e o papel público da religião mantendo-se em alta, mas, com o passar do tempo, seguia o argumento, todos os rincões do mundo acabariam por se secularizar.[7]

Aconteceu isso? Para os que discordavam em cada vez mais alto e bom som da teoria, a resposta era um ressonante "não". Eles apontavam exatamente aqueles elementos que os teóricos da secularização supostamente resolviam com recurso à dilatação do tempo. Os Estados Unidos, o núcleo do Ocidente, eram um país visivelmente muito religioso e o mundo em geral ainda mais. Tendo isso em mente, qual era a tendência que se divisava? Nenhuma, e por certo não a secularização. Como consequência, a tendência aí foi o descarte da teoria. Todavia, alguns autores recentes têm expressado também suas dúvidas. Deveriam ser as tendências divisadas pela teoria da modernização simplesmente rejeitadas como evidência empírica ou teriam aqueles autores no fim das contas certa razão?

Assim, teóricos como Casanova (1994, 2011 e 2012) começaram a revisitar a teoria e a separar seus elementos, ou seja, a decompor suas unidades. Esse autor, por exemplo, é bastante claro ao dizer que a diferenciação de esferas introduzida pela modernidade de fato fez a religião perder influência geral – embora ele tenha acabado por vê-la como mais contingentemente engendrada do que como um processo meramente teleológico e uniforme, ao contrário do que a sociologia ortodoxa sugeriria.

Mas ele não estava à vontade com a ideia de um declínio geral das crenças e práticas religiosas, ou com a tese de que há uma privatização abrangente da religião. Se reter o primeiro significado do termo é importante para Casanova, visto que aponta para elementos empiricamente verificáveis nas sociedades ocidentais, o último vale apenas para partes da Europa, onde a Igreja esteve clara e abertamente associada a forças reacionárias, o que engendrou fortes movimentos antirreligiosos e o declínio da crença, bem como uma

---

7. Ver Martin, 1978, Hadden, 1987, e Bruce, 1996, para apenas três exemplos de posições diferentes e opostas.

decrescente relevância da religião na esfera pública. Isso não nos deveria levar a pensar que não há mudanças nas crenças religiosas, uma vez que, conforme Taylor (2007; ver também Joas, 2012), nesse sentido um traço distintivo da modernidade é tornar a religião uma opção entre outras, que deixa de ser obrigatória.

Se esse é o caso no Ocidente, em outras áreas do mundo o assunto é ainda mais complicado. América Latina, África, Ásia: a religião segue como uma força importante em todas essas regiões, apesar de que (a despeito de um *revival* religioso recente) tenha decaído na China, uma sociedade cujos intelectuais eram de todo modo particularmente desvinculados de fortes crenças religiosas, em especial quando abraçaram o confucionismo, ainda por cima tendo levado a cabo uma revolução radicalmente antirreligiosa (Weber, 1920c; Madsen, 2010). De maneira geral, porém, exceto por grande número de países muçulmanos, a diferenciação entre o sistema político e a religião tem se realizado por quase todas as partes, embora de fato a secularização do Estado tenha assumido formas muito diferentes, inclusive no Ocidente (Stepan, 2009).

Na Índia, isso gerou uma controvérsia em que se chocaram secularistas e antissecularistas. Certo número de intelectuais apoiou fortes políticas do Estado de secularização e uma mais ampla laicização da sociedade indiana, numa direção de radical Ilustração de modo a garantir também a paz em face de uma posição nacionalista e exclusivista hindu crescentemente violenta (Hindutva) (Nanda, 2004; Vanaik, 1997). Outros argumentaram a favor do que viam como uma tradição índica segundo a qual o Estado poderia apoiar todas as correntes religiosas (Nandy, 1985, 2003 e 1990; Madan, 1987 – embora ele tenha mudado de posição, lançando-se contra a religião, posteriormente, em Madan, 1997).

A tensão religiosa estaria ao menos em parte emergindo em decorrência da angústia das pessoas religiosas ante os ataques à religião. O Estado deveria portanto largar de mão o secularismo (que está porém inscrito na Constituição indiana). Na verdade, o Estado indiano controla as instituições religiosas e tem mesclado à tradição secular ocidental o apoio índico a todas as religiões. Esse era o projeto da posição ocidentalizante, sustentada por Nehru, bem como pela perspectiva acomodativa de Gandhi, mais próxima da herança índica. Essa foi uma escolha consciente da liderança do movimento de independência, não um desenvolvimento automático da modernização, implicando uma sorte de hibridização de princípios civilizacionais (contra o ocidentalismo homogeneizador, autoritário e disfarçado da direita religiosa hindu que se lança a conquistar o Estado, especificamente contra muçulmanos e siques). A Índia segue sendo um país profundamente religioso, porém o ateísmo e o agnosticismo são agora posições individuais totalmente válidas, ao passo que o poder público da religião se converteu em questão em disputa (Domingues, 2012, pp. 215-220).

Até aqui, embora informada teoricamente, nossa apresentação da religião na modernidade foi apenas descritiva. Cumpre agora pausar para considerar as implicações teóricas dessa discussão. Na maioria das abordagens da secularização, em giro que é típico da teoria da modernização, mas que podemos encontrar também nas perspectivas calcadas no marxismo, essas tendências da modernização têm sido apresentadas como se repousassem sobre processos automáticos, com efeito funcionais. Há, com frequência, uma ausência de causalidade nessas avaliações.

A sociedade ou a espécie evoluem e isso como tal leva à diferenciação, à complexificação, na melhor das hipóteses a diferenciação em uma esfera implicando ou reforçando processos de diferenciação em outras esferas, como se um encaixe limpo entre elas fosse buscado pela sociedade, ou pela espécie, como mecanismos funcionais adaptativos.

Isso parece ser verdade inclusive no que concerne a abordagens weberianas desse tipo de processo. Em parte a razão é clara. Uma vez que a causalidade tem sido atribuída apenas a atores individuais, com no máximo as consequências não intencionais da ação sendo aceitas como mecanismo explicativo, ficamos à deriva no que se refere a variáveis causal-explicativas, que na melhor das hipóteses devem ser coletadas por meios estatísticos. Uma "integração" mais avançada recebe o mesmo tipo de tratamento: ela parece simplesmente ocorrer.

Contudo, esses não são processos automáticos, não devem ser reificados. Eles sobrevêm apenas por meio do *movimento* (no sentido aristotélico de produção da mudança ou reiteração da estase) de subjetividades coletivas que exercem um tipo específico, coletivo, de causalidade. Isso não quer dizer que essas coletividades devam ser pensadas segundo o modelo dos atores individuais. Elas possuem, antes, diferentes *níveis de centramento* (baseados em níveis variados de identidade e organização), que implicam diferentes *níveis de intencionalidade*.

Uma subjetividade coletiva pode ser muito centrada, e seus elementos (indivíduos e subcoletividades) podem mover-se inclusive em direções opostas. Isso produz uma causalidade coletiva descentrada, embora em outros casos a causalidade possa ser muito centrada, quando os níveis de centramento e de intencionalidade são altos. Esses processos são levados a cabo em processos interativos e esses giros são sempre de algum modo criativos, conquanto eles também, de modo geral, em graus distintos, reproduzam memórias sociais (sob a forma de quadros hermenêuticos compartilhados, instituições, práticas etc.). Eles não têm *télos* previamente definido. Na história de modo geral, devemos falar de *giros episódicos*; na modernidade, eles se convertem em *giros modernizadores* contingentes. A secularização é tão somente um caso desses. Ela implica uma tendência geral, mas esta não é independente da direção em que as subjetividades coletivas se movem, o *télos* da modernidade estando dependente da maneira como a veem.

Isso não quer dizer que não haja processos nesse sentido que escapem aos desígnios de cada coletividade e de todas elas a longo prazo. Consequências não intencionais da ação individual e do movimento coletivo são um traço permanente da vida social, criando memórias sociais que se encontram inevitavelmente ligadas no exato início de nossos empreendimentos sempre criativos (qualquer que seja o grau de novidade que contenham, e quanto isso possa ser limitado pelo poder e perspectivas contrárias à mudança social). Contudo, a diferenciação e a integração (além da desdiferenciação e da fragmentação), bem como os espaços culturais e institucionais para mudanças de crença e no que se refere aos papéis públicos das religiões, derivam diretamente da causalidade coletiva das subjetividades coletivas (ver Domingues, 1995a, 1999, 2008 e 2012, para a elaboração dessas categorias).

Podemos ver que no Ocidente, tanto quanto na Índia, os tipos de diferenciação institucional, a organização de sistemas religiosos e culturais, mais genericamente, assim como as metas que se colocam os movimentos religiosos, variam de acordo com o que as pessoas têm em mente, ao mesmo tempo que lidam com elementos institucionais e culturais (simbólicos, hermenêuticos) já gerados por giros modernizadores precedentes. Isso nos deveria ajudar também a avançar para além tanto da suposição da Ilustração de que há um impulso inevitável de secularização quanto do ponto de vista oposto, os quais são ambos a esta altura obstáculos a nossa compreensão da modernidade contemporânea, qualquer que seja nossa preferência normativa.

Poderíamos aplicar isso a todos os outros tipos de conceitos-tendência enumerados anteriormente. Há a secularização como projeto e como consequência, mas ela é contingente em seu desenvolvimento e pode ser obviamente revertida ou tomar direções futuras que não podemos de modo algum antecipar. O mesmo é verdadeiro no que diz respeito à racionalização, hoje imbricada com todos os tipos de irracionalidades, mesmo no plano instrumental, à democratização, à burocratização ou ao desenvolvimento capitalista, à individualização e a mudanças na vida familiar, e daí por diante. A modernização da vida social seria, portanto, o resultado de tendências geradas por uma mistura de ação e movimento intencionais com resultados não antecipados.

Isso, por exemplo, é o que nos autorizaria falar, de maneira certamente mais circunscrita, de um "projeto moderno", como fez Habermas (1980), mas em especial também dos impactos causais coletivos dele derivados. É aí, por outro lado, que a descrição e explicação de Polanyi (1944) da emergência do capitalismo, ou do "moinho satânico", são tanto razoáveis como absurdas: embora ele esteja correto em identificar uma ofensiva liberal modernizadora, que conquistou o Estado, desde onde implantou uma sociedade em larga medida baseada nos mecanismos de mercado, ele levou seu argumento longe demais: os mercados eram em grande medida um resultado "espontâneo", isto é, um desenvolvimento descentrado da evolução das relações sociais e era isso que tornava plausível divisar uma sociedade de mercado que incluísse o trabalho e a terra como mercadorias, como percebeu Marx (1867). Foi isso que tornou também plausível promovê-la por meio daqueles giros modernizadores liberais. Logo, temos de tomar cuidado para não sobrepor giros centrados sobre descentrados, e vice-versa, já que é através de seu entrelaçamento, mas igualmente de suas diferenças, que a história se desdobra. E é isso o que precisamente deve ser explicado.

Enquanto tendências como a mercantilização são muito fortes e outras, como a secularização, são menos definidas, outras ainda devem ser vistas sob ângulos mais contraditórios. Este é o caso, por exemplo, da democratização. Na modernidade, ela certamente avançou, ainda que nos limites oferecidos pela dominação estatal e a "cristalização" dentro dela de outras forças "externas". Contudo, não se trata de algo absoluto, uma vez que a modernidade tem vivido confortavelmente com vários tipos de ditadura e implica também, como observou Tilly (2007), permanentes processos de "desdemocratização". Ambos devem ser explicados à medida que moldam e são moldados por essa civilização (ver também Domingues, 2012, parte IV).

Conceitos-tendência podem permanecer como conceitos descritivos, descansando sobre outros de cunho histórico-analítico, baseados em explicações processuais e categorias analíticas que respondem pelo porquê de serem eles operativos na modernidade. Como tais, os conceitos-tendência implicam generalizações empíricas se supomos que se repetem mais ou menos regularmente em países, regiões e períodos, em parte os moldando. Eles podem ser tomados como tipos-ideais meramente, conceitos exagerados que de fato não correspondem a tendências de desenvolvimento.

Poderia em particular ser produtivo para a teoria social e sociológica reconstruí-los como categorias analíticas (mas decerto distantes da noção de desenvolvimento de tipo de regularidade legal), que poderiam elas mesmas, em seu jogo comum em um sistema de categorias, explicar os desenvolvimentos concretos da modernidade. A secularização poderia trabalhar nessa direção, do mesmo modo que outros conceitos-tendência, para além do estágio em que, de modo geral teleologicamente, correntes anteriores têm tentado lidar com eles. Mesmo que eventualmente decidamos que seria melhor abandoná-los, ainda convém retomar sistematicamente sua avaliação.

Os resultados obtidos provavelmente não são, por si sós, capazes de solucionar os quebra-cabeças implicados pelas tendências de modernização. Mas eles podem ajudar a sistematizar as perguntas a serem levantadas nesse sentido e sugerir uma primeira abertura para tratar da questão.

Conclusão

Qual a relevância dessa discussão para uma teoria renovada da modernidade? A despeito de terem já sido continuamente visitadas, também sob o nome de "capitalismo", nas abordagens marxistas, as sociedades ou civilização modernas seguem sendo recorrentemente restabelecidas como objeto de estudo, embora no momento não pareça haver muita novidade ou alternativas plausíveis (Wagner, 2012 – ver, contudo, Domingues, 2012).

É claro que a busca por uma teoria renovada da modernidade, o prato principal da teoria sociológica geral, tem que retomar uma perspectiva global, que precisa, tão obviamente, superar os severos equívocos da teoria da modernização e das abordagens marxistas, em especial na medida em que temos tido problemas para entender diferentes vias, modelos, variantes e fenômenos semelhantes. É essencial reconhecer as tendências gerais da modernização global, bem como seus específicos desdobramentos em coordenadas espaçotemporais distintas. Os giros modernizadores episódicos operam em ambos os aspectos dos processos modernizadores em todo o mundo. A tentativa de desenvolver um quadro para a interpretação (isto é, em parte descrição, mas com uma meta teórica geral) do que pode ser chamado de "terceira fase da modernidade global", com sua heterogeneidade e hibridização, assim como unidade, é configurada com isso em mente.

A recusa à história e à narrativa histórica visou a evitar as armadilhas de uma interpretação *a priori*, com o suporte, por outro lado, do aparato da teoria da subjetividade coletiva. Essa descrição-interpretação da modernidade conta com um número significativo de categorias analíticas de alcance médio, bem como com algumas de cunho histórico geral (como complexidade, diferenciação e desdiferenciação) (Domingues, 2012). Contudo, de modo a oferecer uma alternativa mais consistente a abordagens meramente descritivas da modernidade, é preciso avançar mais e retomar a discussão de tendências mais gerais de modernização, que incluem uma complexificação acrescida, mas que nela não se exaurem. Construções analíticas específicas e gerais são necessárias para ir além dessas limitações, e entre elas devemos considerar a reconstrução dos conceitos-tendência, de maneira muito mais maleável, que tem de levar em conta a agência – incluindo decerto aquela dos indivíduos e coletividades "subalternas", ao lado daquela das dominantes.

Convém elaborar alguns pontos de vista finais sobre as categorias analíticas, os tipos ideais e os mecanismos explicativos. Está claro que a estratégia teórica privilegiada aqui, em acordo em particular com Marx (1857-58 e 1867) e Parsons (1937 e 1951), foi analítica e implica a decomposição da realidade social e sua reconstrução por meio de conceitos, que tentam rendê-la tal qual existe, no plano do pensamento. Essa estratégia é o oposto dos tipos ideais, que exageram aspectos empíricos da realidade dentro de conceitos que são traduções aproximadas dela. Eles fazem pleno sentido somente quando devolvidos à análise de processos sociais concretos (Weber, 1913), embora às vezes operem em um nível bastante geral (em relação à ação quase analiticamente, como generalizações empíricas no que se refere a processos históricos gerais), bem como na construção de "individualidades históricas" *vis-à-vis* aos fenômenos específicos.

Todavia, qualquer pretensão analítica foi descartada pelas preocupações neokantianas de Weber com os limites de uma compreensão conceitualmente profunda da realidade (embora eu acredite que os tipos ideais, mediante um cuidadoso processo de reconstrução, possam ser convertidos em categorias analíticas, cf. Domingues, 2012). A explicação, como percebeu Parsons (1951, pp. 10ss e 72ss), está no cerne dos esquemas analíticos. Mas ele estava tão obcecado com os supostos esquemas da física newtoniana que, ao tentar introduzir *mecanismos* para explicar os processos sociais, inspirado pela biologia, pensou que isso ficava devendo a explicações propriamente ditas. Na verdade, a explicação nas ciências sociais raramente é preditiva e os mecanismos não devem ser construídos como se se opusessem a construções analíticas abrangentes. Esquemas causais bastante úteis e explicativos são alcançados desse modo. Uma teoria reconstruída da modernidade não deve perder isso de vista, buscando mecanismos genéticos e reiterativos vinculados à articulação de categorias analíticas gerais que podem facilitar renovadas descrições e interpretações, assim como se validando em si mesmas (ver Hedström e Swedberg, 1998).

Ademais, a sociologia histórica tem problemas para lidar com a agência em termos sistemáticos. Conceitos ou estruturas, ou atores individuais, fornecem os elementos causal-explicativos da modernidade; os últimos, contudo, dificilmente são operativos do ponto de vista concreto, o que tem levado a muitas referências *ad hoc* a classes, elites e outros agentes coletivos, sem suportes teóricos adequados (ver Domingues, 1999, cap. 4). Os autores usualmente o fazem em negação ou os utilizam apenas como categorias residuais, apesar de centrais – elas devem estar lá, mas não possuem efetiva fundação conceitual. Rompendo com a polarização do pensamento moderno, a subjetividade coletiva pode nos ajudar a superar também esse obstáculo específico.

Este texto buscou situar realizações e problemas, desafios e tarefas, para uma renovada sociologia da modernidade (pensada em termos disciplinares amplos e abertos), em especial metodologicamente. Esta parece carecer de desenvolvimentos que retomem o fio de sua meada. A sociologia histórica, bastante descritiva, consiste em uma companheira importante da teoria sociológica e mais geralmente da teoria social, mas não é uma substituta da teoria como tal, que precisa ser construída por meio de categorias analíticas. Estas podem ajudar a explicar (não apenas descrever) a dinâmica da modernidade, sua gênese e eventual superação, embora a criatividade e a surpresa, seja como for que sobrevenham, façam parte dos desenvolvimentos históricos. Combinar produtivamente ambas as abordagens segue sendo um desafio metodológico que aqui se tentou tornar explícito, ao mesmo tempo definindo estratégias conceituais para tratá-lo.

Em certa medida essas descrições, ricamente informadas em termos conceituais, são o que de fato importa nas ciências sociais, uma vez que se referem à vida social real, aos problemas concretos que vivem as pessoas. É calcado nelas que o "diagnóstico do presente" – tal como proposto pela teoria crítica (Habermas, 1981, v. 2, cap. 8), bem como por outras abordagens (isto é, em geral liberais, cf. Martuccelli, 2010, pp. 26-29) – procede, mesmo se se deve estar também atento a outros aspectos da realidade social, em outros níveis de generalidade (como tentamos fazer com a polarização do pensamento moderno entre o indivíduo e a sociedade). A modernidade contemporânea, em seu escopo global, deve ser, portanto, um foco de nossa atenção, demandando uma plena mobilização de nosso arsenal das ciências sociais.

3. Questões sociais existenciais, tendências de desenvolvimento e modernidade[1]

O problema

O objetivo deste texto é retornar a alguns temas clássicos centrais no passado da sociologia ou daqueles que por ela foram incorporados como seus pais fundadores, hoje, a rigor, abandonados. Nele se discutem a multidimensionalidade da vida social e as tendências de desenvolvimento que, em particular na modernidade, a impulsionam. Teoricamente esses temas continuam, ou deveriam continuar, sendo decisivos, sem deixar de sê-lo igualmente do ponto de vista da prática social. Enfim, recolocá-los nos permite até certo ponto sugerir uma visão mais complexa, menos etnocêntrica, da humanidade em seus aspectos diretamente sociais e, com isso, situar mais precisamente as características diferenciais da própria modernidade.

O tema da *multidimensionalidade* da vida social – ou, mais tecnicamente, dos sistemas sociais – tem sido recorrente nas ciências sociais desde a crítica de Max Weber ao marxismo e sua brilhante e unilateral definição da vida material como vetor causal principal no

---

1. Publicado em *Dados*, v. 59 (2015).

desdobramento das relações sociais. Entretanto, é forçoso dizer que as soluções propostas para esse imbróglio dificilmente são adequadas. A maior parte delas, mesmo quando sugerida sob uma roupagem supostamente analítica ou ao menos conceitualmente genérica, é meramente descritiva. Quando articuladas em termos conceituais, as soluções deixam muito a desejar.

É verdade, por exemplo, que Alexander (1988, cap. 1), com perspectiva neoparsoniana, pôs o tema do ponto de vista da "ação", com seus elementos normativos e condicionais, mas não foi muito mais longe que isso, sem tocar os sistemas sociais e depois, de resto, abraçando um forte idealismo cultural. Mann (1986), por sua vez, tentou solução própria e inovadora com suas "redes do poder social", de clara inspiração weberiana, mas o resultado é discutível, deslizando rumo a um conceito, por vezes de maneira pouco consistente, reivindicado como "tipo ideal", descritivo e redutivo, isto é, pouco teorizado e concentrado no tema do poder, excessivamente generalizado.

Com mais frequência fala-se em "economia", "política" (também "*polity*" ou mais recentemente "o político"), da "cultura" (ou de "ideologia") etc. (aliás, eu mesmo o fiz, embora enfatizando que se tratava de solução provisória para problema de difícil resolução, em Domingues, 2008). Ou então a referência é a sistemas específicos, como o Estado, a família, a religião. Em geral se trata de respostas dadas em um plano muito concreto, inclusive quando se supõe que fortes teorizações se apresentam, como "mundo da vida" unitário e sistemas autorregulados da economia e da política no neoevolucionismo de Habermas (1981).

É necessário, assim, revisar os próprios fundamentos desse tipo de afirmação generalizante. De início, porém, note-se que o risco que se corre ao embarcar numa rejeição de conceitos gerais é o de cair em um nominalismo crasso, que demandaria conceitos muito localizados (talvez derivados de alguma forma de "descrição densa" que se esgotaria em si) e recusaria universalismos teóricos, com grau variado de radicalidade. Não é esse, evidentemente, o objetivo que se persegue aqui. Se busco uma abordagem e um nível de generalidade que evite a hipóstase de certos conceitos nos moldes daquilo que são características apenas da civilização moderna, o que pretendo é levá-la a um plano de universalidade que é ao mesmo tempo pressuposto e resultado de investigações mais concretas, embora valha destacar que não há repouso definitivo para a pesquisa e os resultados teóricos que dela se originam. Um vaivém interminável é o que se deve esperar. Isso implica conceitos, em qualquer nível de generalidade, sempre cambiantes, assim como, por outro lado, a própria definição do que são os fenômenos empíricos se alterando à medida que a teoria muda.

Como veremos, as melhores soluções, ou ao menos as melhores maneiras de colocar a pergunta, encontram-se a meu ver ainda nos trabalhos de Marx e Engels, por um lado, e, por outro, de Weber. Eles ainda fornecem pistas conceituais gerais, bem como específicas, além de um acervo de importantíssimas investigações sobre os temas que quero aqui destacar. Aqueles dois primeiros delinearam pressupostos gerais da vida social que, se presos de fato a um reducionismo em que o materialismo remete sobretudo a uma relação com a natureza que afeta em primeiro lugar as bases orgânicas da vida por meio do trabalho, ao menos apontam para temas a que todos os indivíduos e coletividades têm inevitavelmente de responder, sem definir *a priori* a maneira como essa resposta se articula em termos de sistemas sociais concretos e específicos.

Já Weber (1904a, p. 45), depois de criticar o "sentido primitivo genial" do materialismo histórico (mais genial que primitivo, deve-se dizer, ainda que redutivo), não chega a se pôr explicitamente aquela indagação, mas responde a ela, ao longo de sua obra, mediante uma análise extremamente sofisticada e variada de sua evolução histórica. Ele assinala as diversas respostas que as coletividades humanas forneceram às questões que lhes são inevitavelmente postas, em quaisquer coordenadas espaçotemporais (embora se deva destacar a manobra unificadora, porém demasiado simplificadora, de ao fim e ao cabo enfeixar todas as "esferas" da vida social na modernidade mediante o conceito de racionalização instrumental – ver em especial Weber, 1920a).[2] Em contrapartida, a ideia de *questões sociais existenciais*, articulada analiticamente e de modo a abrigar variadas concretizações históricas, nos permitirá em princípio tratar da multidimensionalidade de maneira efetiva, sistemática e flexível.

Além de ser um problema por si só de máxima importância, situado no núcleo fundamental das ciências sociais e, ainda mais amplamente, humanas, uma alternativa que avance em relação às costumeiras soluções descritivas e concretas ajuda no sentido de delinear o que se poderia chamar de tendências históricas – e mesmo evolutivas – de desenvolvimento da vida social (ver Capítulo 2). É crucial em particular para recolocar de maneira inovadora e relevante, até mesmo do ponto de vista de possíveis processos de transformação social, as tendências de desenvolvimento que levaram à modernidade e à modernização do planeta. Isso se aplica àquelas que se desdobram dentro dela, bem como às que remetem a sua possível superação, sem que nos aferremos aos sistemas concretos focalizados pela maioria dos autores, teóricos ou não, das ciências sociais. Enfim, trata-se de compreender esse processo também em termos do que se pode chamar de *multitendencialidade*.

Vale enfatizar que o cruzamento aqui proposto entre questões existenciais e tendências de desenvolvimento não é em absoluto arbitrário. Essas questões são respondidas socialmente apenas de maneiras específicas. Ou seja, dependem de como se articulam em cada civilização ou cada "formação social". Tampouco são estáticas: sua articulação se desdobra historicamente, ainda que em cada civiliza-

---

[2]. Tampouco resulta pôr a "cultura" como princípio unificador, como faz Parsons (1951, pp. 167-169 e *passim*), com um sistema de valores que se especifica normativamente em cada subsistema, embora alguns deles possam exibir valores e normas que dele divirjam.

ção e formação social mantenham padrões que se reiteram na longa duração da história. Esse é o caso da modernidade e é em relação a ela que mais adiante discutiremos com certo detalhe a questão dos conceitos capazes de identificar e apreender suas múltiplas tendências de desenvolvimento.

As questões sociais existenciais

Uma das afirmações-chave de Marx e Engels (1845, pp. 18-36ss) em um dos textos fundadores do "materialismo histórico", a coleção de fragmentos inéditos que veio, editorialmente já em várias versões, a constituir *A ideologia alemã*, era de que os seres humanos precisam produzir e reproduzir sua vida como tarefa básica e fundamental. Isso queria dizer que havia dois elementos prioritários em suas atividades.

Primeiramente, tratava-se da reprodução da espécie, da sucessão de gerações (através da sexualidade, não diretamente nomeada no texto), com a transformação das crianças em membros plenos das coletividades (outro tema deixado implícito, com a família ademais universalizada de modo equivocado como a base dessa reprodução).

Em segundo lugar, referiam-se à produção material, que transforma a natureza mediante o trabalho e nos permite dela nos apropriarmos, consumindo-a para sustentar diretamente a vida e ao mesmo tempo produzindo os meios com os quais é possível dar sequência à produção.[3]

Mais que isso, esses elementos seriam ontologicamente mais fundamentais que quaisquer outras atividades. Eles corresponderiam à própria emergência da espécie humana e possibilitariam a sua existência, com muito mais ênfase dada à própria transformação da na-

---

3. Tese repetida bem mais tarde por Engels (1884, p. 27) no livro que utiliza as notas de Marx sobre a obra de Morgan e no qual a família tem papel central.

tureza (mencionada, aliás, com foros de exclusividade nas primeiras páginas do manuscrito) no argumento desses autores, embora digam ainda que esses três "lados" (*Seiten*) da vida social – ou "momentos", palavra necessária para o entendimento dos filósofos alemães, segundo dizem jocosamente – se encontram concretamente combinados. A partir dessas atividades se constituiria nosso "ser social" e, em lugar de ser a "consciência" (*Bewusstsein*) que determinava essa existência, era esta que determinava aquela. Ela seria não mais que o ser consciente (*bewusst Sein*), segundo o jogo de palavras em alemão que os autores propunham. Trata-se de intuição seminal, embora com antecedentes fortes em correntes econômicas e filosóficas que vão da economia política clássica ao idealismo alemão.

Dada a genialidade dos autores, é intrigante até certo ponto que tenham optado por uma visão tão redutiva, o que se explica pelo contexto do debate contra o idealismo (embora isso tenha sido reiterado em textos posteriores de forma bastante explícita) e pela excitação intelectual que tal intuição "materialista" certamente lhes suscitava, ao descortinar todo um novo campo de análise, que, ao fim e ao cabo, remetia às lutas de classe sob o capitalismo. Fato é, contudo, que deixaram de lado a produção de sentido, hermenêutico-simbólica – apesar de assinalarem o papel crucial da linguagem –, e a distribuição de poder que são características da própria espécie. Ou melhor, trataram-nas, desde esse momento, como derivadas causalmente dos processos "materiais" que identificaram como sendo ontologicamente anteriores àqueles outros, como parte, diria Marx (1859) mais tarde, do "edifício" que se ergue sobre a "base" econômica (como ideologia e Estado, embora o poder mesmo em sua obra aparecesse de forma mais ampla, a começar pela última "estrutura").

Não necessitamos copiar esses equívocos, que pertencem a um tempo em que as ciências sociais apenas engatinhavam, na verdade eram em larga medida fundadas por Marx e Engels eles mesmos (como "ciência da história", diria Althusser, 1965), especificamente naqueles volumes cuja publicação se fez, porém, apenas de modo póstumo e bastante tardio.

Em sua "reconstrução do materialismo histórico", Habermas (1976), entre outros, chamou atenção para o tema de maneira direta, embora sua solução cognitivista e moral, bem como dualista, seja deficiente. Mas a identificação de questões que dizem respeito à exata existência da espécie humana, através das quais ela se reproduz como espécie, é intuição conceitual de enorme alcance.

É ela precisamente que quero adotar, de modo a avançar na direção de obter mais flexibilidade teórica, ao transplantar o tema da multidimensionalidade a um plano mais geral, por ora em parte abstrato, pois carente de conteúdo preciso. Isso deve ser feito, é evidente a esta altura do texto e da história das ciências sociais, incluindo, mas indo além das questões que Marx e Engels colocaram no cerne de sua concepção materialista da história. Isso nos leva assim a abraçar os dois outros elementos já mencionados, quais sejam, a confecção de teias de sentido e as tramas do poder, que vieram a ocupar lugar de destaque nas ciências sociais de forma sistemática desde a obra de Weber.

O conceito de *questões sociais existenciais* se apresenta aqui precisamente com o papel de permitir que nos ponhamos em uma situação de mais generalidade, anterior conceitualmente à definição concreta das respostas aos requerimentos fundamentais, ontológicos, da existência humana. Isto é, tento deixar de lado aquelas dimensões da economia, da política, da cultura etc., em sua facticidade concreta, recuando a um plano em que se possa alcançar uma teorização mais flexível e inovadora.[4] Basicamente suponho,

---

4. Em texto mais recente, sobre a modernidade especificamente, Wagner (2008, pp. 4-5) sugeriu tratar alguns de seus aspectos por meio da noção de "problemáticas". Ao que parece, embora isso não esteja totalmente claro em sua argumentação, buscava escapar do mesmo tipo de problema identificado neste texto e avançar talvez em direção semelhante.

seguindo a inspiração de Marx e Engels, que há temas que as coletividades humanas não podem deixar de enfrentar como espécie, ao passo que identifico, para além da produção e reprodução, outros dois, o poder e a construção de sentido, hermenêutico-simbólica. Quero destacar, além disso, que a reprodução deve se abrir para a questão da sexualidade, que somente após Marx e Engels se pôs mais centralmente para o pensamento social (sendo Freud a maior expressão científica e cultural da ênfase nessa questão, mas de modo algum a única) e que a produção do sentido está intimamente ligada à própria produção da linguagem, embora as práticas apenas parcialmente sejam determinadas por elas (se é legítimo utilizar a expressão "jogos de linguagem" para nos referirmos a elas, vale enfatizar que estes são antes de tudo *jogos*).

A produção de sentido conforma, enfim, um *imaginário*, cambiante, "magmático", tal qual observado por Castoriadis (1975; ver também Domingues, 1999, cap. 2), que assim oferece conceito muito mais preciso que o usual de "cultura", em suas diversas acepções.[5]

Enfim, o poder supõe, em muitas circunstâncias, a força, a capacidade de coerção física ou de qualquer outro tipo, como desde Hobbes ao menos se sabe bem. Refere-se, todavia, acima de tudo à "capacidade transformativa" do ser humano de produzir resultados individual e coletivamente, o que pode incluir a capacidade de fazer

---

5. Isso inclui a relação entre "natureza" e "cultura", tal qual formulada no Ocidente, a qual não encontra correspondência em outras civilizações, talvez genericamente compreensível mediante conceitos mais gerais como os de "identificação" e "relação" (Descola, 2005). Estas são questões, conceituais e práticas, inevitáveis individual e socialmente, não sendo porém a melhor solução para sua interpretação o neokantianismo estruturalista, combinatório (mesmo quando se quer manter-se conectado à empiria e às práticas). Trata-se, na verdade, de finitas possibilidades de responder praticamente às demandas da vida social, o que gera aquilo que parecem ser estruturantes invariantes do espírito humano (devendo-se também duvidar de se são tão rígidas e excludentes as respostas a esta e a outras questões, como sugere Descola). Enfim, aproveite-se o ensejo para observar que a noção de "cultura" costuma ser utilizada de maneira extremamente inespecífica e abrangente na antropologia.

com que outra pessoa faça aquilo que o agente quer que ela faça. Engendra assim, inclusive, sistemas de *dominação*, com a distribuição desigual, socialmente, de exercer aquela capacidade (Weber, 1921-1922, pp. 28-29; Parsons, 1967, caps. 10-11; Giddens, 1984, pp. 14-16).[6]

Em suma, independentemente de como se organize, de onde viva e em que era, a espécie humana tem de enfrentar quatro questões inevitáveis que, em sua conjunção, a definem inclusive como espécie. Deve-se notar, a bem da verdade, que essas questões por si sós aparecem em sua separação apenas no discurso conceitual, pois na realidade há muitos pontos de entrelaçamento entre elas. Não há produção ou reprodução sem universo simbólico nem sem estruturação do poder, nem deste ou daquele sem bases materiais, ao passo que poder e sentido não podem senão caminhar juntos, sejam quais forem as formas e os conteúdos específicos que assumam.[7] Desse modo, podemos descartar, ao menos por ora, os conceitos descritivos e concretos de economia, sociedade, cultura etc. porque, de certo modo, será necessário retornar a eles e reintroduzi-los no quadro conceitual ao focarmos diretamente a modernidade, junto com outros, mais precisos, de Estado, capitalismo, família etc., uma vez

---

6. A "alocação autoritativa de valores" (da teoria dos sistemas de Easton, 1965, p. 50) deve ser vista como mero subconjunto da distribuição de poder e dela dependente (sem que se deva supor a universalidade dos sistemas *políticos*); e é também apenas parcialmente "autoritativa", uma vez que pode ser profundamente conflituosa. Essa definição ecoa a da "economia", de corte neoclássico, como alocação de recursos "escassos" em face da demanda, sobretudo via mercado, sinais de preços e equilíbrio (Robbins, 1932, cap. 1 e pp. 45-46), a qual secundariza a questão central do intercâmbio material com a natureza.

7. Há uma relação entre as dimensões mais gerais dos sistemas sociais, que defini em outras ocasiões como simbólico-hermenêutica, material, do poder e espaço-temporal, mas elas são efetivamente analíticas gerais na construção do conceito de *subjetividade coletiva como tipo geral de sistema social* (Domingues, 1995a), ao passo que as questões existenciais se referem aos requerimentos da existência da espécie humana enquanto tal, embora os sistemas nos quais se organiza e mediante os quais responde àquelas questões sejam travejados por aquela multidimensionalidade básica.

que eles são com efeito elementos marcantes de como a espécie humana veio a se organizar nos quadros dessa civilização.

Mobilizei até aqui Marx e Engels para delinear essas questões sociais existenciais, apesar de minha crítica e do primeiro, em texto com frequência citado, ter assinalado a necessidade de não estruturar o pensamento com base em questões abstratas, que aqui são, seja como for, apresentadas de maneira apenas parcialmente abstrata, na medida em que, ao recobrirem os requerimentos ontológicos básicos da vida humana, fazem-se em certa medida concretas. Na famosa introdução aos *Grundrisse*, Marx (1857-1858) sugeriu que uma exposição categorial sistemática do modo de produção capitalista, que veio a realizar em *O capital*, não deveria partir de questões gerais, como a divisão do trabalho, mas do desenvolvimento completo das categorias, na situação específica do mundo moderno, para que se pudesse fugir de generalidades típicas da filosofia da história. Em grande medida isso tem sentido, embora deva-se relativizar a afirmação e observar que Marx levou muito tempo até decidir o formato final de sua obra-prima, além de estabelecer certo tipo de anacronismo ao supor que o que ocorre na modernidade seja a chave para a "anatomia" de todas as formas sociais anteriores (assim como o homem o seria em relação ao macaco).

Mas do ponto de vista de uma elaboração ampla, sociológica e historicamente orientada, é a Weber que temos de recorrer. Essas questões existenciais são trabalhadas em seus textos, sobretudo no que são os diversos esboços reunidos naquilo que acabou por ser conhecido como *Economia e sociedade* (1921-1922), embora saibamos hoje que esses volumes, editados por sua esposa, não possuam a organicidade que um dia se imaginou.

Weber trata de todas essas questões em muitos aspectos. A sexualidade e a reprodução geracional, o poder, a economia e o universo hermenêutico-simbólico, assim como aspectos mais concretos do funcionamento dos sistemas sociais, que incluem a família e a organização dos gêneros, o capitalismo, as igrejas, a religião e o Estado, outras formas de "dominação" e o direito, assim como muitos outros elementos mais específicos, estão presentes em *Economia e sociedade* e em suas outras obras, embora naquela, curiosamente e apesar do título, em simétrica oposição em relação a *O capital* de Marx, as seções sobre economia sejam de fato as menos interessantes.

Tomemos as conhecidas formas de "dominação legítima" – tradicional, carismática e racional-legal –, que na versão oficial daquele volume de síntese tinham como seguimento (e decerto no pensamento de Weber era este, de toda maneira, o caso, ver Domingues, 2000) a forma "ilegítima" de dominação que encontrava na cidade medieval sua recusa, com uma situação de liberdade de seus cidadãos. Sob a definição dessas formas de dominação, absolutamente centrais em sua obra, Weber (1921-1922, pp. 122-182 e 541-868) inclui as relações entre homens e mulheres, velhos e jovens, patrões e empregados, guerreiros e camponeses, monopolizadores da religião e controladores da definição política das normas e dos comportamentos sociais.

Mas é somente ao referir-se à modernidade que define a forma de dominação mais geral como calcada no "Estado". Este monopoliza os "meios legítimos de violência" em um território determinado e circunscrito (isto é, exerce "soberania" nele), além de funcionar de acordo com normas gerais e abstratas e contar com uma burocracia separada de si mesmo por não pertencerem aos funcionários os "meios da administração" (formulação claramente inspirada na definição de Marx das classes trabalhadoras modernas).

Weber não se refere ao "Estado" em outras circunstâncias – o que não significa que, no que concerne a outras formações sociais históricas, isso não pudesse ser correto, vale dizer claramente, em parte na contramão de suas concepções –, mas sim àquelas outras maneiras de distribuir e organizar o poder, até mesmo ao falar da democracia da cidade e sua liberdade, que se estabeleceram contra a dominação e finalmente pereceram frente ao crescimento do Estado absolutista. Além disso, as formas de dominação atravessam todos os âmbitos da vida social, mesmo na modernidade, penetrando, por exemplo, a empresa capitalista racional moderna, embora no que se refere aos gêneros ele não articule o tema de maneira clara (no que a noção de direito racional decerto ajudaria).

Seria interessante se Weber tivesse feito o mesmo no que diz respeito à "religião", área fundamental e carregada de ideias luminosas em sua obra,[8] com a limitação, todavia, de não haver ao menos problematizado uma definição tão ocidental e moderna como essa. Poderia haver buscado a configuração do pensamento e da espiritualidade, das crenças nas coisas neste mundo e mais além, de forma mais específica, assim talhando conceitos ao mesmo tempo gerais e mais circunscritos historicamente.

Uma concepção mais aberta do direito, sempre pensado a partir do contraste com sua expressão ocidental moderna, poderia ter caminhado na mesma direção. Se "contrastar" o mundo moderno com as sociedades anteriores serve de fato como estratégia na construção de todos os seus "tipos ideais" – conceitos "puros" que descritivamente exageram certos aspectos empíricos da realidade, sendo nesse sentido fictícios (Weber, 1921-1922, p. 124) –, aí cobra ela preço mais evidente, amenizado ao menos no que diz respeito a outros conceitos, como os de "dominação", que parecem mais saturados de historicidade autônoma.

Tomemos outro exemplo, o da sexualidade, questão crucial sempre nos escritos de Weber, e da reprodução das gerações, contribui-

---

8. Embora não soe plausível a tese – como em Tenbruck, 1980 – de que a religião era predominante nas concepções multifacetadas de Weber, nas quais política e sexualidade, teórica e praticamente, despontam visivelmente como cruciais (a economia aparecendo, de maneira curiosa, sempre de modo pouco criativo em seus escritos, o capitalismo liberal tomado como dado, bem como a metodologia individualista).

ção única e ainda pouco explorada em seu pensamento (ver porém Collins, 1986, cap. 11). Se a família nuclear (ou conjugal) é muito característica talvez da maioria das formações sociais, nem de longe é ela universal ou toma mais importância que outros elementos de organização social. Muitos povos privilegiam a "casa masculina" – onde se congregam guerreiros maduros e jovens – antes que o laço entre homem e mulher, ou as formas de família em que o par conjugal não tem centralidade, sem falar nas formas patriarcais em que uma família que inclui muitos agregados, escravos entre eles por vezes, se articula sob uma forma de dominação tradicional (Weber, 1921-1922, pp. 212-222; 1923, pp. 23-64). Assim, é de diversas maneiras que o sexo e a reprodução das gerações têm lugar, sem que se precise supor sequer que a família seria seu eixo fundamental (o que escapasse disso surpreendendo, por exemplo, de modo profundo, outro grande comparativista, posterior a Weber, a saber, Lévi--Strauss, 1969).

Ora, Weber, por outro lado, embora detalhada e historicamente tenha tratado desses diversos temas, não os desenha exatamente em termos de questões gerais. No máximo os singulariza de maneira sistemática em seus estudos sobre a religião, nos quais, em termos das esferas de valor da própria modernidade (logo as multiplicando e emprestando-lhes terminologia moderna), aponta para as "direções" de "rejeição do mundo" por parte de atores individuais, multidimensionalmente (Weber, 1920b). Isso é, de certa forma e dentro dos limites assinalados, o contrário do que vimos anteriormente em Marx e Engels, quando consideraram a produção e reprodução da vida as questões sociais existenciais fundamentais que as formações sociais têm de resolver. Cada uma dessas abordagens nos oferece, portanto, um dos elementos da solução, porém lhes falta o outro. Para encaminhar assim inicialmente o problema, é necessário reconhecer as questões existenciais em suas quatro dimensões básicas, bem como admitir que foram resolvidas de maneiras específicas e distintas ao longo da história social humana,⁹ com destaque para a modernidade, o estágio atual de evolução da espécie (multilinear ela mesma, deve-se mencionar de passagem), cujas respostas àquelas questões precisam ser relativizadas. Não nos interessa apenas essa generalidade, nem uma concepção estática do problema, mas sim como se coloca historicamente de maneira particular, bem como dinâmica.

Cada uma dessas questões existenciais, nos planos individual e coletivo, evolui de maneira própria, pondo problemas e demandando respostas relativas a seus próprios requerimentos. Mas, por outro lado, cada uma delas sofre a influência e influencia o modo de se colocarem e resolverem as outras questões. Como produzir depende de como se realiza a reprodução, de como se articula o universo hermenêutico-simbólico e de como se distribui e organiza o poder, afetando também a forma de se articularem e desdobrarem essas outras questões existenciais. O mesmo é verdadeiro se as relacionamos com os processos produtivos e entre si. Agregue-se que isso varia não apenas em cada civilização e formação social, mas também ao longo de suas histórias específicas.

Nenhuma dessas questões e suas resoluções é capaz de condicionar totalmente as demais, há certo grau de indeterminação na forma como evoluem e como se relacionam umas com as outras, uma vez que as respostas, ademais e sobretudo, não se põem por si mesmas. Antes se colocam essas questões para indivíduos e coletividades e somente encontram resposta por meio de sua ação e de seu movi-

---

9. Por "civilização" entendo um tipo de sistema social muito abrangente, que se transforma ao longo do tempo, mas mantém-se em larga medida idêntico a si mesmo, com respostas a cada uma daquelas questões de modo multidimensional através de sistemas sociais específicos. A modernidade seria uma delas, com suas práticas, instituições, relações com a natureza e imaginários. Por "formação social" entendo um tipo de sistema social mais específico, em que aquelas civilizações se apresentam de forma concreta, muitas vezes, ou mesmo de modo geral, mescladas com outras civilizações ou elementos civilizacionais (tendo as civilizações a que pertenciam desaparecido ou se rendido à outra, que os incorpora de forma mais fragmentária). São sempre tecidas pela ação individual e pelo movimento coletivo.

mento, que são sempre criativos, abertos ao futuro, embora a maneira como foram enfrentadas no passado perdure em memórias de diversos tipos (em práticas, instituições, imaginários e aspectos materiais da vida social), as quais são o ponto de partida parcial para novas soluções.

Como se dá esse entrelaçamento e influência mútua, o peso de cada sistema social que se articula para enfrentar cada questão sobre os outros sistemas sociais que se constituíram para enfrentar outras delas, causalmente, não pode ser determinado *a priori* e genericamente. Cada civilização ou formação social, em cada período de seu desenvolvimento, tem nesse sentido suas especificidades. Isso quer dizer que exercícios deterministas ou a tentativa de estabelecer leis causais gerais estão fadados ao fracasso.

Isso não implica que possamos somente chegar a generalizações empíricas a partir de casos concretos. Se a ideia de leis gerais do desenvolvimento social se mostra falaz também em relação a essas questões, isso não impede que reconheçamos que civilizações e formações sociais podem ter os processos de desenvolvimento vinculados a elas estabelecidos analítica e causalmente de maneira bastante geral. É preciso verificar, para cada caso, como isso se realiza, o que por exemplo Marx (1867, pp. 21-24; 1894, parte III, caps. 13-15) fez no que diz respeito ao desenvolvimento do capitalismo mediante a identificação das tendências gerais da acumulação capitalista, que levariam esse modo de produção a impasses insuperáveis, estivesse de fato certo ou não em suas conclusões específicas (trata-se da famosa questão da "queda tendencial da taxa de lucro", além da concentração de capital nas mãos de poucos expropriadores, com uma enorme classe trabalhadora do lado oposto).

Se é possível, além disso, desvendar tendências mais gerais dentro de processos amplos, mas particulares, a cada civilização – como a racionalização de cunho instrumental que Weber percebia se desdobrar de maneira inexorável no Ocidente –, é também algo que apenas a pesquisa de cada caso que se queira considerar pode responder. Ter isso em perspectiva, de forma crítica – e, ao mesmo tempo, estar preparado para reconhecer sua existência na modernidade – é o que, fundamentalmente, nos permite escapar da hipóstase da ideia de que a vida social se estrutura por meio de sistemas econômicos, políticos e culturais ou "ideológicos" (sempre com um etc. que permite adicionar outros elementos *ad hoc*, como talvez a sexualidade ou o direito), seja essa estruturação vista como universal ou como fruto de um processo de diferenciação (como em Parsons, 1971).

Questões existenciais, tendências de desenvolvimento, giros modernizadores

Pode-se dizer, de acordo com o que foi argumentado ao fim da seção anterior, que é contingente a resposta às questões existenciais aí apresentadas, mesmo que com reservas? Isso estaria em linha com a quase totalidade das discussões que se encontram nas ciências sociais contemporâneas – com exceção do que é o caso com o capitalismo, ao menos na visão de autores marxistas ou fortemente influenciados por essa perspectiva, surgindo seus processos de expansão como inexoráveis.

Cada indivíduo e cada coletividade responderiam assim a essas questões, a cada momento, afora no que se refere então ao capitalismo, em princípio de maneira bastante imprevisível. Contudo, conquanto saibamos que há variação nessas respostas, é evidente que há padrões, em cada civilização e formação social, que se reproduzem de maneira mais ou menos regular e homogênea. Não caberia aqui retomar o debate sobre "ação e estrutura", que tratei em várias outras ocasiões, tampouco discutir com pormenores o tema da evolução social, que dificilmente se deixaria aprisionar hoje por visões unilineares, mas que nem por isso deveria ser descartada (Domingues, 1995a, 1999 e 2004).

Há continuidades até certo ponto na forma de responder às questões existenciais, muitas vezes heterogêneas entre si, apresentando de modo geral certa coesão, especialmente quando uma civilização se constitui e elas se influenciam de maneira intensa. Isso empresta certo grau de coerência a uma civilização, embora geralmente, ao expandir-se, quando o faz, essa coerência tenda a se perder, ao mesclarem-se seus padrões civilizacionais com aqueles oriundos de outras civilizações, que organizam a resposta àquelas questões de maneira distinta, dando origem assim a formações sociais que se podem definir como híbridas ou algo semelhante.

Deve-se enfatizar, no entanto, que, se há continuidades na passagem de uma civilização a outra, há também descontinuidades fortes, muitas vezes rupturas radicais. Além disso, dentro de cada civilização e cada formação social encontramos processos que se reiteram. Mediante eles inclusive, de forma intencional ou não, mantém-se a identidade desses tipos de sistemas sociais, embora recorrer ao conceito de "estrutura" em sentido ontológico para resolver esse tema teórico não seja a melhor solução, valendo antes teorizar a reprodução das práticas, das instituições e dos imaginários dos indivíduos e das coletividades no que diz respeito à resposta àquelas questões existenciais, seja como for que se organizem.

De modo a avançar teoricamente, concentremo-nos agora na discussão acerca de como essas questões se desdobram em uma civilização específica, nomeadamente, a modernidade. Não pretendo aqui decidir empiricamente ou sequer apresentar de forma sistemática teorias de alcance médio que deem conta de qualquer uma delas. Não resta dúvida de que isso é importante, embora também seja essencial compreender suas imbricações, em seus contextos originais europeus e ao expandir-se, com suas próprias tendências de desenvolvimento, e converter-se em uma modernidade global heterogênea, articulada de forma multidimensional e multitendencial (Domingues, 2012, e Capítulo 2 deste livro).

No que se segue quero apenas delinear, primeiro, o tema de maneira geral e então pensar, indicativamente apenas, tanto em termos do desenvolvimento da modernidade – ou seja, de acordo com o que se pode definir como suas tendências de desenvolvimento – quanto em relação a como se dá sua imbricação, como resposta à questão em seus próprios desdobramentos entrelaçados. Em suma, minha meta é propedêutica. Tendo reposto o tema das dimensões da vida social buscando uma solução analítica que vá além de Marx, Engels e Weber, quero agora delinear uma estratégia para avançar em termos de seus desdobramentos sistemáticos nos quadros de uma renovada teoria da modernidade.

A modernidade tem sido caracterizada por elementos institucionais que compareçam, de uma maneira ou de outra, às obras de diversos autores. A título de exemplo, a seguir relaciono teses e autores bastante centrais na literatura sociológica, as quais ajudam a situar os temas em destaque (ver, entre vários outros intérpretes, Domingues, 1999, 2002 e 2009a, para análises sistemáticas).

Há teses bastante gerais, como as da racionalização e do surgimento de esferas diferenciadas, em Weber, ou da divisão do trabalho e do surgimento de uma nova forma, "orgânica", de solidariedade, em Durkheim, com Parsons já enfatizando a diferenciação social de modo mais geral, Habermas seguindo na mesma senda, mas combinando-a com teses amplas sobre a racionalização, neste caso tanto instrumental quanto comunicativa. Há casos intermediários, como o de Marx, em que o capitalismo, uma esfera institucional específica, é discutido em pormenores conceituais, ao mesmo tempo servindo como o elemento que define e causalmente influencia todas as outras esferas da modernidade. Ou o de Elias, calcado nos processos de monopolização do poder, controle das pulsões e pacificação, discretos, mas relacionados e decisivos para toda a vida social. Giddens, por outro lado, buscou uma maneira multidimensional de lidar com o tema, o capitalismo e a industrialização, a vigilância estatal e a industrialização da guerra singularizados como seus eixos institucionais fundamentais, embora ele apresente vários outros ao longo de sua argumentação, que tem ainda nos "desencaixes" de relações sociais de coordenadas mais estáveis e limitadas no tempo-espaço um elemento mais geral do desenvolvimento da modernidade.

Embora formas de consciência, em Durkheim e Weber, Parsons e Habermas, bem como Marx, estejam presentes em todas essas discussões e o último enfatize o papel da ideologia, o tema do imaginário – isto é, de como as pessoas concebem a modernidade e nela se concebem ou os valores que lhes orientam – tem tido menos ênfase analítica dentro da sociologia. Eisenstadt de certo modo buscou uma saída para as teorias da modernização em parte por meio da ênfase na "cultura", ao passo que Castoriadis, criticando o marxismo, iluminou a contingência da história e sua criatividade, mediante o conceito de "imaginário radical" (ainda que em sua versão seja este muito individualista).

Todos esses autores e vários outros – por vezes em nível de generalidade conceitual mais baixo – tratam essas instituições ou imaginários, quando o fazem, em termos de uma tendência a se desenvolver, se desdobrar, dentro da modernidade. Encontramos isso, por exemplo, nas teorias da modernização liberais do século XX (ver Knöbl, 2001), assim como nas interpretações marxistas do mesmo período (ver Aricó, 1976-1977, e Jay, 1986, respectivamente, para o marxismo militante e para o dito "ocidental").

Mas também, a menos que adotem de fato uma visão descontinuísta da história, como Giddens, que mantém, de todo modo, aquela primeira perspectiva, buscam assinalar como os elementos que caracterizam a modernidade emergiram em formações sociais anteriores, seja de maneira mais contingente historicamente, seja como resultado de evoluções até mesmo unilineares da espécie humana. Em suma, estamos aí dentro do universo do que se pode caracterizar como *conceitos-tendência*, ou seja, conceitos que buscam compreender desdobramentos mais ou menos contingentes ou inexoráveis dentro desse tipo de civilização ou mesmo em termos de sua gênese em um processo histórico muito mais dilatado.

A sociologia e as ciências sociais contemporâneas de modo mais geral parecem desinteressadas desse tipo de questão, mas ele segue retornando pela porta dos fundos, uma vez que a maioria dos conceitos que elas continuam a utilizar para analisar a vida social, seja hoje, seja anteriormente, são exatamente aqueles que, um dia, foram tratados como fruto de processos de desenvolvimento que levaram à modernidade e seguem se desdobrando dentro dela, mais ou menos modificados. Sem tematizá-los, apenas os hipostasiam, assim como hipostasiam a resposta às questões existenciais que examinamos diretamente na primeira parte deste capítulo. Isto é, tratam fenômenos históricos como o capitalismo, o Estado moderno, a família etc. como dados, reconheçam ou não que correspondem a formas históricas, sem de todo modo analisar seus fundamentos, deste modo perdendo parte do que são de fato os processos e mecanismos mais profundos com que se constituem e se transformam.

Isso é ainda mais radical nas suposições de que a "sociedade" (em si conceito já hipostasiado e reificado) possui as dimensões da economia, da política, da cultura etc. Ou então, o que me parece uma alternativa desesperada para escapar dos dilemas do determinismo e da necessidade histórica, os pesquisadores nas diversas ciências sociais lidam com essas dimensões e aqueles sistemas mais específicos de maneira tão contingente que beiram o nominalismo. De toda maneira assim deixam de lado o significado geral desses conceitos e o desdobramento dinâmico e estendido daqueles processos (embora, é claro, os relatos pós-modernos tendam a fazer exatamente o contrário do que prometem, ao evocarem grandes eras e tendências poderosas de desenvolvimento, como o fez Lyotard, 1979).

Para capturar adequadamente as respostas àquelas questões sociais existenciais é necessário, todavia, analisar a gênese de suas respostas em civilizações e formações sociais específicas, bem como sua reprodução, sempre implicando certo grau de mudança e possível transformação radical. Ademais, é preciso ver como isso ocorre em termos da autonomia relativa das respostas àquelas questões, bem como no que se refere a seus entrelaçamentos e influências causais mútuas. Isso deve ser feito em face de análises empíricas, ainda que generalizantes, mas é preciso sobretudo identificar analiticamente os *mecanismos* que presidem esses processos. Chamei-os de gerativos, reiterativos e transformativos, em termos de uma construção analítica mediante a qual esses conceitos-tendência específicos podem ser articulados como soluções dinâmicas daquelas questões (conforme discutido no Capítulo 4).

Assim, duas tarefas nos esperam, de modo a retomar discussões que me parecem cruciais nas ciências sociais e na sociologia, mas também nos quadros de uma teoria crítica renovada, que busque não apenas entender a história de modo geral e a gênese da modernidade e de sua reprodução, porém também os processos e mecanismos que podem levar para além dela.[10] Por um lado, trata-se de uma análise histórica e da sociologia histórica. O melhor é que seja orientada por conceitos analíticos gerais (alternativamente por tipos ideais) e se debruce sobre a modernidade ou sobre outras civilizações. Por outro, cumpre examinar como essas supostas tendências de desenvolvimento, inclusive no plano da modernidade, se desdobram, a partir das mesmas categorias analíticas usadas para pensar

---

10. Enquanto Marx e Engels definiram claramente os processos de gênese, desenvolvimento e superação do capitalismo e da modernidade, quaisquer que fossem certas ambiguidades de suas respostas (assentando-se elas sobre classes e subjetividade ou tendências catastrofistas e contradições "estruturais" ou "funcionais"), a teoria crítica foi se concentrando cada vez mais e crescentemente no plano da filosofia e da cultura, ao pensar os processos de desenvolvimento da modernidade, muitas vezes com viés pessimista, a exemplo de Weber, como no clássico de Adorno e Horkheimer sobre a razão instrumental e o "logocentrismo". Ver Aricó, 1976-1977, e Domingues, 2012. Claro, isso remete a problemas reais e aos impasses hodiernos da mudança social radical, mas na teoria social não se deveria levar a paralisia tão longe.

sua gênese – na verdade estas encontrando-se na dependência do que o pesquisador identificar em sua análise dentro de uma civilização como os elementos mais importantes, pois os processos que nos fazem transitar de uma civilização a outra são demasiado complexos e multifacetados para que se possa abordar tudo o que ocorre historicamente, sem delimitação e seleção de variáveis causalmente destacadas.

Assim, Estado moderno, capitalismo, família nuclear no Ocidente etc. – mas também sua projeção e seus desenvolvimentos específicos em outras regiões do mundo, em seu entrelaçamento e hibridização com elementos oriundos de outras civilizações (ver Domingues, 2012) – podem ser analisados de forma dinâmica e mais aprofundada. Deve-se destacar que o entrelaçamento – com intensidade e pesos variáveis, dos desdobramentos de cada uma das questões existenciais – acrescenta um desafio enorme à pesquisa, o que se agrava por estarem articuladas muitas vezes e crescentemente, no contexto de uma complexificação da vida social, por sistemas sociais concretos eles mesmos múltiplos e complexos. As redes causais se adensam e as influências múltiplas fazem-se multifacetadas, tornando-se, portanto, mais difícil discernir o que começa onde e qual seu peso específico no desdobramento dos processos sociais de cada formação social – em seus vários planos "escalares" (local, nacional, regional, planetário) – e da civilização moderna global hoje de modo geral.

Isso se refere ao que é possível definir como a metodologia de análise das questões sociais existenciais e sua organização em termos de dimensões e sistemas sociais específicos, em particular na modernidade, mas não somente nela. Vejamos agora o que isso pode significar em termos mais substantivos.

Em primeiro lugar, o que fazer com a tradicional divisão entre economia e política? Ela tem como extensão a necessidade de introduzir a cultura como outra dimensão – ou, em teorias mais sofisticadas, como a de Habermas (1981), um "mundo da vida" em que radicam "cultura", "instituições" e "personalidade" –, com outras dimensões apresentadas em diferentes teorias. Por um lado, aquela divisão é real e remete à separação que a modernidade introduziu entre a esfera da "sociedade civil", cujos fundamentos estariam, por um lado, na economia, mas que incluía também a família, a imprensa, as igrejas e outras entidades, e, por outro, Estado, o que na complexificação do marxismo por Gramsci acabou levando a um argumento curioso, quase invertido, segundo o qual aquela esfera formaria parte de um "Estado ampliado" (ver Cohen e Arato, 1992, para a evolução do conceito).

Aquela divisão não é meramente fictícia (como Poulantzas por vezes sugere, também em versão mais sutil da dimensão política na teoria marxista). Ela de fato estrutura o conjunto da vida social, em especial pela separação entre público e privado, mas tem por outro lado um forte elemento ideológico (no sentido de ocultar a realidade em função dos interesses de classe burgueses, como sugere), visto que escamoteia a interpenetração efetiva entre essas duas esferas e o poder e penetração do Estado sobre a "sociedade civil". Soma-se a isso que, embora formalmente menos separado da "sociedade", jamais o Estado foi outrora capaz de controlá-la e moldá-la de maneira tão intensa, passando de uma relação meramente "despótica" (capacidade de repressão) em civilizações anteriores a um "poder infraestrutural" significativo, combinado com agentes da própria "sociedade" externa a ele, mediante uma capacidade normativa--gerativa não meramente repressora e violenta (ver Giddens, 1985, em especial cap. 7, e Mann, 1986 e 1993; em ambos a influência de Foucault é explícita).

É evidente que nem a política nem a economia se desenvolvem separadamente. Ao contrário, encontram-se entrelaçadas, ainda que cada uma tenha sua própria dinâmica (ou, como dizem os alemães, *Eigendynamic*), que se desdobra a partir de suas contradições, seus projetos, consequências não premeditadas e daí por diante. O mesmo se poderia dizer da "cultura", expressão bastante estranha, a rigor, uma vez que todos os sistemas sociais – ou que aparecem como política e economia – têm como elemento constitutivo uma dimensão hermenêutica, tecida simbolicamente, inescapável, mesmo quando seu sentido for, como sugerem Weber e os frankfurtianos, seu esvaziamento e ressecamento (ver, para uma revisão geral, Habermas, 1981, que leva esse argumento a seu extremo no que se refere aos sistemas supostamente "autorregulados").

Note-se que alguns autores, como Castells (1996), chegam a dizer que hoje a "cultura" estaria se autonomizando. Ocorre que, por mais que empiricamente possa haver elementos interessantes em sua análise, ele peca por ter seu ponto de partida na reificação e na hipóstase desse conceito, aparentemente óbvio em sua facticidade, o qual teria, contudo, que ser desde o início problematizado, com todas as consequências que isso implica.

Se nos dirigimos a sistemas ainda mais específicos, como o Estado, a família, o mercado etc., essas questões se fazem ainda mais complicadas, porém claramente necessitando de revisão. Quando falamos do desenvolvimento da política, de que estamos falando? Do "Estado"? Ou, um pouco mais amplamente, da "sociedade civil"? Ou na verdade nos referimos a um conjunto de práticas que atravessam ambas essas construções sociais modernas – imaginárias mas também muito reais, pois de fato organizam, em larga medida, por meio de instituições, o conjunto das atividades sociais – sem deter-se nelas? Isto é, falamos delas somente ou a família e a amizade, o esporte, a ciência, a religião e tantos outros sistemas têm de ser pensados não apenas como parte da "sociedade" ("civil" ou como se a queira definir), como percucientemente sugeriu Gramsci, mas como estando todos diretamente relacionados, de maneiras próprias, à distribuição do poder?

Parece-me evidente, se se leva em conta que as questões sociais existenciais são temas gerais e abertos, que as respostas a seus requerimentos não podem ser reduzidas a um ou dois sistemas sociais concretos, senão que estão disseminadas por vários deles, no que diz respeito tanto a problemas gerais quanto a outros mais específicos (quem vota, por exemplo, ao mesmo tempo que o tipo de sexualidade que é autorizada e estimulada também se constitui em objeto de definição mediante relações de poder, no que se refere a outros sistemas e agentes – *subjetividades coletivas*, ou seja, homens, mulheres, padres, capitalistas, feministas etc., como de resto estas últimas foram pioneiras em enfatizar com o famoso "o pessoal é político").

O mesmo se pode afirmar do capitalismo. Trata-se de sistema meramente econômico? Ou deve ser desde o início definido em termos multidimensionais? Se em seu cerne se encontram as relações de produção e consumo, em sua imbricação com a natureza, mediados pela circulação de mercadorias, não é possível entendê-lo como separado da política, com o direito cumprindo papel de mediação entre estas e outras "dimensões" e sistemas. O próprio Marx chamou a atenção para isso, ainda que em *O capital* perseguisse estratégia mais circunscrita analítica e concretamente à economia. Foi sobretudo Polanyi (1944), todavia, quem destacou, com efeito de modo exagerado, que o Estado liberal teria efetivamente constituído o mercado ou ao menos o desencaixado do conjunto das relações sociais a partir de um projeto comandado politicamente por forças liberais.

Seria absurdo pensar também que a "cultura" – ou a "ideologia", caso assim se prefira – se põe como dimensão externa à economia. Este é equívoco em que incorre Habermas, ainda que de modo geral não os marxistas, Marx ele mesmo enfatizando em especial o papel do "fetichismo da mercadoria", do dinheiro e do próprio capital como construções simbólicas opacas. Em contrapartida, subordinam causalmente a dimensão hermenêutico-simbólica à dinâmica da economia, roubando-a desse modo, em larga medida, de sua própria dinâmica, nem que isso se remeta, na melhor das hipóteses, à "determinação em última instância". Não deixa de ser curioso ver como Castells, vindo do marxismo, tentou saltar na direção oposta, incorrendo em larga medida em equívoco simétrico ao que anteriormente cometia.[11]

Assim, uma série de distintas possibilidades se abre. Uma delas é tratar as questões existenciais e as diversas respostas a elas historicamente, reconstruindo sua evolução, no que diz respeito também à modernidade, de modo geral e nesse caso particular dando atenção aos processos que levaram a elas e se desdobram daí por diante. Não há que supor nesse sentido nenhuma teleologia, uma vez que, embora haja sem dúvida elementos fortes do que se convencionou chamar de "dependência de trajetória" nesses processos, com o ponto de partida influenciando os desdobramentos seguintes, a criatividade social sempre intervém e lhes empresta por vezes direções inesperadas. É o que enfatizaram autores que adotaram pontos de vista descontinuístas (como Gellner, Giddens e Mann). Foi também o que tentei capturar, do ponto de vista da teoria da subjetividade coletiva, em termos do conceito de *giros episódicos*, que na modernidade se convertem em *giros modernizadores*, tecendo assim o desenvolvimento social em termos intencionais ou como consequências não intencionais da ação individual e do movimento coletivo (Domingues, 1999, cap. 4, e 2012).

Estratégias comparativas, como a de Weber, podem ser aplicadas com o objetivo de abrir o foco da análise, dentro dos quadros de uma civilização, bem como entre elas. São assim possíveis construções analíticas mais sistemáticas, quer no que diz respeito à discussão das questões sociais existenciais – nos quadros de exposição mais abstrata, mas nem tanto, uma vez que esses conceitos se implicam mutuamente –, ou no que se refere a uma civilização

---

11. Isso não deveria nos impedir de reconhecer, como autores fora do marxismo argumentam, que o capitalismo tem um grande peso – causal inclusive – no desdobramento global da modernidade, embora não faça sentido pensá-lo como apartado das outras questões existenciais, como tende, por exemplo, a fazer Chakrabarty, 2000.

específica, a modernidade no caso que propus mais diretamente considerar neste texto.

Tanto um ponto de vista dito sincrônico, estrutural-descritivo, quanto outro, mais complexo, diacrônico, que capta as tendências de desdobramento das respostas àquelas questões, podem ser adotados, na verdade se pondo essas duas possibilidades de modo complementar. Nesse passo, os três tipos de mecanismos — gerativos, reiterativos e transformativos — mencionados anteriormente são fundamentais, de maneira a não permitir que a análise deslize para a mera descrição, mesmo que organizada por conceitos, cujo poder teórico termina por ser limitado. É fundamental *explicar* como os processos se desdobram.

Por um lado, vale analisar as tendências com certo grau de isolamento, ao menos inicialmente, mas isso tem de ser depois corrigido mediante uma análise mais ampla que focalize o impacto — causal — das respostas às questões umas sobre as outras. Nesse sentido, não se trata de tarefa nada fácil, embora não careça de ser levada ao paroxismo de pensar-se que somente a visão da totalidade poderia solucionar o problema, estratégias mais discretas e intermediárias usualmente se mostrando mais factíveis, sem que a vertigem da compreensão absoluta leve tragicamente à paralisia.

Enfim, é preciso considerar que, se tomamos os processos de surgimento, desdobramento e evolução da vida social utilizando-nos de conceitos-tendência articulados com esse fim, combinando a construção de categorias como política e economia, Estado e sociedade civil, capitalismo e neopatrimonialismo, família nuclear e patriarquia, nação e cidadania, etnicidade e racismo, entre outros, que podem e devem avançar para além do plano descritivo, com a explicação dos processos por meio de mecanismos, isso apenas preliminarmente pode ser feito considerando-os em seu estado de pureza conceitual e histórica.

No solo mesmo de sua emergência e desenvolvimento iniciais, a Europa, eles já se imbricaram concretamente com formas prévias de resposta às questões existenciais. Isso muitas vezes perdura longamente, os giros modernizadores específicos que se realizam emprestando à modernidade características bastante particulares em cada local ou país nessa região. Ao ampliarmos o foco e nos debruçarmos sobre a modernidade global, que resultou da expansão da civilização moderna a partir da Europa, essa imbricação se torna verdadeira hibridização, uma vez que incorpora outros elementos civilizacionais através do planeta. Isso significa que os giros modernizadores são híbridos eles também e que as tendências de desenvolvimento se fazem ainda mais complexas, mas de modo algum impossíveis de resolver. Quer dizer, de possível resolução desde que se ponha a interrogação sobre as questões existenciais e o desenvolvimento das respostas a elas de modo sistemático.

Palavras finais

Chegamos assim ao fim de nosso percurso conceitual, que tratou de temas na verdade quase intratáveis nas ciências sociais. Desde o materialismo marxista a demandas de que elas se articulem de maneira multidimensional, passando por alguns tipos de abordagem de cunho culturalista, hoje de resto muito disseminados, uma indagação tem se posto, aberta ou veladamente, quanto à relação entre os diversos aspectos da vida social, que busquei focalizar a partir de quatro questões sociais existenciais fundamentais. Seria possível quase dizer que se referem a verdadeiras "condições de possibilidade" da existência da espécie humana e dos sistemas sociais em que se organizam, se se quiser recorrer à linguagem kantiana, mas com a clareza de que são práticas humanas concretas o que se encontra em questão, não da constituição metafísica do sujeito ou da realidade em geral, cujo resultado de certo modo é dado de antemão, carecendo de ser simplesmente explicado.[12]

Trata-se, em vez disso, dos temas da produção e reprodução da espécie, da distribuição do poder e da criação de sentido, com suas direções indeterminadas e inclusive falibilidade histórica. Na medida em que o "materialismo histórico" se ossificou e desde que o que se convencionou chamar de "giro linguístico" nas ciências sociais se verificou, essa discussão perdeu seu rumo. Ou simplesmente se afirma a importância da materialidade da vida humana e de sua causalidade social, sem conseguir progredir conceitualmente, ou se leva ao extremo a ideia de que é na esfera da linguagem ou do "discurso" que se situam os processos e impulsos causais mais importantes, com o que os avanços efetivamente alcançados nas últimas décadas ficam severamente prejudicados.

Paralelamente, alguns preferem dar ênfase ao poder, seja uni ou multidimensionalmente, certas abordagens o absolutizando em termos ontológicos e explicativos, ao passo que a reprodução da espécie e a sexualidade ou se mantiveram no âmbito de formas variadas de psicanálise (ou de seus críticos) ou deslizaram para a mera descrição empírica.

Este texto ensaiou, portanto, lançar-se em direção pouco comum hoje, retomando discussões cruciais e muito gerais, que o marxismo originalmente propôs e às quais as disciplinas das ciências sociais, inclusive e com destaque a sociologia, outrora buscaram dar continuidade. Ele o faz, além de concentrar-se naquelas questões existenciais, retomando outros temas que saíram do radar dos cientistas

---

12. Não consiste em boa solução, por conseguinte, a perspectiva funcionalista em que a realização destas se põe como "pré-requisito" para a reprodução e continuidade dos sistemas sociais, derivando-se facilmente para um problema da "integração" dos sistemas sociais e da "ordem"/"motivação" na versão da questão em Parsons (1951, pp. 26-36 e 167-177). As questões existenciais são ao mesmo tempo mais abrangentes e mais contingentes.

sociais nas últimas décadas, em que vem imperando a ideia de contingência como elemento inescapável da vida social e da história, a despeito da expansão da modernidade – com ares de absoluta necessidade, quase se assemelhando à expansão da racionalidade em termos weberianos e de seus tributários –, em seu entrelaçamento com outros elementos sociais.[13] Em outros contextos tentei argumentar a favor de uma sociologia da modernidade global, como civilização expansiva e agora visivelmente heterogênea, como um dos caminhos pelos quais a sociologia pode e deve recobrar seus impulsos teóricos, neste momento abafados.

Ademais, combinei essa sugestão com uma demanda, exatamente por essa via, de renovação da teoria crítica. Os conceitos-tendência que se propõem a compreender a modernidade em sua dinâmica de gênese, desenvolvimento e possível superação são imprescindíveis para que passemos de um plano meramente descritivo ou até mesmo restritamente interpretativo-conceitual a outro mais analítico e explicativo. Esse caminho seria, ao tentar divisar janelas de possibilidade da mudança social, a base para uma ampliação da crítica imanente, para além daquilo que agentes de natureza diversa, com destaque para os movimentos sociais, e intuições morais concretas seguem energizando em direção emancipadora em nosso mundo. Se isso depende de correntes mais amplas e profundas na vida social, representadas por esses agentes e intuições, na luta contra a exploração e a opressão, nem por isso devem as ciências sociais deixar de contribuir nessa direção. Mas, para fazer isso, é importante enfrentar novamente os problemas fundamentais da teoria social, entre os quais se encontram o que aqui denominei de questões sociais existenciais.

---

13. Embora, por sua vez, teoricamente de maneira deficitária e com viés normativo forte, o neomodernismo radical do neoliberalismo reivindique uma tendência empírica e normativa de expansão global dos mercados, que afirma inevitável e necessária, de preferência, mas não absoluta e inexoravelmente, acompanhada da democracia liberal.

Elas nos permitem melhor situar o momento presente conceitualmente e abrem-nos as portas para uma melhor compreensão dos sistemas sociais em que se organizam na modernidade. Ressaltam sua contingência e variação, mas também imbricação mútua, bem como seus níveis variados de necessidade e coesão, suas múltiplas tendências de desenvolvimento, gerativo, reiterativo e inexorável superação, logo, nessa conjunção, sua historicidade. Se não é garantido o sucesso na identificação de mecanismos que possam nos levar para além da modernidade, pois ademais isso depende de como eles efetivamente se desdobram hoje, é na pior das hipóteses relevante que de novo encaremos esse tipo de questão, que pode não ser existencial no sentido utilizado neste texto, mas sobre cuja importância não deveriam restar dúvidas.

4. História, sociologia e modernidade[1]

O objetivo deste texto é uma análise da relação da teoria sociológica e a modernidade, em sua dimensão global, tratando de avançar de uma perspectiva descritiva rumo a uma construção de cunho analítico capaz de pensar os mecanismos que presidem a sua gênese, desenvolvimento e possível – a rigor inevitável – transformação. Ele deve, porém, se iniciar com duas observações cautelares.

A primeira é a seguinte: meu objetivo é também, em parte, tratar da modernidade brasileira e sobretudo da sociologia da modernidade no Brasil, assim como, conquanto sem maiores referências concretas, na América Latina. Essa intenção estará presente em suas páginas; no entanto, apenas obliquamente. Isso tem que ser feito inevitavelmente em caráter tangencial porquanto a sociologia brasileira não tenha se ocupado de processos mais largos de desenvolvimento da modernidade – sobretudo não tenha procurado conceitualizar o que se trata aqui como as tendências de desenvolvimento da modernidade, como a acu-

---

1. Publicado em *Desarrollo económico*, v. 55 (2015); e em Maria Thereza Ribeiro (org.), *Dimensão histórica da sociologia: dilemas e complexidades* (Curitiba: Apris, 2016).

mulação capitalista, a construção do Estado, a secularização, a individualização, quer dizer, os grandes processos identificados pelas ciências sociais europeias e norte-americanas, de maneiras diversas –, a não ser em termos de sua especificação na particularidade, por vezes concebida de um ângulo radicalizado, de sua própria história. Esgota-se assim em uma *descrição*, mais ou menos inteligente e de vez em quando até brilhante, por vezes baseada em conceitos bem controlados, mais ou menos modificados, de seu processo histórico, conquanto não seja isso o mais usual. Isso é algo que ela compartilha, ademais, com as ciências sociais dos outros países latino-americanos.[2]

A segunda é uma advertência em relação a minha *démarche*, pois apresento a discussão a partir de um ângulo específico, que espero seja ao menos parcialmente inovador. As ciências sociais são um empreendimento plural, não existindo uma maneira de realizá-lo e expressá-lo *unívoca e exclusivamente*, mas evidentemente procederei com certas ênfases que contrariarão por vezes o trabalho que tradicionalmente se faz nas ciências sociais no Brasil (e mais geralmente na América Latina e até em outros países periféricos e semiperiféricos, como a Índia). Pesquisa interessante é aquela que consegue sugerir alguma coisa que desafia, coloca questões em relação ao que foi feito anteriormente. É o que espero alcançar aqui.

Passemos então dessas observações iniciais a uma discussão mais substantiva, a partir do ângulo da teoria social, sobretudo da teoria sociológica. Trabalhei em muitos momentos com conceitos bastante gerais nas ciências sociais, tentei desenvolver o que chamei de uma *teoria da subjetividade coletiva*, incluindo temas como a *criatividade social, sistemas sociais* e outros conceitos com o mesmo nível

---

2. Talvez as teorias cepalinas e da dependência tenham se acercado disso, com suas noções de centro e periferia, mas não elaboraram a questão sistematicamente, do mesmo modo que as teorias marxistas da marginalidade e com Germani enfatizando a passagem das sociedades "adscritivas" às modernas e depois García Canclini destas a uma pós-modernidade.

de generalidade. Mas um passo seguinte, que na verdade remete a períodos anteriores de minha própria trajetória, pois sempre estive muito interessado na junção da teoria com os processos históricos, foi retomar esse tipo de investigação com mais centralidade (por exemplo, em Domingues 2008 e 2012).

Vale enfatizar que não é filosofia o que fazemos – ou deveríamos fazer – ao desenvolver a teoria social, sequer o que por vezes se chama estranha, mas em seu equívoco básico justificadamente, de "metateoria", que se apresenta na verdade como uma metafísica, uma construção apriorística, que estaria para além do mundo empírico. A teoria sociológica é um empreendimento que tem de estar conectado ao mundo da pesquisa empírica, em suas diversas formas e dimensões, que incluem, de modo mais ou menos intenso e direto, a dimensão histórica. Essa é uma questão importante, porque as ciências sociais não podem ademais senão lidar com a história, uma vez que o nosso objeto de estudo é necessariamente histórico. A vida social consiste em um processo de caráter histórico, constituindo com efeito quase um pleonasmo falar-se de história quando se está referindo à "sociedade". Pode-se até, formalmente, deixar de usar a palavra "história", mas sempre tendo-se em mente que ela está necessariamente embutida na palavra "social". São estas duas dimensões que têm de, conceitualmente, andar juntas sempre, na vida como na teoria.

O tema da modernidade foi muito importante na sociologia dos séculos XIX e XX, embora hoje, por razões sociais genéricas (que incluem a recusa a pensar amplamente a vida social) e da própria sociologia (com certo esgotamento do empiricismo e do evolucionismo que crescentemente tomaram conta da discussão, com impasses por outro lado profundos da teoria marxista), sua capacidade de mobilizar intelectualmente tenha arrefecido bastante – por ora ao menos, cabe esperar. A disciplina está intrinsecamente vinculada, em suas origens e desenvolvimento, à problematização do que é a modernidade, inclusive do que é a modernidade global. Nos últimos anos a única abordagem a realmente tratar desse tipo de questão, porém de maneira limitada (ver Wagner, 2012), é o que se chamou de "modernidades múltiplas", que se reportava a modernidades nacionalmente ou pelo menos regionalmente recortadas.

O autor que de início estabeleceu os parâmetros desse tipo de discussão foi um sociólogo israelense chamado Shmuel Eisenstadt (2001). Mas ele foi também, lá atrás, um autor até mesmo vinculado à teoria da modernização. A certa altura, começou a questionar essa ideia de uma unidirecionalidade do desenvolvimento da modernidade, indagando em contrapartida a respeito de como a modernidade se combinava com outras civilizações. Ele sugeriu a existência de uma modernidade indiana, de uma modernidade chinesa, de uma modernidade russa, americana, latino-americana, mas por outro lado fragmentando muito essa ideia de modernidade enquanto tal e, embora a ideia de mescla de civilizações seja interessante, caindo em uma espécie de nacionalismo metodológico, ou num regionalismo metodológico.

É verdade que ele concebia um "programa" fundador, original, da modernidade europeia, que se combinava com essas outras expressões regionais, sobretudo culturais. Esse era de fato o tema da questão das modernidades múltiplas – como o confucionismo e o hinduísmo, por exemplo, apareciam conformando sistemas culturais específicos dessas modernidades que ele acabaria concebendo como plurais. O problema aí, por outro lado, é que uma unidimensionalidade teórica vinculada à cultura acaba por criar problemas para uma concepção mais ampla da modernidade contemporânea, que deve ser multidimensional.

Esse foi o ponto de partida de um trabalho que desenvolvi em um de meus últimos livros, *Modernidade global e civilização contemporânea* (Domingues, 2012). Abordando esse universo de questões, tentei entender comparativamente a América Latina, partindo de trabalhos anteriores meus, visando a confrontá-la principalmente com as regiões sínica e índica, em especial com a China, a Índia e o Paquistão. Incorporei muita história e muita sociologia histórica nesse projeto, mas ambas a serviço já nesse momento de uma reconstrução das teorias sociológicas e em particular da teoria crítica. Ou seja, busquei tratar os diversos temas apresentados no livro (economia, democracia, atitudes em relação ao mundo, giros modernizadores) de uma forma mais ou menos comparativa, contudo exatamente com a preocupação de contribuir para a reconstrução da teoria sociológica e da teoria crítica, repensando a questão da modernidade como fenômeno global e afastando de fato uma perspectiva que pudesse ser capturada por uma visão mais estática.

Em vez de pensar as múltiplas modernidades, preferi partir da ideia de uma modernidade global, porém heterogênea. Ela tem sua origem fundamentalmente na Europa ocidental, com uma datação que a remete a fins do século XVIII e ao XIX, com expansão ulterior pelo mundo. De fato, nessa expansão a sua hibridização com outras civilizações, que eram heterogêneas internamente, se verificou, por isso se conformando a modernidade como uma *civilização global* bastante heterogênea, mas cujos elementos fundamentais, que a definem como civilização e permitem que falemos dessas "sociedades" – ou "formações sociais" – como *sistemas sociais modernos*, tendo todos não apenas mais ou menos a mesma origem, mas compartilhando, em essência, as mesmas características. Contudo, inclusive no livro que acabei de mencionar, embora ele seja teoricamente – e polemicamente – orientado e busque também transformar os "tipos ideais" weberianos em categorias analíticas, não foi um sistema expositivo sistemático, tampouco a identificação de tendências de desenvolvimento da modernidade (para além de seu desdobramento global em geral), o que se propôs. Este texto, por sua vez, discute *lógica* e *metodologicamente* como fazê-lo.

Uma questão que, contudo, desde esse momento me preocupava e foi se convertendo em tema cada vez mais central era que peso se deveria dar à história em um empreendimento dessa natureza, que peso dar à teoria, por outro lado. Não se trata tão somente de como será a exposição da obra organizada, ela consiste na questão de como se articula o pensamento em relação a como convém organizar os conceitos. De uma forma ou de outra, há bastante história no livro em destaque. É necessário agora, contudo, seguir adiante do ponto em que me detive nele. É nessa direção que o restante deste texto se desdobrará.

Antes é preciso fazer um parêntesis para levantar duas questões, atinentes à relação entre sociologia, sociologia histórica e modernidade brasileira e latino-americana (assim como na verdade também para além de nossa região). Como já afirmei, esta última aparecerá de maneira um tanto oblíqua, porém trata-se de questão que indiretamente subjaz a todo o argumento do texto. Por fim, vale dizer que, embora haja autores contemporâneos, como Habermas e Giddens, que têm contribuições significativas à teoria da modernidade, será nos clássicos – em especial em Marx e Weber – que encontraremos os apoios fundamentais para a articulação metodológica de nossa proposição.

Sociologia histórica e teoria sociológica

Sociologia histórica é um tema composto, uma expressão composta. Sociologia histórica: o que há de história e o que há de sociologia na sociologia histórica? De modo geral, há na verdade muito mais história do que sociologia na sociologia histórica, o que precisamos encarar de maneira crítica. Esse é um problema complicado. Se analisarmos a tradição de sociologia histórica que se firmou basicamente no século XX, não é muito difícil chegar a essa constatação. Reinhard Bendix, Theda Skocpol, Barrington Moore Jr., entre outros, são autores que evidentemente trabalham com a sociologia, mas em suas obras o peso da história é muito maior do que o peso, digamos assim, daquela disciplina, sobretudo é muito maior que o da teoria sociológica (ver, para um balanço, Smith, 1992).

HISTÓRIA, SOCIOLOGIA E MODERNIDADE

Skocpol (1979, pp. 36-39), na introdução de seu livro sobre revoluções, sua grande obra, chama a atenção para o fato de que ele está calcado no que John Stuart Mill (1843, pp. 278ss) identificou como duas possibilidades do método comparativo: o método da "concordância" (*agreement*) e o da "diferença" (*difference*) – embora isso pareça de certo modo uma racionalização *a posteriori*, e não necessariamente de efeitos positivos, de sua estratégia.

No método da concordância cumpre buscar, nos diversos casos que estão sendo comparados, o que eles têm em comum. Identifica-se um efeito, algo que aconteceu, e o pesquisador se esforça para encontrar as causas comuns para todos os eventos que ocorrem nas diversas unidades que se está comparando. Trata-se, portanto, do método da concordância. Já no método da diferença, busca-se exatamente o que é diferente, outros casos em que nem as causas nem os efeitos estão presentes. Skocpol argumentou, inclusive, que este segundo seria mais frutífero, mas de qualquer maneira é a combinação desses dois métodos que daria à sociologia histórica a sua musculatura comparativa.

De certo modo ela observa (ainda que sem tanta precisão, mas podemos até certo ponto entender, generosamente, sua visão assim) que essa conjunção metodológica serviria para identificar elementos da realidade empírica, mas que dar conta de maneira mais profunda desses elementos, dos processos em questão, dependeria de que se articulasse uma teoria explicativa. Esta seria então, fundamentalmente, a tarefa da sociologia histórica: identificar de modo empírico os casos, detectar o que têm em comum, bem como o que têm de diferente, e a partir daí construir uma explicação que permita dar sentido a essa comparação empírica.[3]

Se nos debruçamos sobre Durkheim (1897), vemos que a proposta de Skocpol se parece a sua ideia de "variações concomitantes",

---

3. Para a comparação histórica, ver ainda as quatro variantes sugeridas em Tilly, 1984.

utilizando ele, aliás, exatamente Mill para compor seu argumento. *O suicídio* trata do quê? Identificam-se as causas desse ato de acordo com suas taxas maiores ou menores, correlacionando-o à religião e a situações sociais, explicando-se sua maior ou menor incidência por meio de uma análise do peso da comunidade (católica ou protestante, em função da agitação típica do mercado moderno e de seu individualismo bastante radical, entre outros elementos) e, no fundo de tudo, de seus vínculos com a "solidariedade social".

Pode-se dizer que, em Weber (1904b), esse é também, em parte, o caso. O capitalismo só emergiu no Ocidente, mas havia riqueza comparável, inclusive maior, na China e na Índia. Então, por que ele surgiu no Ocidente e somente aí? Weber tomou uma variável, a religião, e, ao realizar sua comparação, buscou o que permanecia de comum e o que havia de diferente. Supõe-se assim que, explicativamente, o peso deveria recair sobre a ética protestante, que demonstrou ter uma "afinidade eletiva" com o capitalismo (o que não é o mesmo que dizer que causa o capitalismo, a interpretação se detém em um plano mais difuso). Mais adiante apresentarei outra maneira de compreender talvez essas suas teses, mas de modo geral essa é a interpretação, por assim dizer, oficial de Weber e sem dúvida a mais comum, bem como, ao que tudo indica, a sua própria (ver Winckelmann, 1995).

A tradição da sociologia brasileira é exatamente de fugir até mesmo da questão da comparação, com raríssimas exceções (como passagens de Buarque de Hollanda, 1936, remetendo-se à América Latina, ou quando a literatura de sociologia histórica ou algo semelhante põe em destaque os casos europeus e norte-americano, como em Werneck Vianna, 1975, ou Velho, 1976). O Brasil é um país muito grande, que tem a estranha mania de se pensar ensimesmadamente. Ele vive para dentro de si mesmo. Quando se olha para fora, olha-se para os Estados Unidos, para a Inglaterra, para a França, para a Alemanha, constata-se que está faltando a revolução burguesa clássica aqui, está faltando Estado de Direito como ele deveria ser, o individualismo racional, e fenômenos dessa natureza, mais ou menos razoáveis ou absurdos.

A questão com muita frequência é o que deveríamos ser e não somos – confunde-se o que defini um dia como a "ocidentalização real" com uma "ocidentalização idealizada", como se a modernidade estivesse suspensa no firmamento e pronta para ser, de alguma forma, trazida do céu à terra (Domingues, 1992 e 2008, p. 7).

Mas a comparação dificilmente é feita de maneira sistemática: estuda-se o Brasil e o cotejamento se realiza mediante o que os outros escreveram sobre outros países (Lênin sobre a "via prussiana", Moore Jr. sobre a "modernização conservadora", Marx sobre a formação da "consciência do proletariado", Weber sobre a "racionalização" ou "secularização", Elias sobre a "pacificação" na Europa, outros mais sobre o liberalismo e a questão racial nos Estados Unidos). Entretanto, ninguém se dedica realmente a pesquisar os Estados Unidos, a Alemanha, a Inglaterra ou a França para construir seus casos. Alguém passou algum tempo nesses países para compará-los de forma efetiva com o Brasil? Lê-se a literatura secundária deles, faz-se pesquisa empírica aqui, mas não é este um método efetivamente sistemático para fazer-se comparação sociológica.

Evidentemente, até certo ponto e dependendo dos objetivos, o simples uso da literatura secundária para comparações é aceitável (do que eu mesmo lanço mão, muitas vezes, com fins teóricos), mas há limites para isso. Complicado também, para dizer o mínimo, é seguir simplesmente utilizando os clássicos do chamado "pensamento social brasileiro" como se oferecessem um retrato adequado desta sociedade, sem voltar-se para a análise histórica, empiricamente, da realidade do país com as categorias e métodos de hoje, com uma intenção teórica sistemática.

Para fazer uma comparação metódica, é imprescindível estudar os casos com ao menos certo detalhe. Mesmo a América Latina – a Argentina, a Colômbia, o México, o Chile, o Uruguai – somente agora, bem aos poucos, começa a servir de elemento de comparação para o estudo do Brasil.[4] A grande exceção (tirante os lampejos de Buarque de Holanda) foi o trabalho de Fernando Henrique Cardoso com Enzo Faletto, escrito no Chile, por outro lado, com sua discussão, articulada por intermédio do método "estrutural-histórico" cepalino, mesclado com o marxismo, sobre a dependência na América Latina. Desde a ascensão das ditaduras o Brasil se ensimesmou mais e se voltou mais para os Estados Unidos e a Europa. Os autores de referência e legitimação são todos desses países, a América Latina deixou de ser um foco do interesse nosso, o que vem se corrigindo um pouco mais recentemente.[5]

Teoria e mecanismos

Mas como fazer para superar a excessiva concentração na análise histórica, que é ao mesmo tempo um dos problemas, mais particularizados, da sociologia da modernidade brasileira (nos termos do "pensamento social")? Nas últimas décadas, alguns filósofos e cientistas sociais acentuaram, de ângulos distintos, a identificação de *mecanismos explicativos* como crucial para a ciência, em alguns casos com foco nas ciências sociais. Bhaskar (1975 e 1979) é um deles, em sua luta contra o empiricismo, ao utilizar os mecanismos, calcado na física de fato, porém estendendo o argumento a todas as ciências, inclusive as sociais, propondo assim uma concepção "estratificada" (e bastante reificada) da realidade, mecanismos ocupando suas camadas profundas.

---

4. Também nossos vizinhos latino-americanos tendem a fazer bem mais história que sociologia ao abraçar as empreitadas da sociologia histórica, como se vê na recente obra, por outro lado muito relevante, de Ansaldi e Giordano, 2012.
5. Estamos longe de possuir uma obra que tenha feito um balanço abarcador da produção do dito pensamento social brasileiro, lacuna significativa e reveladora de como pensamos a modernidade entre nós; isto é, de maneira radicalmente ideográfica, inclusive no que se refere ao tratamento dos autores nacionais que, de algum modo, enfrentaram o tema. Pode-se dizer o mesmo, e mais amplamente, do pensamento latino-americano em geral.

No caso específico das ciências sociais, os autores reunidos por Hedström e Swedberg (1998) tendem a ver a teorização mediante mecanismos como alternativa à "grande teoria". Eles confrontam ainda o fantasma de Talcott Parsons, que no entanto utilizou-se dessa estratégia, ainda que sem grande entusiasmo, pois ela não possibilitaria, acreditava, a predição dos comportamentos sociais (ver Parsons, 1951, e os que vieram depois dele, como Giddens, Habermas, em parte talvez Bourdieu).

Elster já desenvolvera argumentos por vezes interessantes, por vezes muito problemáticos e mesmo triviais, sobre autores clássicos. Em *Making Sense of Marx* propôs a ideia de que os mecanismos são fundamentais na articulação do pensamento do fundador do "materialismo histórico"; fez o mesmo em relação a Tocqueville (Elster, 1985 e 2009).

Não tem qualquer sentido, contrariamente ao que almejava Elster, transformar Marx em um individualista metodológico, mas assinalar a construção conceitual de mecanismos como um componente fundamental do edifício teórico de Marx e Tocqueville me parece um passo muito interessante, exatamente, em parte, por podermos, através desse tipo de estratégia, nos aproximar de uma ideia de sociologia histórica que tem mais vínculos com a sociologia, em especial com a teoria, que imediatamente com a história. Ou seja, em vez de partir propriamente da comparação de casos históricos e seguir por esta via, embora isto seja também necessário em certa medida, em particular no estágio da investigação ampla do tema, a construção de mecanismos explicativos é o que nos possibilitaria de fato articular uma abordagem sociológica histórica que tivesse um peso fundamental dado pela construção conceitual.

Para tentar articular esse argumento de uma maneira que seja menos abstrata, dois exemplos podem ser de extrema valia, muito clássicos, um relacionado a *O capital*, de Marx, o outro, à sociologia da religião, de Weber. Vale notar também que a identificação de mecanismos é uma estratégia de muitos autores na história das ciências sociais, a começar por esses clássicos. Supor que estamos inventando a roda ao resgatar essa linha de conceitualização é falsificar o desenvolvimento dessas disciplinas. Tampouco faz sentido contrapô-los à teoria geral, como argumentarei adiante. Mas não deixa de ser instrutivo sublinhar seu escopo e objetivos, e assim sistematicamente argumentar a seu favor. Em termos simples, os mecanismos são aqui entendidos como processos que se repetem com regularidade – não são coisas, como pretende Bhaskar – e que em seu desdobramento geram outros processos – os quais podem explicar –, sem que haja necessariamente uma ruptura entre uns e outros (e sem uma oposição entre "estruturas", por um lado, e "efeitos" ou "eventos", por outro).[6]

O *capital* é um livro profundamente histórico, sem consistir, contudo, em um livro de história. Para começar, deve-se notar que se faz claro que o capitalismo somente chegou à maturidade como "modo de produção" no século XIX. Tome-se em particular o segundo volume do livro I, que discute as tendências históricas do processo de acumulação capitalista, que se desdobram na longa duração histórica. É necessário, porém, observar que Marx não está expondo um trabalho histórico, ainda que haja elementos de descrição e narrativa, em parte como ilustração, em parte de modo mais sistemático. Lembremos da "Introdução" aos cadernos de pesquisa (os *Grundrisse*) que esboçou na década de 1850, um texto difícil, mas extremamente rico, em que enfrentou, indiretamente, a discussão da contribuição de Hegel em particular para o pensamento científico. Nesse texto, nunca publicado em vida, Marx (1857-1858, pp. 19ss) traçou certas diferenças, que depois retomaria no "Prefácio" a *O capital* (1867), entre história e teoria, narrativa e exposição sistemática, pesquisa e organização conceitual. Ele começou até assinalando que se deveriam tomar as formas mais evoluídas e a partir delas organizar a exposição do próprio pro-

---

6. Não se trata de opor história (ou gênese) a estrutura, como propõe Godelier (1973), senão, como veremos mais adiante, de assinalar processos reiterados e repetidos, embora sempre cambiantes e de tipos distintos.

cesso histórico, de trás para a frente por assim dizer, embora isso não fosse absoluto, pois certas categorias conceituais podiam estar bem desenvolvidas em sociedades menos complexas.

De todo modo, o que lhe importava era o peso de cada uma dessas categorias analíticas que acreditava ser necessário que se construíssem, conformando um sistema de conceitos "universal concreto" que mentalmente reproduzisse a complexidade da sociedade hodierna, não o passo a passo de sua emergência histórica.

A divisão do trabalho, por exemplo, existe há milênios, na formação social incaica, entre outras. Mas era a divisão do trabalho o que havia de mais importante para o capitalismo contemporâneo? Não, ao contrário. O que cumpria entender não era a narrativa do desenvolvimento dessas formas historicamente, mas como o modo de produção capitalista se organizava contemporaneamente. Assim, quais são as categorias que de fato articulam o capitalismo? Que forma específica a divisão de trabalho adquiriu nesse tipo de formação social?[7]

---

7. Nesse passo, Honneth (2014) se equivoca por completo ao afirmar que em seus textos políticos Marx tratou da moral dos atores coletivos e de "acontecimentos" contingentes, ao passo que em sua crítica à economia política os exclui, pois teria cunho "sincrônico" e se focaria no desenvolvimento "atemporal" do capital, sem reconhecer aberturas à transformação social. Pode-se sem dúvida discordar das estratégias revolucionárias de Marx (mas o próprio Honneth se pergunta por que as reformas graduais e por vezes inovadoras que sugere não se realizaram), bem como da maneira como relaciona o capitalismo como sistema ético e economia; no entanto, não cabe confundir isso com a-historicidade em *O capital*, que trata da longa duração categorialmente e em termos de mecanismos de origens e resultados não intencionais (curiosamente Honneth não trata das tendências gerais da acumulação capitalista), nem desconhecer o papel dos costumes e da subjetividade coletiva proletária revolucionária como contingente/necessária e mecanismo de transformação (que romperia com o ciclo infinito de valorização cada vez mais problemática do capital, dada sua crescente "composição orgânica" e a "baixa tendencial da taxa de lucro" – ver Marx 1894). Vários mecanismos estão presentes nas obras políticas de Marx, mas em geral não são tratados de maneira sistemática, nem muito menos categorial. Honneth se baseia no trabalho de Sewell (2005, pp. 6-12 e 121-123), historiador que busca, com dificuldade, tratar das temporalidades da história, propondo a mal definida noção de "evento" (embora Mann lhe tenha convencido de que "dinâmicas desenvolvimentais" existem, se bem que de cunho não teleológico, do que não tira consequências concretas).

Se olharmos mais detidamente, são dois os elementos fundamentais – não a divisão do trabalho, ainda que esteja presente – que organizam a exposição categorial sistemática que Marx realizou em O *capital*: a mercadoria com que começa o livro e, depois, a categoria explicativa mais forte em todo ele é a *mais-valia*, que está calcada na ideia de que o trabalho se tornou uma mercadoria e pode ser explorado após ser vendido e comprado. A riqueza do capitalismo é assim "uma imensa acumulação de mercadorias", com a dupla face destas, valor de uso, valor de troca, ideia que desdobra até chegar à tese de que há uma riqueza que não se sabe de onde vem e que Marx termina por explicar como trabalho não pago, realizado após ter o trabalhador produzido um valor que basta para reproduzir sua força de trabalho. Aí reside o segredo da produção capitalista, o "busílis", em outras palavras, a mais-valia, que só pode existir na medida em que o trabalho já virou um trabalho assalariado, na sua generalidade abstrata. Mas para se chegar aí há um longo processo de desenvolvimento histórico, que, na verdade, tem origem e direcionalidade e que é o objeto fundamentalmente teórico geral da segunda parte de O *capital*, qual seja, a "tendência histórica da acumulação capitalista".

Marx buscou entender como o capitalismo chegou a se constituir como um mundo de mercadorias no qual o trabalho também é uma mercadoria que produz mais riqueza, a qual não é apropriada pelo trabalhador, mas pelo capitalista. Para isso o trabalhador tem que estar separado dos meios de produção, do contrário não venderá sua força de trabalho (ninguém se inclina, a princípio, a ser explorado). Quando o trabalhador tem acesso direto à terra, como acontecia nos Estados Unidos inclusive pós-coloniais, as pessoas tendiam a ir para as fronteiras com muita frequência para trabalhar por conta própria, o que em si permitia que os salários dos que seguiam vivendo em especial nas cidades e vendendo sua força de trabalho fossem mais altos. Mas qual a gênese dessa situação? Onde ela nos levará? É nesta chave que termina *O capital*, ao menos o volume 1, o único publicado em vida pelo próprio Marx, com a ideia de que "os expropriadores serão expropriados".

A riqueza vai se concentrando, vai se centralizando e, em algum momento, pela intervenção da intersubjetividade revolucionária fundamentalmente dos trabalhadores despossuídos, soa a hora final da propriedade burguesa. Trata-se, desse modo, de uma tendência histórica, mas ela é organizada por categorias de análise, não é uma narrativa da história o que Marx nos apresenta. Quando nos pergunta como chegamos às condições que levam a esse tipo de desenvolvimento de longo prazo, a resposta é certamente histórica, mas seu foco é muito específico, levando à discussão sobre a *acumulação primitiva*, isto é, como há capital, de um lado, e apenas trabalho assalariado, do outro.

Mas Marx não narrou a história da Inglaterra ou do capitalismo como um todo, ele fixou-se exclusivamente no surgimento de uma classe que não tem nada, a não ser sua força de trabalho para vender, ao passo que, do outro lado, há uma que é proprietária dos meios de produção e de dinheiro. Quer dizer, o trabalho histórico feito dentro de *O capital* está subordinado às categorias analíticas que Marx desenvolveu: mercadoria, trabalho assalariado, capital, renda da terra, está tudo organizado em função disso.

Trata-se de uma exposição categorial analítica, são conceitos que reproduzem a realidade pensada na própria cabeça do pesquisador e depois no papel. A história é introduzida aí como um elemento que auxilia a pensar a trajetória original e futura desse tipo de sociedade. Trata-se de economia política, mas também de sociologia, em grande medida. Pode-se mesmo dizer que *O capital* é um livro de sociologia histórica, mas de uma sociologia histórica cuja história está subordinada à teoria crítica, através dessa exposição categorial analítica, que examina o passado em função da construção de conceitos que visam a entender o presente e seu desdobramento no futuro.[8]

Sigamos então para o exemplo seguinte, *A ética protestante e o espírito do capitalismo* (Weber, 1904b). O mais comum na discussão sobre Weber é ele aparecer como um autor que quis se contrapor a Marx. Não seriam, portanto, as "forças produtivas", em sua contradição com as "relações de produção", tal qual neste último autor, senão como as ideias (ou, mais precisamente, sua tradução em condutas práticas de vida e, mais amplamente, os "interesses materiais e ideais" dos atores) cumprem um papel na história. Isso estaria implicado na relação entre religião e vida material, protestantismo e capitalismo. Mas talvez a questão possa ao menos não se reduzir à comparação do Ocidente com a China e com a Índia, do protestantismo com o confucionismo, o budismo, o hinduísmo (e o judaísmo antigo, além de, marginalmente, o islamismo e o zoroastrismo). Weber é um autor muito denso e, portanto, é possível chegar a ele por vários ângulos, de alguns dos quais ele não necessariamente estava plenamente consciente em princípio, mas que são legítimos e esclarecedores.[9] O que gostaria de sugerir é que se pode fazer com o livro sobre a ética protestante uma operação semelhante à que acabei de fazer em relação a *O capital*, de Marx.

A ética protestante e o espírito do capitalismo aparece apenas como o primeiro estudo de uma longa sociologia da religião que

---

8. Ver também os próprios *Grundrisse* (Marx, 1857-1858, pp. 371-372 e 376ss), em que o argumento é talvez mais explícito. Nesse sentido, parece-me que seria inclusive útil incorporar o esboço de "genealogia materialista" a que chegou West (1989, pp. 223-225) sob a influência do próprio Marx e de Foucault, para além da ideia das "condições de possibilidade" (neokantiana) de certos tipos de subjetividade, segundo este último, referindo-se em vez disso à emergência histórica de certas práticas e relações sociais, bem como em termos da construção do universo simbólico-hermenêutico social.

9. Mas observe-se que Weber fala de "seleção" (*Auslese*) histórica dos "sujeitos econômicos" de acordo com suas "formas de conduta" necessárias ao capitalismo, que começa com a ascese e a concepção de "vocação" das seitas protestantes e se desdobra como fenômeno de massa mais tarde, totalmente como consequência não intencional de reformas voltadas para a salvação. Ver em especial Weber, 1904b, pp. 37 e 81-83.

Weber levou vários anos elaborando, dentro do qual há em particular essa obra que depois, nos volumes compilados em que os reuniu antes de falecer, ele chamou de "Observações intermediárias" (Weber, 1920b).

Foi aí que talhou a ideia das "rejeições religiosas do mundo e suas direções". E o que ele contrastaria, fundamentalmente, se tomamos o argumento em seu arcabouço básico, seriam três atitudes em relação ao mundo. Uma, a dos literatos confucianos chineses, pragmáticos, que não implica tensão com o mundo, tratando as questões, os problemas e as soluções sem a superimposição de modelos muito fortes aos quais o mundo tivesse de se adaptar; eles mesmos, por outro lado, buscando adaptar-se à realidade.

As outras duas formas de certa maneira interessavam mais a Weber. A indiana, ascética, que levava a uma fuga do mundo, com uma tensão entre os mandamentos da religião, extramundanos, a salvação e o mundo. Termina o sujeito engajado nas práticas ascéticas de salvação (*Erlösung*), "desviando-se" do mundo, buscando concluir o ciclo das reencarnações e dele se libertar (*befreien*) totalmente.

No Ocidente, em contrapartida, desenvolveu-se um tipo de atitude em relação ao mundo que ao mesmo tempo é semelhante e distinta à do hinduísmo e do budismo, ambas religiões índicas. Há aí também ascetismo e muita tensão entre o transcendente (extramundano) e o imanente (mundano), mas isso acaba se resolvendo fundamentalmente através da ideia de "controle do mundo", intervenção sobre ele, sua subordinação à vontade; ao passo que o ascetismo da Índia seria voltado para fora do mundo, o ascetismo ocidental estaria vinculado à ação no mundo.

O protestantismo consiste exatamente nessa expressão do ascetismo voltado para o mundo, com seu controle e sua transformação, segundo Weber, com a atitude típica ocidental em relação ao mundo se gestando destacadamente através das roupagens religiosas do protestantismo. Mas no capitalismo, que de acordo com Weber evidencia uma "afinidade eletiva" com o protestantismo, tem-se também uma atitude de intervenção e controle do mundo, um impulso incansável de manipulação e transformação, que termina se tornando um fenômeno totalmente desvinculado da religião, com o mundo perdendo seu sentido mais profundo e assumindo caráter quase sistêmico, com a liberdade tendo seu solo histórico subtraído.

O que quero assinalar, e que difere um pouco das interpretações correntes, é uma possível articulação específica entre sociologia e história. Pode-se sustentar a tese de que, na verdade, importa a Weber menos a ética protestante em si, o mesmo ocorrendo com suas comparações com as outras "religiões mundiais". Ou seja, não foi a "variação concomitante" de atitudes religiosas em relação ao mundo – em estilo durkheimiano, a qual separou o Oriente do Ocidente, que "concordavam" no fundamental em termos de avanços materiais entre os séculos XVI e XVIII – que talvez seja mais relevante na discussão weberiana, mas antes algo semelhante à operação de Marx no que se refere à "acumulação primitiva" do capital. Isso é verdadeiro tivesse Weber clareza disso ou não, sustentasse essa estratégia ou não a reconhecesse exatamente como sua, se a ela apresentado.

Importam, é claro, os objetivos do autor, mas talvez importe mais o que queremos fazer de suas obras, e é assim que quero aqui me apropriar dele ao propor uma maneira de delinear a teoria da modernidade. O que se nos apresenta, por conseguinte, na discussão de Weber é o esforço de pensar o ascetismo voltado para o mundo, ou pelo menos o ativismo inserido no mundo, tal qual aparece na cultura ocidental de maneira geral.

A ética protestante seria apenas um elemento originário, crucial mas não exclusivo, que ele encontra historicamente dado e lhe permite pensar a gênese de uma atitude que permeia todo o mundo capitalista, ocidental, racionalizado, buscando-se assim quais seriam as categorias fundamentais para explicar o mundo moderno, com a gênese do capitalismo cumprindo papel secundário nessa discussão. Assim, parece-me possível modular o argumento para investigar como aquela atitude emergiu e se desenvolveu, expandindo-se depois pelo mundo. Tratar-se-ia, portanto, das possíveis origens históricas desse fenômeno, permitindo uma reconstrução da história com o objetivo precípuo de articular uma construção teórica que explique o mundo contemporâneo.

Identificamos assim, em Marx e em Weber, dois *mecanismos gerativos* da modernidade em função da construção analítica de categorias que se pode colher na obra desses autores clássicos. Ou seja, se temos uma explicação categorial analítica do funcionamento do mundo contemporâneo – em outras palavras, se temos a possibilidade de uma reconstrução analítica dos *mecanismos reiterativos* que fazem o mundo moderno reproduzir-se, ainda que sempre com elementos de criatividade e inovação –, seja do ponto de vista da organização da sociedade capitalista, seja do ponto de vista das atitudes em relação ao mundo, podemos pensar nos elementos formativos desse tipo de formação social em seus primeiros passos específicos, antes de converter-se em propriamente moderna, do mesmo modo, mas fazendo-se um recorte histórico focado apenas nos desenvolvimentos que nos interessam, dedicado a certos aspectos da realidade que nos trouxeram ao presente.

Weber, como diria Cohn (1978), se resignava ante o mundo moderno, incapaz de ver saídas para a situação desencantadamente desoladora em que nos encontrávamos. Como já assinalado, Marx, por sua vez, buscava os *mecanismos transformativos* da formação social capitalista exatamente em sua tendência à acumulação histórica e na intervenção revolucionária do proletariado.

De todo modo, se contemplamos as atitudes em relação ao mundo e o capitalismo em função da ideia de mecanismos explicativos da gênese, do funcionamento e da mudança da vida social contemporânea, vemos também claramente que esses mecanismos não podem prescindir da ação humana e do movimento das coletividades.[10] Não se trata de mecanismos cujo impacto causal se daria de forma automática, antes estão sempre entretecidos com a ação individual e o movimento coletivo, que implica a reprodução de memórias e a geração criativa de novos padrões, materiais, políticos e imaginários, com mecanismos que, estando por vezes associados a essa própria reprodução, levam muitas vezes à transformação da sociedade, sendo, logo, reiterativos e transformativos ao mesmo tempo.

Vale de todo modo a pena manter uma distinção analítica entre suas duas facetas, bem como no que se refere a seu caráter gerativo efetivamente de novos padrões civilizatórios em certas condições. Metodologicamente, ademais, nos interessa conduzir a questão por esses mesmos caminhos, lançar nosso olhar na direção destes últimos em função dos mecanismos que funcionam no presente, reiterativamente, e no futuro, transformadoramente (como discutido no Capítulo 2).

Isso nos possibilita compreender a relação entre sociologia histórica e teoria sociológica, conceito e descrição/narrativa de uma maneira bastante diferente e que pode servir para impulsionar a nossa disciplina em outra direção, que é histórica, é empiricamente fundada, mas que está baseada fundamentalmente na busca da identificação de mecanismos de funcionamento e reprodução das sociedades contemporâneas e das suas tendências de transformação futura.

Retiramos, assim, também o caráter trivial do próprio conceito de mecanismo e assumimos uma postura realista focada nos processos em vez de em supostas "estruturas", sem que careça de buscar camadas obscuramente definidas como mais "profundas" da realidade (salvo epistemologicamente, em razão das operações inevi-

---

10. Trata-se aqui da elaboração do conceito de subjetividade coletiva, que realizei em uma série de ocasiões e é abordado ao longo de todo este livro.

táveis na produção do próprio conhecimento e em termos de seu velamento ideológico).

Propõe-se, então, uma visão da relação entre a sociologia e a história que é menos reconstrução narrativa do passado e mais a explicação do presente e a busca de seus elementos *sui generis* naquele. Ou seja, não se trata tanto da ideia das variações concomitantes para explicar o presente, nem tanto do método da concordância e da diferença, mas sim da construção de categorias analíticas que nos permitam entender os mecanismos formativos da modernidade o que se buscaria na sociologia histórica (sem compromisso com o que se costuma chamar de "uniformidade da natureza" ou "determinismo de regularidades", pois mecanismos – eles mesmos processuais – não geram sempre os mesmos processos e "eventos"). Ou seja, mecanismos se encontram estreitamente associados a giros individuais e coletivos episódicos, que, na civilização moderna, convertem-se em *giros modernizadores*, que se reiteram, mas também se alteram na medida em que se efetivam.

Trata-se, portanto, de construir sistemas teóricos que deem conta da complexidade da modernidade, em sua multidimensionalidade e nas direcionalidades de seu desenvolvimento. O mais amplo e articulado dentre eles foi-nos até agora oferecido por Marx em *O capital*, no que se refere a sua dimensão "econômica" e em termos da economia política. Não se deve tomar sua estratégia teórica como a única a cultivar, embora sua sofisticação seja indubitável, bem como a produtividade de sua identificação de tendências da acumulação capitalista (esteja correto ou não quanto a cada uma delas em particular) e sua possível superação futura. Seja como for, é importante ir além da descrição, construindo conceitos e visando a captar as tendências de desenvolvimento da modernidade, nas coordenadas espaçotemporais brasileiras e latino-americanas, inseridas dentro do marco mais abrangente da modernidade global.

Conclusão

Espero que tenha ficado claro o que a discussão teórica deste texto tem a ver com a modernidade brasileira – e latino-americana um pouco mais amplamente. Primeiramente pensar a sociologia histórica nesses termos talvez nos permita sair um pouco do ensimesmamento. Ou seja, se olhamos desta maneira para a história do Brasil, podemos mudar um pouco as questões que colocamos para nós e a estratégia metodológica que com frequência tem sido usada, que é pensar a história propriamente dita, em sua completude, para ver aonde o país chegou. Ao contrário, talvez seja questão de pensar aonde o Brasil chegou para então olhar para trás, ainda mais que parece claro que a modernidade se completou entre nós e que o que importa de certa maneira é o presente e o futuro, não, afinal, como tanto se quis até recentemente, superar o passado (Brandão, 2007; Domingues, 2015). Isso não contradiz necessariamente o que se fez até hoje; muito pelo contrário, é preciso utilizar os trabalhos, muito ricos, que foram redigidos para pensar a trajetória brasileira para dar conta dessa questão, sem renunciar a novas pesquisas que até ajudem a relativizá-los.

O caso dos países da América Latina como unidades de análise e do próprio subcontinente em seu conjunto também se põe nas mesmas coordenadas. Para manter-me nos quadros nacionais brasileiros e referir-me a uns poucos exemplos, autores como Euclides da Cunha, Oliveira Vianna, Gilberto Freire e Florestan Fernandes nos apresentam trabalhos valiosos, que podem ser instrumentalizados nessa direção, ajudando-nos a pensar hoje o desenvolvimento da modernidade, sobretudo se postos em perspectiva por novas investigações.

Talvez, além disso, o que valha ter em mente é nos esforçarmos para deixar nosso ensimesmamento e, fundamentalmente por meio desse esforço, pensar os mecanismos comuns de geração, reiteração e transformação da modernidade contemporânea no âmbito global.

HISTÓRIA, SOCIOLOGIA E MODERNIDADE

Não estou propondo com isso voltar à busca de algo como as "leis da história". Mecanismos são conceitos – mesmo que inseridos em um complexo sistema analítico, como me parece serem mais adequada e produtivamente concebidos – mais modestos, seja na biologia seja na física (esteja esta de fato ocupada ou não, no fundo, com leis gerais). As ciências sociais são ciências históricas, portanto é preciso levar em conta como esses mecanismos se processam historicamente, embora haja mecanismos (como na biologia e na evolução física do Universo) de cunho mais universal.

No contexto da discussão entre sociologia histórica e modernidade brasileira, vale a pena de todo modo enfatizar o caráter generalizante – empírica e analiticamente – que a ideia de mecanismos permite. Assim talvez possamos deixar de ver o Brasil como uma jabuticaba, ou seja, que a modernidade tal qual a conhecemos existe fundamentalmente aqui, levando a discussão a um plano conceitual, sistemático, mais abrangente.

Enfim, embora se trate de manter o foco em novas pesquisas, orientadas pelas questões do presente, voltar aos autores clássicos da maneira aqui sugerida pode ser também muito produtivo, procurando-se a construção da teoria antes que mais acumulação empírica (embora esta possa aparecer como generalização empírica, ainda que referida somente ao Brasil). Obviamente, como se transforma e como transformar a realidade deve, ou ao menos pode, em uma perspectiva crítica, pôr-se como um elemento fundamental na própria discussão dos mecanismos que presidem o desenvolvimento da modernidade, aqui e alhures.

5. Realismo, conceitos-tendência, Estado e modernidade[1]

A sociologia se desenvolveu, sob esta ou outra designação (como "materialismo histórico"), sobretudo combinando achados teóricos e evidências empíricas. Ao menos foi assim que os sociólogos "clássicos" procederam – nomeadamente Marx, Weber, Simmel, Tocqueville e Durkheim. Como é bastante conhecido também, o desenvolvimento da modernidade, fosse lá como cada um deles o definisse, mais uma vez, usassem ou não este termo, se encontrava no cerne de seus esforços.

Após um longo e talvez, mais recentemente, não particularmente produtivo debate sobre a modernidade e a dita pós-modernidade, o campo de discussão foi em larga medida evacuado. Isso se deveu até certo ponto a uma falha intrínseca no quadro em que o debate se desenrolou, terminando por adotar um caráter fortemente descritivo antes que analítico, embora apontasse para uma tendência de longo prazo.

---

1. Publicado em Filipe Campello e Benjamin Gittel (orgs.), *Modernizações ambivalentes* (Recife: Editora UFPE, 2016). Aqui com certa ampliação a partir de versão apresentada no seminário "Trend-Concepts and the Modern Imaginary", IESP-UERJ, 2016.

Desde então, muito da contribuição teórica da sociologia foi posto à margem, com avanços na identificação das tendências de desenvolvimento na melhor das hipóteses empalidecendo. O pós-colonialismo e o descolonialismo (latino-americano) reconhecem aspectos centrais da modernidade em termos de subordinação da periferia pelo centro, mas não teorizam esses processos enquanto tais, na verdade evidenciando em larga medida uma visão estática do processo, o qual muitas vezes até declinam de explicar.

Assim, o empiricismo obteve preeminência após a radicalização desses debates, muitas vezes calcado na análise do discurso e mesmo na oferta de um novo discurso, de denúncia e crítica, antes que em construções teórico-analíticas (e mesmo de cunho ideal-típico). Em vista dessas limitações, precisamos retomar mais sistematicamente aqueles propósitos teóricos, que foram sempre centrais para a teoria crítica, desde Marx. Isso tem de incluir uma compreensão e teorização da modernidade em um plano global, apresentando seu surgimento e tendências originais de desenvolvimento, para além de operações discursivas, que em particular inundam as recentes abordagens pós-descoloniais. Tem de ir além igualmente da mera descrição dos países ocidentais e da descrição e comparação direta com fenômenos similares alhures, o que demanda um robusto quadro analítico (ver Domingues, 2012).

Para chegar a isso, proponho uma estratégia específica de modo a relacionar perspectivas empíricas e construção teórica, apresentações descritivas e abordagens analíticas. Apoiar-me-ei inicialmente na obra de Roy Bhaskar, sem porém me ater a qualquer ponto de vista "crítico realista" ortodoxo. Na verdade, criticamente deixarei de lado alguns elementos-chave nas concepções de Bhaskar, rumo a uma *démarche* mais orientada aos processos e antirreificadora. Espero mostrar que os *conceitos-tendência* não devem ser contemplados segundo um ponto de vista empiricista, que se calca na conjunção de eventos e na ideia de "uniformidade da natureza" (contrariamente à visão de Boudon, 1989). Em vez disso, podem ser construídos mecanismos explicativos que nos permitam retomar o que aqueles sociólogos clássicos alcançaram, embora sua obra seja mais reverenciada hoje que emulada nesse sentido específico. Isso significa também que o conceito de mecanismo deve ser salvo de sua forma por vezes trivializada e da articulação quase empiricista na maior parte do que hoje passa por "teoria analítica" (Hedström e Swedberg, 1998), embora essa corrente tenha de fato explicitamente escolhido uma via de teorização preciosa e oferecido algumas soluções conceituais interessantes. Isso não é, de todo modo, exclusivo dos autores que nela se incluem, nem se encontra confinada a um individualismo metodológico mais ou menos rigoroso, apresentando-se em vez disso nas obras de Marx, Weber, Parsons, bem como de uma gama de outros autores "macrossociológicos" (ver, para um apanhado geral, Manicas, 2006, cap. 5).

Um segundo passo consiste na discussão do realismo, de estratégias analíticas, de mecanismos e conceitos-tendência. Isso nos deve permitir entender os processos mediante os quais a modernidade emergiu, se desdobrou, se reafirma e pode ser superada. O giro seguinte leva à aplicação dessa estratégia teórica a um problema específico, a saber, o desenvolvimento do Estado moderno. Sua dinâmica contraditória e os mecanismos que a engendram são evidenciados, bem como sua separação e entrelaçamento com a "sociedade" moderna.

Permaneço do início ao fim em plano muito geral, distante de um engajamento com metamorfoses mais concretas do Estado, seus regimes históricos e as questões de que vem tratando ao longo da modernidade. Enfim, articulo as implicações dos argumentos propostos nesse plano mais geral para uma nova visão da modernidade e a noção de conceitos-tendência como chave para sua adequada compreensão em um nível global, assim como analiticamente definindo um conjunto de mecanismos que subjazem a esses processos.

Para além do empiricismo (e do realismo crítico)

O principal alvo de Bhaskar nas obras que dedicou à filosofia da ciência foi o empiricismo, ou melhor, sua equivocada compreensão do que fazem os cientistas – basicamente com referência às ciências naturais, na verdade principalmente à física. Somente depois ele aplicou essa perspectiva às ciências sociais (nas quais os pesquisadores, pode-se sugerir, de fato adotam perspectivas decididamente mais empíricas, inclusive quando escolhem abordagens hermenêutico-interpretativas).

Uma teoria realista da ciência foi o resultado desse empreendimento, apresentando uma visão "estratificada" da realidade, na qual se supõe que os "mecanismos" que geram "eventos" existem e perduram independentemente destes últimos. Bhaskar atacou em especial a teoria de Hume da causalidade e a ideia de "conjunção de eventos" como uma condição necessária e suficiente da ciência. O "real" subjacente às leis causais é então fornecido pelos "mecanismos gerativos" (*generative*) da natureza". Estes não são "nada mais que as maneiras de atuação das coisas (*the ways of acting of things*)", com as leis causais consistindo em "suas inclinações" (*tendencies*), que podem ser vistas como os "... poderes ou suscetibilidades de uma coisa que podem ser exercidos sem se manifestar em qualquer resultado particular". Este tipo de "condicional" pode ser caracterizado como "nórmico", concluiu ele (Bhaskar, 1975, pp. 12-15).

Bhaskar alegou que os "mecanismos" – que em algum momento definiu como equivalentes a "inclinações" e fundam "afirmações de tipo científico-legal (*law-like*)" – "persistem" mesmo quando não "agem", e "agem" de "maneira normal" mesmo quando os efeitos não se produzem em razão de "mecanismos intervenientes" ou "causas contrapostas" (*countervailing*). As conjunções dependem da ação humana e de experimentos, conduzidos em geral dentro de laboratórios. Alternativamente, portanto, precisamos construir uma "ontologia de estruturas" e "seres transfactualmente ativos", levando em conta os "poderes causais" de modo a desenvolver uma abordagem "realista transcendental".

A ciência se mostra assim vinculada a "possibilidades", não a "efetividades" (*actualities*): "As inclinações (*tendencies*) podem ser possuídas sem ser exercitadas, exercitadas sem se realizar, e [se] realizadas [permanecer] sem serem percebidas (ou detectadas) pelos homens." Eventos e estados momentâneos de coisas não dependem de experiência empírica – são também independentes dos seres humanos, exceto quando produzidos em condições – experimentais – controladas (Bhaskar, 1975, pp. 16-26, 46 e 52).

O realismo crítico, transcendental, é uma maneira de perguntar e responder como o mundo deve ser para que a ciência seja possível, como de fato é, com suas duas dimensões – "transitiva", dada pelo conhecimento humano prévio, e "intransitiva", visto que o mundo existe independentemente dos seres humanos. De modo contrário, o realismo empírico (do qual o verificacionismo e o falsificacionismo são variantes) mistura, redutivamente, através da "falácia epistêmica", ontologia e epistemologia, com aquela terminando baseada na categoria de "experiência", relacionada aos eventos atomísticos e sua conjunção.

Contra Hume e seus seguidores empiricistas, mas no contexto de um descarte rápido (por más razões, argumento adiante) do realismo platônico, Bhaskar crê ter por conseguinte uma "base perfeitamente lógica para as leis causais": ele pôs de lado sua reificação, bem como a reificação dos mecanismos, mas pensou que "não pode ser errado reificar coisas!" (Bhaskar, 1975, pp. 16, 36, 46 e 56).

Numa série de passos complementares, Bhaskar afirmou que o conceito de "inclinação" (*tendency*) implica a ideia de "atividade contínua", logo uma concepção dinâmica de poder (causal). Elas são possuídas e podem ser exercidas na medida apenas em que seus possuidores não mudem. Uma vez posta em movimento, uma inclinação é realizada, a menos que impedida por outra tendência. Isso é o que fornece uma base adequada para afirmações de tipo científico-

-legal. Mas somente uma direção se concretiza: se duas inclinações estão em jogo, a resultante não é uma combinação de seu impulso causal (afirmação que não é clarificada e parece ser com efeito arbitrária – e errada).

Ele explicou também por que seus "condicionais" são "nórmicos", em vez de "subjuntivos" (contra a visão de Hume): as inclinações apontam para o que *está* acontecendo, não para o que aconteceria; elas não geram "contrafactuais", senão "transfactuais", sejam seus efeitos "manifestos" ou não. A "essência" ou "substância" "real" ou "nominal" de uma coisa, prosseguiu Bhaskar, aparentemente desconhecendo as implicações platonistas da afirmação, são suas "propriedades e poderes", de passagem asseverando que "...estruturas agem..." (Bhaskar, 1975, pp. 50-51, 91, 97-98, 100, 109, 189-192 e 221).

Na visão de realidade estratificada que Bhaskar propôs, os mecanismos pertencem assim ao domínio do "real", eventos, ao "efetivo" (*actual*), ao passo que a experiência, ao "empírico". O empiricismo é incapaz de entender isso, aquilo que faz a ciência realmente possível. A taxonomia é portanto uma questão para a ciência, mas a explicação também. O empiricismo pode, todavia, oferecer uma lógica para esta última somente calcado no princípio do "determinismo de regularidades". De acordo com essa ideia, a mesma causa corresponde sempre ao mesmo efeito – o que significa que a operação oposta, simétrica, deveria ser igualmente considerada: segundo ele, nessa perspectiva o mesmo efeito teria sempre a mesma causa.

A ideia de "uniformidade da natureza" está obviamente vinculada a esse ponto de vista. Está, porém, errada, visto que se refere à "invariância de padrões de *eventos* (ou experiências)", se bem que Bhaskar parecesse aceitá-la no que diz respeito ao domínio do real: a indução se justifica se se refere a generalizações tomadas como "leis da natureza".

Em contrapartida, para o realismo transcendental, "afirmações nórmicas" se referem a "estruturas", não a "eventos", ao "gerador" antes que ao "gerado". Não se trata de "generalizações empíricas meramente substitutas (*second best kind*)", "sequer são na verdade afirmações empíricas", mas o que permite a ocorrência dos próprios eventos e do empírico, sua realidade subjacente, mais profunda. Elas fornecem as teorias, os modelos, que se pretendem "reais" (embora ele tenha alegado que não há "correspondência", "conformidade" ou "similaridade" entre "objetos" e "pensamento", uma afirmação estranha, incongruente, para um realista). Contudo, enquanto eles têm poder explicativo, não os têm necessariamente no que concerne à predição (Bhaskar, 1975, pp. 21-23, 52-56, 69, 101, 104, 141, 212, 247-248 e 250).[2]

Condensei os argumentos longos, densos, por vezes tortuosos de Bhaskar em virtude de sua riqueza e também porque evidenciam problemas que demandam revisão de modo a se chegar a uma concepção mais adequada do que trata e deveria tratar a ciência, em especial em seus ramos sociais, que Bhaskar enfrenta em uma série de volumes subsequentes, sem, realmente, por vezes uma compreensão mais profunda da literatura e do que os pesquisadores mais avançados, próximos a sua perspectiva – inclusive o realismo – propunham. Considero sua refutação do empiricismo e a identificação de mecanismos relativos aos poderes causais muito importantes para nosso entendimento da ciência, bem como sua visão de que precisamos mergulhar em profundidade na realidade (social).

Isso não autoriza, porém, sua noção de "estrutura" ou de camadas estratificadas da realidade. Inclinações não consistem em um aspecto oculto da realidade que subjaz aos eventos, mas sim pro-

---

[2]. A *indução* para ele se refere a "que justificativa temos para raciocinar de casos particulares na direção de afirmações gerais"; a *edução* se refere a extrapolações do "observado" ao "não observado" ou do passado para o futuro e se justifica apenas se o sistema é fechado, ou seja, consiste em um processo experimental, uma vez que, dada uma inclinação, necessariamente se realizará. Ele não tem simpatia pelo "dedutivismo" porque este seria estreitamente ligado ao "efetivismo" (*actualism*) – a necessária ocorrência de eventos sendo nele onipresente (Bhaskar, 1975, pp. 129, 216 e 219).

cessos que conformam resultados – que na longa duração em particular podem configurar tendências de desenvolvimento, que podem estar em oposição a outras tendências, oriundas de processos que se inclinam em outras direções, opostas inclusive, ao contrário da afirmação aparentemente gratuita de Bhaskar, gerando-se uma direção específica, uma mistura ou nova flecha causal, que não era o que tendências independentes em princípio gerariam.[3]

Sua identificação de estruturas e coisas com poderes causais leva contudo a uma confusão, com ele além do mais por vezes misturando-as com "processos", especialmente ao propor uma concepção "naturalista" da vida social (Bhaskar, 1979). Cai assim em uma *reificação massiva* ao fortemente e sem qualquer argumento ontológico suplementar fiar-se na ideia de *estrutura* social (a despeito de sua limitada e até certo ponto ingênua flexibilização dialética mediante sua combinação com a "ação").[4] Talvez – embora eu duvide disso – se possa atribuir poderes causais a "coisas" na natureza (na verdade creio que *processos* deveriam ter lugar de destaque também nessa dimensão). Na vida social isso é, todavia, patentemente absurdo, derivando de um acolhimento não controlado do realismo platônico,

---

3. É interessante notar que nas línguas latinas, bem como no alemão, há uma superposição de significados nas palavras *tendence, tendencia, Trend* etc., mas que sua diferenciação em inglês entre *tendency* e *trend* permite uma compreensão mais sutil da questão. Para solucionar aquela polissemia potencial e a confusão que inevitavelmente causaria, rende-se aqui o primeiro como "inclinação" e o segundo como "tendência".

4. Ver também Archer, Bhaskar, Collier, Lawson e Norrie, 1998, bem como Manicas, 2006, para outras análises nessa direção. A noção de estrutura é algo nebuloso em Bhaskar, sendo endurecida por seus seguidores realistas críticos. Originalmente bebeu na visão radicalmente reificada das ciências naturais (a física) sobre as "coisas" como possuidoras de inclinações e, quando isso foi transposto para as ciências sociais, concepções de raiz estruturalista tomaram conta dos argumentos. Manicas (2006, pp. 67ss e 115ss) reconheceu isso e adotou, em vez disso, a noção de Giddens das estruturas como "virtuais", negando desse modo poderes causais a "estruturas" e falando apenas de "pessoas" como agentes causais. Isso é, porém, como argumentarei adiante, também redutivo, embora escape às deficiências de um realismo platônico das essências.

com suas referências a "essências" e "substâncias". Não por acaso Bhaskar passou apressadamente por esse tipo de concepção, de maneira ligeira e não efetiva a criticando, com efeito a abraçando. Um tipo de realismo diferente é necessário.

Para isso é necessário recorrer ao legado da teorização analítica nas ciências sociais. Em sua não publicada "Introdução" aos *Grundrisse* (1857-1858), Marx esboçou o que, na prática, faria em *O capital* (1867), ou seja, uma vasta reconstrução do "universal concreto" da realidade econômica na modernidade em termos de um sistema de categorias analíticas, inspirado pela lógica de Hegel.[5] De modo similar, Parsons (1937 e 1951) propôs na realidade um termo e um método ao qual foi fiel por ao menos certo tempo, nomeadamente, o "realismo analítico", em espírito mais kantiano.

Ambos identificaram a necessidade de mentalmente reconstruir os mecanismos que causalmente moldam a realidade, começando pelas categorias mais gerais. Mas não recorreram a estruturas (exceto como uma sorte de modelo descritivo e como um instantâneo, no caso de Parsons). Em vez disso, focaram em *processos*, tecidos por indivíduos e coletividades, mudança incessante e mecanismos que a produzem, bem como se antepõem, intencional ou não intencionalmente, para preveni-la ou ao menos controlá-la e dirigir a transformação da realidade (sem tampouco pressuposições individualistas metodológicas).

O platonismo foi claramente rejeitado. Se aqui e ali Marx usou o que me parecem palavras inadequadas, tais como "essência" e "aparência" (ou de modo explícito conectou "estrutura" a relações dinâmicas) para falar de realidades subjacentes, isso na verdade nada tinha que ver com noções de substância (ver Domingues, 1995a e 1999, cap. 2). Ele estava determinado a pôr a nu todos os tipos de reificação que ocorrem na "sociedade" moderna, em especial me-

---

5. Jessop (1990, pp. 340-344) assinalou a necessidade de seguir a mesma estratégia no que diz respeito ao Estado, mas nunca a realizou plenamente.

diante sua crítica da economia política, assinalando as interações, práticas recorrentes e relações sociais que subjazem à mercadoria, ao dinheiro, à fórmula trinitária e a outras construções sociais. Seja como for, tanto Marx quanto Parsons concordam com Bhaskar na recusa do empiricismo e sobre a necessidade de interpretar a realidade por meio da teoria e da identificação de mecanismos.

Mecanismos e conceitos-tendência

Eis o que, precisamente, quero aqui desenvolver. Logo, antes de tratar diretamente do tópico substantivo da emergência e desenvolvimento do Estado moderno e de sua relação com a sociedade moderna, gostaria de delinear a conexão entre mecanismos e conceitos-tendência no plano analítico, antes que naquele mais comum, empírico, no qual costuma ser articulado. Isso nos situa no coração de um tipo de realismo antirreificador.

Os conceitos-tendência têm sido, ou costumavam ser, uma questão-chave nas análises sociológicas. "Democratização" em Tocqueville, desenvolvimento "capitalista" e suas consequências comunistas em Marx, "ascetismo mundano" e "racionalização" em Weber, a autonomização objetiva da "cultura subjetiva" em Simmel, uma nova forma de "solidariedade" ("orgânica") em Durkheim, "diferenciação" desde os começos da teoria social moderna até Parsons e Bourdieu, Habermas e Luhmann, "distanciamento tempo-espacial" e "mecanismos de desencaixe" em Giddens, para tomar apenas alguns temas dos mais famosos e centrais autores sociológicos. Mas também "secularização", "capitalismo monopolista", a emergência e desenvolvimento do "Estado moderno", a "crise" da ética protestante e o crescimento do hedonismo, o desenvolvimento de traços "pós-modernos" desde os anos 1970, o surgimento da "sociedade programada", o estabelecimento de uma "sociedade em rede", a chamada "globalização" contemporânea, o florescimento das "modernidades múltiplas", assim como muitos outros temas menos abrangentes, têm pululado na sociologia desde seu início até as abordagens dos anos 1980. São estes os processos que foram considerados típicos da modernidade. As chamadas "teorias da modernização" e o marxismo se destacaram no século XX em relação a esses processos e os conceitos-tendência a eles associados.

Todavia, como teorizá-los tem sido muito menos frequentemente um tópico para os sociólogos (ver o Capítulo 2 deste livro). De modo geral eles têm sido enquadrados pelo empiricismo, ou seja, têm sido entendidos de acordo com uma mera associação de variáveis, com *conjunções empíricas* de tipo humiano, justo daquele tipo que figura como o principal alvo das críticas de Bhaskar. Uma vez A, logo B, o que significa que, se B está ausente, deve-se supor que A tampouco estará presente, ao passo que, se A está presente e B não ocorre, o analista está praticamente perdido, visto que a explicação de por que essas associações entre variáveis têm lugar ou não é defeituosa, superficial (principalmente pela reiteração de questões empíricas, na melhor das hipóteses mediante generalizações empíricas e conceitos descritivos) ou simplesmente não dá o ar da graça. Na verdade, algum tipo de "teoria" rudimentar e empiricamente articulada é muitas vezes encontrada na maioria dessas abordagens. Mas teorização ao mesmo tempo aberta e robusta está geralmente em falta, apesar da riqueza de intuições e conceitos que as ciências sociais têm sido capazes de produzir em vários momentos.

Proponho levar a ideia de conceitos-tendência a um nível mais alto de teorização, isto é, o nível analítico. Em lugar da mera associação de variáveis ou mesmo generalizações empíricas que supostamente dão sustentação a afirmações mais gerais sobre as tendências modernizadoras, é através da definição desses processos por meio de construções analíticas que deveríamos tratar a modernidade. Podemos assim reconstruir os mecanismos de modernização, bastante gerais, que são capazes de fornecer uma explicação dos motivos pelos quais esses resultados se verificam, ou seja, dos motivos por que a secularização pode ou não ocorrer, de por que o capitalismo se desenvolve ou não, de por que o Estado moderno (racional-legal, burguês, relativamente autônomo) emerge, também com aspectos neopatrimoniais, de por que a individualização e a complexificação, para levar a questão para um plano ainda mais geral, têm lugar ou não. É preciso, ao construir conceitos, superar o *status* de meras generalizações empíricas.

"Inclinações" contidas em processos que são típicos da modernidade têm de ser identificadas – não como propriedades de "coisas" ou "estruturas", mas como a propensão de tendências específicas entendidas em termos de processos sociais não reificados, nem redutíveis a indivíduos ou "pessoas", mas igualmente para além do caráter social geral frequentemente a eles atribuído. Devem ser compreendidos de modo a nos permitir ir além do mundo empírico difuso, ao qual temos acesso mais imediato (conquanto até certo ponto inevitavelmente mediado ao menos pelas categorias do senso comum, carregadas ademais de elementos ideológicos, como Marx e Freud apontaram, algo que os cientistas sociais muito facilmente esquecem).

Isso é o que nos permitiria também ir além do empiricismo sem a problemática – e reificante – assertiva sobre o caráter "estratificado" da realidade no plano ontológico –, descartando então as "estruturas", que devem ser substituídas por processos que geram processos. A estratificação deveria ser confinada ao *nível epistemológico*, ao *conhecimento*, a nossa possivelmente crescente penetração cognitiva da natureza e da vida social, por meio da construção de categorias e mecanismos, provendo esquemas analíticos gerais que contêm também relações causais (explicações assumindo posição importante, mas não exclusiva).

Não há um caminho luminoso para a construção da ciência, todavia pode-se sugerir que descobertas empíricas particulares, generalizações empíricas e a construção de categorias analíticas, qualquer que seja a direção que essa relação dinâmica tome, estão, ou têm de estar, no coração da teorização sociológica (a despeito do relevante papel das analogias e coisas do mesmo estilo em estágios iniciais da teorização). Seria possível assim reconciliar o realismo de Marx e Parsons, do tipo analítico, com a crítica de Bhaskar do empiricismo e sua própria variedade de realismo, retomando sua compreensão dos mecanismos como crucial para a articulação do conhecimento científico e a impulsionando rumo a uma aplicação às tendências de modernização.

Ulteriormente neste texto formalizarei algumas ideias mais específicas vinculadas a essa perspectiva geral, articulando *mecanismos* a *subjetividades coletivas* e detalhando analiticamente suas multifacetadas características nessa conexão modernizadora. Em vez de fazer isso abstratamente a esta altura, me lançarei agora em uma discussão mais concreta de uma tendência e conceitos modernizadores, em termos de sua emergência, desenvolvimento (reiteração) e possível superação.

O Estado moderno e a sociedade moderna

O Estado e sua relação com a sociedade têm sido evidentemente centrais, temas sobre os quais se escreveu muito nas ciências sociais. Proponho especificamente uma maneira de enquadrar analiticamente a questão e de trabalhar a ideia de tendências modernizadoras a ela vinculadas. É importante enfatizar que o tipo particular de formação social moderna, isto é, a "sociedade", em sua forma agudamente delimitada, é em larga medida engendrada pelo próprio Estado moderno, com seu poder territorial cortante e capacidade sem precedentes de penetrá-la e dirigi-la. Este é um tipo peculiar de desenvolvimento histórico. Convém observar também, embora este não seja nosso foco aqui, que esse Estado, desde sua concepção, tem se situado em um sistema cada vez mais globalmente abrangente de Estados formalmente soberanos. A separação formal entre Estado e sociedade – real, mas em grande medida também ideológica –, bem como seu mais profundo entrelaçamento, é ademais um aspecto importante da modernidade (Poulantzas, 1978; Giddens, 1985; Jessop, 1990; Mann, 1993, cap. 3).

Se podemos ou não falar propriamente de "Estado" em civilizações anteriores ou se devemos nos referir a um "sistema político" mais difuso (Almond, 1960), visto que aquela entidade não apareça como uma "forma" separada e centralizada de dominação (como em Weber, 1921-1922, p. 9), é questão que não nos ocupará aqui. Mas quero enfatizar que o sistema político – ou seja, a instância na qual decisões e políticas que afetam a sociedade de maneira ampla são definidas – é muito maior que o Estado, com forças sociais operando fora deste último, bem como se projetando sobre ele e se cristalizando em seu seio (Jessop, 2008, pp. 1-11). Some-se a isso que a burocracia – a dimensão administrativa – deve ser distinguida do sistema político propriamente dito, embora tome decisões políticas de forma mais discreta e limitada (algo que Habermas, 1981, por exemplo, sistematicamente confunde, possivelmente seguindo a pista equívoca de Weber).

O Estado tem sido um meio crucial por meio do qual a "questão existencial" social, crucial, da *distribuição do poder* na vida social tem sido respondida na modernidade, com seus aspectos e dinâmica específicos e desiguais, bem como amplamente independentes (as relações de poder além do mais atravessando a vida social de cabo a rabo, em termos pessoais ou econômicos, por exemplo). O Estado contém ainda um elemento decisivo de poder executivo, que é exercido sobretudo pela burocracia.

A discussão a seguir se baseia na identificação de *duas tendências principais* no que concerne ao Estado e à sociedade na modernidade – ou àquilo que quero chamar aqui de *sistema Estado-sociedade*. Trata-se do crescimento contínuo do poder do Estado (apesar das mudanças de regime e função, incluindo recentes reorientações globais) e o desenvolvimento de uma cidadania cada vez mais autônoma. Examinemos primeiramente a literatura sobre o tópico, em certa medida teórica, mas com demasiada frequência se detendo no nível das generalizações empíricas. Podemos então apresentar uma concepção analiticamente articulada.

Sabemos ao menos desde Weber (1921-1922, pp. 122-176, 387-513 e 541-868) que o Estado moderno tem como um de seus traços centrais seu caráter "racional-legal". Isso significa que tem sido abstratamente concebido de acordo com o sistema legal e a racionalidade instrumental (a crescentemente mais adequada conexão entre fins e meios) possuída pela burocracia (incluindo, sobretudo, o judiciário), através do que encontra sua "legitimidade". Há certa dificuldade com a caracterização do direito moderno em Weber, uma vez que a *"common law"* anglo-saxônica é costumeira antes que realmente formal, embora originalmente sistematizada de acordo com o cânone do direito romano, o que é antes um aspecto da tradição da *"civil law"* da Europa continental e da América Latina. Contudo, de modo geral ele queria dizer que em sua aplicação os modernos sistemas legais abstraem das características específicas do contexto e das pessoas envolvidas (embora pareça haver mais recentemente algum tipo de convergência entre os dois sistemas, com questões concretas escorrendo para dentro da variante do direito civil).

A burocracia também mantém um interesse abstrato no Estado na medida em que, separada dos "meios de administração", da mesma maneira que os trabalhadores dos "meios de produção" na abordagem de Marx do capitalismo, ela não teria nada em jogo patrimonialmente e trabalharia segundo um código de honra específico e regras formais, visando meramente à eficiência racional na realização de suas tarefas. Weber viu a *dominação* estatal como *autônoma*, uma corporificação e fonte particular do poder. Era uma realidade peculiar existente apenas na modernidade, quando controla o território e monopoliza os meios legítimos de violência, diferentemente da dominação "tradicional" e da "carismática", embora em sua obra nunca fique clara a relação entre o poder político e a burocracia.

No marxismo, ao menos um elemento-chave da visão de Weber tem-se feito presente, a despeito de divergências fundamentais. Trata-se do caráter abstrato do Estado moderno, que o próprio Marx (1844) opôs em seus escritos de juventude aos elementos concretos (de classe e religiosos) que se encontram na "sociedade civil burguesa" (expressão tomada da filosofia do direito de Hegel). Obviamente, a dominação de classe era um elemento decisivo na concepção posterior de Marx (1871), tendo o marxismo a assimilado como um aspecto crucial de sua incompleta teoria do Estado.

A face concreta das operações do Estado "capitalista" tem sido tratada pelos marxistas, por exemplo, Gramsci (1929-1935), Poulantzas (1968 e 1978) e Milliband (1971), com uma perspectiva mais "instrumentalista", "funcionalista" ou "relacional" (por vezes asseverando sua quase total autonomia, conquanto condicionada, cf. Jessop, 1990, cap. 12). Os agentes que manejam o Executivo e o parlamento, as forças armadas e a polícia, o sistema jurídico e os bancos centrais, bem como o "Estado alargado" (a "sociedade política" mais a "sociedade civil") ou seus "aparelhos ideológicos" (escolas, igrejas, sindicatos etc.) têm sido de suma importância nesse sentido.

Estranhamente, não houve muito desenvolvimento na corrente weberiana no que concerne à dominação racional-legal, a maioria dos autores mostrando-se satisfeita em reafirmar a visão clássica. Tilly (1992) e Mann (1993, especialmente cap. 3) mais indireta e parcialmente representam desenvolvimentos recentes, heterodoxos, das ideias de Weber, limitados sobretudo ao nível das generalizações empíricas (ainda que ideal-típicas) sobre a concentração do poder no aparato estatal e seus laços com o capital e a sociedade, que Mann enfeixou conceitualmente em termos de "cristalizações" em seu seio (com, por sua vez, Evans, Rueschemeyer e Skocpol, 1985, enfatizando as "capacidades" burocráticas do Estado em termos de seu exercício do poder).

Nesse sentido, embora recorrentes reclamações sobre o esboço inconcluso da teoria emerjam, o marxismo foi mais longe e refinou certo número de perspectivas sobre o Estado e seu duplo societal. Isso é visível na teoria geral do direito de Pasukanis (1926), na qual se encontra de novo a tese de seu caráter abstrato, bem como sua forte ideia de que a relação com o "proprietário de mercadorias" é a chave para apreender a totalidade do sistema, que tem no "contrato" seu principal elemento dinâmico. Pasukanis afirmou também que a "forma" da lei, com seu próprio "fetichismo" – opondo, como par complementar, as dimensões privada e pública, pessoas privadas e membros da sociedade política –, era absolutamente crucial tanto para o Estado quanto para a sociedade moderna, que no fim das contas se interpenetram.

Poderíamos complementar isso e introduzir a conexão de Lukács (1923, pp. 169-186, 271-272 e 183-185) entre a teoria do direito em Weber e a teoria de Marx sobre o lado abstrato da mercadoria, cujo resultado era sua tese acerca desta última como provedora da "abstração real" sobre a qual toda a "superestrutura" da sociedade moderna, capitalista, se baseia. O próprio Poulantzas (1978, pp. 54-55, 94-99) esteve também atento ao caráter abstrato do direito em sua teoria final.

Portanto, se a separação entre Estado e sociedade foi introduzida inicialmente como aspecto básico da vida social moderna, podemos ver também que o Estado é definido especificamente por seus elementos abstratos, em contraposição à dinâmica concreta da vida social, com seus interesses e identidades particulares. Aquelas são todas enquadradas e mediadas pelo direito moderno, a começar pela *cidadania* como uma *abstração real*, como eu gostaria de pôr a questão, de certo modo invertendo a perspectiva de Marx, Pasukanis e Lukács, com respeito à mercadoria e à "superestrutura", o que significa que muito da vida social moderna depende desse andaime imaginário e institucional para funcionar e inclusive produzir contratos econômicos entre agentes igualmente livres (ver Domingues, 2002, cap. 3).

Há um vínculo óbvio entre esses dois lados da divisão e do entrelaçamento entre Estado e sociedade que é dado pela própria ideia de um sistema bifurcado de direito público e privado, cujos sustentáculos são em larga medida os mesmos indivíduos que concretamente produzem a vida social de modo amplo e são simultaneamente membros do Estado. Podemos dizer, recorrendo à concepção de Marx sobre a mercadoria em O *capital*, com seus valores de uso e troca, que o sistema Estado-sociedade consiste em uma *unidade dialética de contrários* cuja influência recíproca é crucial para a dinâmica de desenvolvimento da modernidade.

Posta desta maneira, tal conceitualização poderia nos levar entretanto a uma compreensão estática das operações do Estado moderno, não obstante o componente em princípio introduzido por aquela tensão dialética. Cumpre mover-nos para além desta possível limitação. Em primeiro lugar, cumpre reconhecer o que já é corrente na literatura: dentro da própria cidadania o concreto fez uma irrupção bastante significativa, através de seu aspecto social, de certos tipos de direitos coletivos, de direitos difusos e categorias semelhantes. Quando não foi pela cidadania que se chegou a isso – ou se andou dela para outras categorizações menos universais, como nos quadros de um liberalismo social do século XX ou contemporâneo –, foi pela política social, ao criar populações-alvo, que o concreto se afirmou em relação ao caráter meramente abstrato que comparecia tanto à cidadania civil quanto à cidadania política.

Como mecanismo impulsionador desse processo, podemos, sem dúvida, indicar a preocupação de círculos privados e estatais dominantes, mas é nas lutas populares pela ampliação das instituições da modernidade que se deve localizar a dinâmica que levou àquela relativização do abstrato, ainda que, com a cidadania social universal, este ainda tenha grande peso nas definições dos indivíduos modernos. Isso se desenha de forma tanto positiva – pois possuem *direitos* – quanto negativa – pois tendem esses sujeitos a terminar como *clientes* e numa posição *passiva*, contrariamente à definição de políticas focalizadas, que singularizam grupos com objetivos de prazo definido e compensatoriamente, sem falar de formas mais tradicionais de clientelismo (fino ou denso) (Marshall, 1950); Domingues, 2009b). Mas a análise não deve deter-se aí.

Em uma sugestiva discussão, Karatani (2004 e 2005, pp. 147 e 276) retomou o debate sobre *O 18 Brumário de Luís Bonaparte*. Para ele, Marx estava preocupado com a "repetição" como "compulsão" e via a história como uma oscilação entre a representação (*Vertretung*) normal da burguesia no Estado (que, uma vez constituída por meio das urnas, se torna independente dos eleitores, como "representantes da nação") e sua crise. Desde Bonaparte, bem como no fascismo (uma forma de "bonapartismo", afirma Karatani), uma figura societal específica tem emergido supostamente para unificar a sociedade e imaginariamente superar suas "classes fragmentadas", implicando um "retorno do reprimido" (a soberania absolutista) e seu buraco não preenchido. Embora eu considere a identificação de Karatani de bonapartismo e fascismo totalmente absurda (e politicamente perigosa), o ponto válido em seu argumento é a oposição entre representação abstrata e o surgimento súbito de forças baseadas diretamente na sociedade – ou mesmo vinculadas ao Estado, deve-se alegar – que, em momentos de crise, tomam o poder e reorganizam a vida social, como um movimento dialético intrínseco à civilização moderna e não apenas transitório enquanto não foi esta plenamente constituída e estabilizada.

Em contribuição ligeiramente mais antiga, esse é mais ou menos o ponto de vista de Zavaleta (1990) também. Ao passo que a democracia burguesa seria a forma normal da dominação capitalista, diz Zavaleta (no que é uma afirmação discutível), espelhando a liberdade civil de estabelecer contratos desfrutada pelas pessoas no mercado, em tempos de crise os "mediadores" se posicionam no centro do sistema político. Logo, fora da política normal, aqueles que eram anteriormente "mediadores", os quais são em parte baseados no Estado, em parte na sociedade, e usualmente operam para fazer mais perfeita a dominação, são liberados da dominação estatal (que valoriza tão somente a si própria, com sua parcial autonomia e o ofuscamento ideológico de seus laços sociais) e podem até mesmo converter-se em agentes estatais que diretamente representam a sociedade – em uma direção reacionária ou progressista, mas sempre dinamicamente. O cesarismo "regressivo" ou "progressivo", em face de "crises orgânicas", segundo Gramsci (1929-1935, v. 3, pp. 1.619-1.620), de alguma maneira compartilha essa irrupção dos elementos concretos extrainstitucionais.

Vale notar que, com uma sensibilidade e intenção diametralmente opostas, a teoria da modernização observou tipos similares de fenômenos. Huntington (2006) sugeriu que durante os processos de modernização, que podem entrar em colapso, em especial se as instituições são fracas, "forças pretorianas" podem emergir como poderes estatais para organizar a sociedade, que não seria de outra maneira capaz de se vertebrar politicamente. Ele estava de fato falando de golpes militares na América Latina, em relação aos quais era simpático e tentava legitimar (embora mais de passagem mencionasse também os estudantes e o clero como "forças pretorianas"). De todo modo, isso significaria na verdade o deslocamento de forças dentro do Estado, ou a emergência de forças diretamente sociais, engendrando uma ruptura tanto com o caráter abstrato do sistema legal como com a racionalidade burocrática que em princípio, idealmente, molda seu aparato administrativo.

O Ocidente, em especial os países anglo-saxônicos, tendo desenvolvido a modernidade em um período de tempo muito mais largo que o restante do mundo não teve, argumentou Huntington também, que lidar com essa situação ingrata, e ele o considerou, tudo somado (em uma apologia), já para além de seus riscos. Antes dele, referindo-se à Argentina, mas inaugurando também o debate geral (e problemático) latino-americano, Germani (1965) argumentou que as "elites" do "populismo" seriam, no curso da transição à modernidade, capazes de oferecer alguma forma de liberdade e um *"ersatz"* de participação às massas populares postas em uma situação de disponibilidade social e política, em virtude de sua falta de integração no sistema político (uma responsabilidade das classes altas, acrescentou). A dominação carismática em Weber (1921-1922, pp. 140ss e 654ss) mais uma vez aponta, personificando o poder, para essa irrupção dos elementos concretos extrainstitucionais.

Para limpar o ar de mistificações ideológicas, vale acrescentar que se o caráter racional-legal do Estado é realmente típico da modernidade, seus traços neopatrimoniais não devem ser esquecidos. Eles têm a ver tanto com as cristalizações sociais identificadas por Mann em seu funcionamento concreto quanto com o acesso que funcionários públicos e políticos têm aos recursos estatais, embora estejam formalmente separados deles e seu comportamento neopatrimonial seja então considerado corrupto, ilegítimo e ilegal; o que não quer dizer que não tenha lugar regularmente, em maior ou menor grau, em todos os Estados modernos (Eisenstadt, 1973; Domingues, 2012, pp. 84ss).

Por outro lado, precisamos levar em conta que a representação é apenas um elemento na "dialética do controle" que se estabelece entre o forte Estado moderno e os cidadãos cuja vida é agora muito mais dependente de suas intervenções (Giddens, 1985, especialmente p. 11), a qual é tão mais relevante quanto mais a democratização se desdobra. Contatos mais diretos entre cidadãos e o Estado, de muitas formas, devem ser considerados nesse sentido, seja pessoalmente ou por meio de organizações tais como associações e sindicatos.

Muitas dessas teses oferecem uma revisão sumária das discussões acerca do Estado e da sociedade, originando-se já de uma passagem não necessariamente elaborada das generalizações empíricas às categorias analíticas, no caso de Weber (e no de Eisenstadt) permanecendo em nível mais empírico, embora muito generalizado, em termos de conceitos ideal-típicos, que foram aqui no entanto mesclados com categorias analíticas e inicial e implicitamente empurrados na direção de uma transformação sua neste tipo de conceito.

Por outro lado, eu mesmo (em especial *vis-à-vis* Karatani e Zavaleta, Germani e Huntington, mas também Eisenstadt) levei a cabo esta mesma sorte de operação analítica – referindo-me à relação dinâmica entre Estado e sociedade ante os sistemas político e administrativo. Em certa medida, essa relação aponta para *contradições dinâmicas* – que giram principalmente em torno da *dialética do controle*, na qual a *representação política* se destaca, e o *poder estatal*, bem como em torno de elementos *abstratos* e *concretos*. Estes por vezes convergem, mas com frequência divergem e se chocam, como Marx (1852) percebeu no *18 Brumário*, embora a ideia de *contradições dinâmicas* desempenhasse um papel sobretudo em sua economia política posteriormente, em termos de mecanismos e tendências de desenvolvimento, que eram mediados pelo comportamento dos agentes, porém escapando com frequência de suas intenções, implicando um papel duplo para a subjetividade coletiva, para além de qualquer automatismo simplista (Marx, 1867, 1893 e 1894).[6] Em outras palavras, uma *tendência contraditória* se desenvolve por toda a modernidade, combinando e opondo *controle cidadão*, *representação política* e *poder estatal*, elementos *abstratos* e *concretos*, com a possibilidade de crises agudas sempre à espreita.

É verdade que os sistemas políticos podem ser estabilizados e em certa medida imunizados contra os efeitos potencialmente disruptivos dessas contradições, que estão inclusive vinculadas a lutas sociais, calcadas nas classes ou em outra questão. O marxismo em particular lidou sistematicamente com esse tipo de questão, com êxito notório no que se refere ao conceito de "hegemonia" de Gramsci (1929-1935), com a criação de uma sorte de "consenso" social ao lado da "coerção", eles em si mecanismos de estabilização. Esta

---

6. A saber, a passagem da mais-valia absoluta à relativa, a concentração e centralização do capital, a produção, circulação e consumo, a tendência de a taxa de lucro cair, mudanças na composição da população etc., levando à expropriação dos expropriadores. O mecanismo desta última parecia ser a intervenção política intencional da classe trabalhadora. A conceituação dos impactos de efeitos incontroláveis, e muitas vezes opacos, não intencionais, é a melhor maneira de render contemporaneamente o conceito de "lei natural" nos escritos de Marx, do que ele estava ao menos em certa medida ciente (Marx, 1857-1858, p. 127).

corrente nunca simplesmente supôs a mera estabilização da democracia "madura", graças ao desenvolvimento de seus "requisitos" (alfabetização, desenvolvimento econômico, existência de classes médias etc.) (Lipset, 1959; Dahl, 1989) ou uma "integração funcional" efetiva (Parsons, 1971), contrariamente ao que pensaram distintas versões do liberalismo, sequer no que diz respeito a uma "legitimidade" que parece pertencer automaticamente ao Estado moderno (como na formulação de Weber). Talvez ao lado da institucionalização do liberalismo, a maior independência dos sistemas políticos (incluindo os partidos) da influência dos cidadãos e a degradação da democracia em mera política da "audiência" no Ocidente hoje (Manin, 1997) sejam mais relevantes para sua estabilidade que construções realmente hegemônicas, acompanhada daquela democracia restringida de explosões sociais eventuais e a irrupção do que muitos hoje definem (de maneira bastante vaga e problemática) como "populismo" de direita (cf. Laclau, 2005).

É preciso levar em conta o que pode ser chamado de *densificação burocrática* do Estado, mediante sua complexificação e diversificação (Huntington, 1968), bem como a penetração "infraestrutural" (Mann, 1993) do Estado na vida social, de modo a compreender sua resistência em face das crises e a possibilidade de desorganização. Eis aí uma tendência de longo prazo, acrescentando poder ao Estado.

Cumpre apresentar que, inversamente, em certa medida ao menos um tipo de subjetividade rebelde, intensamente *avessa à deferência* (Therborn, 2009), vem também se desenvolvendo, expandindo os limites da cidadania e inclusive por vezes transbordando-a (como em algumas formas de mobilização "autonomista" recente). Ela deriva tanto da radicalização da autonomia social dos indivíduos e coletividades na modernidade quanto da falta de respostas a eles por parte do Estado contemporâneo.[7]

---

7. O conceito de "multidão" foi introduzido por Negri precisamente para lidar com isso, mas seu caráter ontológico, imediato, além de empiricamente abrangente demais e vago, leva a uma solução teórica e politicamente inadequada da questão. Cf. Hardt e Negri, 2005.

Mecanismos disruptivos e estabilizadores encontram-se, portanto, operando na dinâmica contraditória do Estado moderno. A disrupção em potencial e as crises nunca desaparecem. Não podem ser totalmente evitadas, em qualquer fase da modernidade, a despeito de mudanças na própria forma do Estado, incluindo distintos tipos de regime político (liberal, welfarista, keynesiano, workfarista, desenvolvimentista etc., embora desenhos abertamente autoritários e em especial os fascistas tentem levar a autonomia do Estado em relação à sociedade – logo em relação à representação – a seus extremos) e as questões que têm de enfrentar (acumulação do capital, bem-estar, meio ambiente etc.).

Nossa análise até aqui permitiu identificar a ascensão do concreto em relação à cidadania e um retrato daquelas duas tendências do desenvolvimento político e administrativo moderno, do crescente poder do Estado e de uma cidadania relativamente autônoma, secundada pela unidade dialética e as contradições entre elementos abstratos e concretos dentro do Estado e em especial entre Estado e sociedade. Identificamos igualmente processos que podem gerar crise bem como estabilizar a dominação estatal. Se nos comportássemos como historiadores, ou como sociólogos históricos do século XX, seríamos tentados a buscar a origem do Estado moderno e de seus elos com a sociedade, mesmo se tivéssemos como um foco mais específico a emergência da cidadania, a concentração do poder e a burocratização (como realizado por Bendix, 1964 e 1978, para certo número globalmente situado de casos), embora outros autores tenham sido ainda mais seletivos a esse respeito (como Elias, 1939, com sua reconstrução eurocêntrica do monopólio estatal da violência e da pacificação).

De qualquer modo, a lógica subjacente a esse tipo de *démarche* tem que ser mais bem explicitada e o elemento histórico retrair-se mais: as análises devem ser históricas apenas em certa medida e com intenção precisa (como argumentou Marx, 1857-1858, pp. 371-372 e 376ss). Devemos nos restringir estrategicamente à identificação tão somente dos elementos específicos que historicamente levaram a essa conjunção de elementos "estruturais" e dinâmicos (reiterativos, mas ao mesmo tempo relativamente transformativos) (embora conhecimento histórico extenso seja necessário para alcançar essa restrição dos processos formativos).

Em outras palavras, uma primeira tarefa é tomar os elementos que acabamos de dispor analiticamente e defini-los em termos de *categorias analíticas* e *mecanismos reiterativos*. A dinâmica social concreta e o caráter abstrato do Estado podem assim se destacar; nenhum deles, de fato, estabelecido de modo tão seco, graças à existência da própria cidadania como uma "abstração real" e a penetração da "sociedade" pelo Estado, assim como em razão de suas "cristalizações" e ao impacto da dinâmica social no funcionamento concreto do Estado, seja através de representantes, do pessoal burocrático estatal ou outros tipos de elo. Somente então devemos buscar os *mecanismos gerativos* que historicamente engendraram essa situação.

Não tentarei fazer isso aqui, mas cumpre afirmar que é apenas com esse tipo de perspectiva teoricamente saturada que a história tem interesse para uma abordagem sistemático-categorial – o que não quer dizer que se trata da única estratégia para a sociologia, sem falar das ciências sociais em geral.[8] Também a identificação dos *mecanismos transformativos que poderiam superar a presente*

---

8. Esta foi, creio, a estratégia de Marx (1867) em O *capital* no que se refere à chamada "acumulação primitiva", desnudando como a divisão da sociedade entre aqueles que tinham e os que não tinham se produziu, e, mais geralmente, as "tendências gerais da acumulação capitalista". Além disso, essa perspectiva permitiria, por exemplo, evitar a busca de "requisitos da democracia", seja no desenvolvimento econômico, na alfabetização ou qualquer outra coisa, típicos da teoria da modernização, procurando-se em vez disso os elementos que contribuíram para ela, incluindo lutas sociais e valores, tais como a *liberdade*, que subjazem a seu estabelecimento. Além disso, a história como um processo contingente se acomodaria melhor em uma abordagem sociológica mais modesta, rigorosa porém do ponto de vista de suas estratégias propriamente analíticas. Devem-se evitar fortes e unilineares suposições evolutivas. Ver o Capítulo 4 deste livro.

conformação do Estado e da sociedade, com mudanças possivelmente se desenvolvendo a partir dos mecanismos reiterativos, seria de fundamental interesse para uma avaliação plenamente crítica, analítica, para uma plena apreensão do tema e um ponto de vista emancipatoriamente produtivo.

Aqui é preciso abrir mais uma janela e pôr em questão os elementos imaginários que se entrelaçam com os processos que vamos até agora analisando. Pode-se dizer que no imaginário moderno dois deles se destacam: liberdade igualitária e racionalização (Castoriadis, 1975, pp. 234-230; Domingues, 2002, cap. 1). Tecnicamente, vale notar de início que não há um imaginário em certo lugar abstrato (como "cultura", congelada) e que nem aquelas tendências se desenvolvem a seco, desprovidas de sentido, ainda que carregadas de consequências não intencionais (isto é, sem elementos imaginários). É verdade que racionalidade e liberdade igualitária atravessam o conjunto da vida social moderna. Têm, porém, expressões específicas no Estado e na política modernos e, se daí saltarmos para diante, é também a partir dessas particularidades que se tecerá o futuro.

Não é que o tema da dominação não se apresente por vezes na modernidade, mas dificilmente o faz de forma aberta – racionalizações vinculadas a outros elementos os recobrem, pois o igualitarismo moderno reage à afirmação da desigualdade que subjaz a relações de dominação. Estas têm, portanto, pouco abrigo no imaginário moderno. Assim, aquela tendência de fortalecimento do Estado de maneira geral vem acompanhada usualmente da ideia de que o que importa nesse processo é que ele permite um mais eficaz gerenciamento da vida social ou mesmo a aplicação do conhecimento científico aos diversos problemas que cumpre ao Estado resolver. Isso oculta relações de dominação, que podem também estar presentes na própria ideia de que aqueles que em geral ocupam o aparelho de Estado – como políticos eleitos para o Executivo e o Legislativo, por vezes para o Judiciário, bem como ao menos os altos escalões da burocracia, incluindo os ocupantes de cargos no Judiciário – têm prerrogativas quase aristocráticas. Seriam os melhores quadros da sociedade, os que se vinculam finalmente a sua reivindicação de racionalidade superior.

Por outro lado, a demanda de poderes iguais que, implícita ou explicitamente, subjaz à liberdade igualitária como valor e à própria ideia de cidadania, com seus aspectos formais, mas finalmente também mais substantivos, permanece ao longo de toda a evolução da modernidade. Ao mesmo tempo, as demandas de autonomia a esta altura já mesmo por vezes transbordam os quadros imaginários e institucionais do Estado e da cidadania. Isso é verdadeiro no plano individual assim como no coletivo, com identidades e opções se fazendo mais abertas, a despeito da prevalência de relações, agora impessoais, de dominação em vários âmbitos sociais.

Por outro lado, o fetichismo jurídico identificado por Pasukanis na esteira do fetichismo da mercadoria de Marx assume a feição de um *encantamento*, vinculado à cidadania e ao Estado. Aí o sujeito abstrato, em sua liberdade abstrata, bem como racionalidade isolada, preenche um local no imaginário segundo o qual relações entre pessoas concretas desaparecem, ainda que aos poucos o desenvolvimento dos direitos e do Estado na direção da concretude complexifique essas conexões. A mediação – cristalizada no Estado – ademais se sobrepõe ao mediado, as próprias relações que a constituem.

Em que medida os desdobramentos da demanda de autonomia na modernidade podem saltar desse enquadramento imaginário e prático, bem como avançar na direção da superação daquele ontológico isolamento individual, está para ser visto. O mesmo vale para um possível descarte de qualquer substância externa capaz de determinar quem e o que somos, imaginária no sentido de que a geramos e acabamos por sermos por ela capturados (Zizek, 1989, pp. 261-263), neste caso o conceito de imaginário se delineando em parte na esteira de Lacan – mas em parte apenas, visto que, devo enfatizar, se trata de fenômeno de origem inexoravelmente processual e intersubjetiva. Essa substância pode nos aparecer como o Estado, a lei ou seja lá o que for que emerja no futuro, uma vez que somente adiante talvez venhamos a saber se isso se põe e como pode fazê-lo, caso se ponha, de maneira transformada.

Uma nota metodológica deve ser apresentada aqui. Primeiro, trata-se de separar definitivamente o conceito de imaginário da ideia reificada de "cultura política". Esta acaba por ser vista quase que como uma esfera separada, rígida e com significados simples e diretos, como se vê em Almond e Verba (1965, em especial cap. 1). O imaginário é parte dos processos sociais, não algo distinto e divorciado deles. Se pode ser útil por vezes construir modelos discretos do imaginário, separados das práticas sociais de modo geral e das tendências de desenvolvimento social, sua imbricação concreta deve ser sempre mantida no horizonte. Isso quer dizer que seu desenvolvimento, na medida em que o "magma" de significações permeia todas as práticas sociais, se vincula ao desdobramento das diversas tendências que se atravessam e na verdade urdem a modernidade, inclusive aquelas discutidas neste capítulo

Na hora de analisar o imaginário é preciso dar atenção à hermenêutica (tomada aqui em termos gerais interpretativos simbolicamente – ver Giddens, 1976), sem descurar de sua inserção mais ampla nos processos sociais, que podem ter cunho mais de coordenação virtuosa ou se desdobrarem calcados em antagonismo. Deve ser de todo modo uma hermenêutica atenta ao caráter magmático, isto é, polissêmico, do imaginário, ainda que ele se estruture em torno de alguns núcleos principais (racionalidade e liberdade igualitária, entre outros, como assinalado). O universo simbólico é assim mais adequadamente apreendido – *verstehen* –, seja do ponto de vista geral, seja do específico, inclusive no que diz respeito a análises empíricas particularizadas. Não há por que opor hermenêutica e análise de tendências, assim como mecanismos e relações causais, exatamente como de resto encontramos a questão tratada na discussão sobre o fetichismo da mercadoria, sem detrimento das "leis de movimento" da sociedade capitalista na obra de Marx.

Subjetividade coletiva, mecanismos, modernização

Como funcionam os mecanismos que vínhamos considerando? Uma vez constituídos, indivíduos e subjetividades coletivas, operando dentro do Estado e da sociedade, respondem dinâmica e causalmente por isso. Aqui é preciso ser cuidadoso para evitar duas soluções tradicionais, mas equivocadas, o individualismo e o coletivismo reificados, considerando-se em vez disso *processos*, como já argumentado anteriormente. "Estruturas" não existem realmente e devemos afastar qualquer forma de platonismo das ideias e "essências" (bem como qualquer forma nova disso através de mecanismos gerativos mentais, como se encontra em algumas variantes do estruturalismo). Contudo, se realmente queremos descartar o individualismo, necessitamos não apenas levar em conta os indivíduos socializados – o que é trivial para as teorias sociológica, antropológica ou da psicologia social –, mas também introduzir *subjetividades coletivas*.[9]

Marx, Parsons e Mead estiveram particularmente atentos a essa questão (assinalando, respectivamente, "classes sociais", "atores coletivos" e "classes" ou "subgrupos" mais vagamente concebidos). Alguns deles implicam as intenções e projetos de indivíduos e coletividades, muitos outros se originam das consequências não intencionais que deles derivam.

Dois elementos têm de ser enfatizados em uma caracterização mais sistemática das subjetividades coletivas. Elas são enquanto tais sistemas de interação, entre indivíduos e também entre outras subjetividades coletivas, a partir das quais, através da reiteração, mas sempre passíveis de mudança, as relações sociais se desenvolvem (e não devem ser reificadas como se possuíssem existência autônoma). Elas têm uma *propriedade coletiva* específica relativa à *causalidade*.

---

9. Discuti, sistemática e extensamente, essas questões em especial em Domingues, 1995a e 1999, caps. 1-2 e 4, bem como ao longo de todo este livro.

Uma vez que reconheçamos as *coletividades* (forma cômoda de se referir às subjetividades coletivas) como importantes e possuidoras de "propriedades" específicas (conquanto não "emergentes", uma expressão que no fim das contas trai uma sorte de atomismo/individualismo subjacente por parte do teórico), qual seria a razão para redutivamente conceber a causalidade e vinculá-la exclusivamente aos indivíduos? Este é de fato o último recurso do individualismo metodológico.

Em contrapartida, precisamos reconhecer a *causalidade coletiva* como uma *propriedade* que pertence e em parte define as subjetividades coletivas. Todavia, não devemos incorporar o modelo de ator individual moderno (como tal já muito contestado ao menos desde que Freud mostrou que sua intencionalidade não pode ser suposta como dada, ainda menos valendo isso para a transparência de motivações e os fins). Cumpre enfrentar o descentramento do sujeito (embora não em viés pós-estruturalista). As subjetividades coletivas são variavelmente "(des)centradas", quer dizer, têm identidade e organização que variavelmente permitem (antes que "ação" individual) *movimento* intencional (expressão aristotélica que aponta para a capacidade do agente de produzir estase ou mudança, neste caso coletiva e referida aos mundos social e natural).

Isso não tem relação com seu impacto coletivo causal sobre outras subjetividades coletivas (subjetividades coletivas inteiramente descentradas podem ter um tremendo impacto causal, dependendo do contexto em que se exercem). Todos os tipos de mecanismo, implicando a reiteração de padrões sociais ("memórias"), bem como sua transformação criativa (intencional ou não), se acham claramente vinculados ao movimento de subjetividades coletivas (assim como à ação individual).

Quando pensamos acerca do sistema moderno Estado-sociedade, isso deve ser levado em consideração. Na teoria social e política, "classes" e "elites" (seja implicitamente em teorias "pluralistas" e "deliberativas" ou explicitamente nas "elitistas" – cf. Dahl, 1972 e 1989; Habermas, 1992; Schumpeter, 1942, caps. 21-23) ou agentes coletivos mais frouxamente definidos são usualmente assinalados como aqueles que tecem o surgimento, o desenvolvimento e o desaparecimento dos sistemas políticos concretos ou tipos historicamente característicos, mesmo quando focalizamos autores que, como Weber, em princípio sustentam uma metodologia individualista (comparecendo aí as coletividades como "categorias residuais" na terminologia de Parsons, 1937, pp. 16ss e 28ss: elas têm de estar lá para que se apreenda a realidade, mas permanecem confinadas a um nível não sistemático de teorização).

Precisamos, portanto, claramente reconhecer a agência variavelmente (des)centrada de famílias e firmas, movimentos sociais, "elites" (uma expressão excessivamente carregada do ponto de vista ideológico) e círculos dirigentes, partidos políticos, sindicatos e burocracias, classes, gêneros, grupos étnicos e "raças" (socialmente definidas) ou quaisquer coletividades que identifiquemos como importantes em situações concretas, até mesmo simples correntes difusas de opinião.

Elas exercem um impacto causal na vida social que engendra os processos em que consistem os mecanismos gerativos, reiterativos e transformativos. Isso é o que pode permitir, em plano teórico muito geral, um realismo analítico que evite o empiricismo e na verdade a identificação de toda a vida social através da polarização (ideologicamente, logo epistemologicamente) típica do pensamento moderno, a saber, entre indivíduos ativos e coletividades passivas.

Essa polarização estrutura o senso comum, assim como muitos dos conceitos e investigações sociocientíficas, subjazendo ao realismo empiricista bem como a outras formas de realismo (como a própria versão de Bhaskar) e também de idealismo. Além do mais, em planos menos gerais, esse tipo de categoria geral deve ser especificado em termos mais particulares, de acordo com a espécie de questão que queremos entender e explicar.

Como isso funciona em relação ao moderno sistema Estado-sociedade? Isso se esclarece quando identificamos a dinâmica reiterativa daquela dialética "unidade de contrários", bem como as questões de sua geração e transformação mais ampla. O que se requer, em primeiro lugar, é identificar os agentes coletivos dos mecanismos reiterativos que reproduzem (com mudanças incrementais, logo socialmente criativas, a despeito de possíveis colapsos) essa divisão e o funcionamento interno a cada lado, bem como aqueles que levam a crises institucionais e imaginárias, implicando o deslocamento parcial da cidadania rumo ao concreto e o avanço de forças societais direta e disruptivamente dentro do aparato do Estado ou no que algumas que efetivamente lhe pertencem, como os militares, tomam o poder.

Na vida social moderna ordinária essa divisão é mantida pelo funcionamento suave do sistema político, com um nível usualmente bastante elevado de autonomia do aparato estatal, apesar de "cristalizações" societais, assim como com o confinamento das forças societais ao outro lado da vida social. A geração de tal sistema deve ser buscada, como os historiadores o fizeram, provavelmente nos caminhos da Idade Média e na resistência ambivalente dos elementos burgueses ao Estado absolutista, assim como focalizando a dinâmica contraditória implicada pelos múltiplos sistemas modernos de dominação e exploração, em especial econômicos e políticos.

Mais complicado hoje é localizar os elementos transformativos dessa situação, para além da "ditadura do proletariado" ou as tentativas anarquistas (às vezes sindicalistas) e bolchevique/espartaquista/comunista de esquerda (de maneiras muito diferentes entre si) de criar conselhos revolucionários que dissolveriam e reabsorveriam o Estado na sociedade (unilateralmente, com as em parte não intencionadas consequências de fortalecer o Estado no primeiro caso). Originalmente, membros do partido e a classe trabalhadora (e por vezes o campesinato) como subjetividades coletivas forneciam alicerces às operações concretas desses mecanismos transformativos, mas hoje não está claro "quem" eventualmente lideraria a transformação do Estado e da sociedade e que direção esta deveria tomar. Uma análise e exposição mais realista-categorial devem levar em conta esses processos dinâmicos e contraditórios, até que sejam totalmente mudados de uma maneira que somente em algum momento futuro será clara para nós, ainda que a auto-organização das classes populares, contando com formas ampliadas e variavelmente tempestuosas de cidadania, mais concretas, porém, sem descartar seus fundamentos universais-abstratos, permanece um meio através do qual pode-se tomar um rumo emancipatório, contra o fortalecimento do Estado contemporâneo e sua, na verdade, crescente conexão com as organizações globais e o capital financeiro (Sassen, 2006).

De todo modo, em que medida a superação da modernidade resultará do exercício da subjetividade individual, intencional ou não intencional (descentrada), é algo sobre o que podemos aspirar a encontrar pistas, mas a que não podemos plenamente responder, uma vez que a criatividade social não pode ser inteiramente antecipada.

Em suma, estamos tratando de *tendências contraditórias de desenvolvimento*, que podemos articular como um conceito-tendência definido em relação à construção do sistema moderno Estado-sociedade, seus polos abstrato e concreto e sua reiteração crivada por distúrbios e/ou estabilização, bem como possível superação. Eles têm como suporte *giros modernizadores* de subjetividades coletivas, originalmente somente episódicos, isto é, que não visavam a criar esse arranjo histórico, mas que, uma vez que esteja este estabelecido, em certa medida o têm como meta intencional, embora na maioria dos casos isso seja apenas o resultado de ação e de movimento não intencional (ver Domingues, 2012), conformando de fato uma *tendência causal* (processo dependente), apesar de quão dialeticamente contraditória ela possa ser, na medida em que mecanismos estabilizadores, tais como a hegemonia, operam com êxito. Eles estão em jogo com qualquer tipo de (des)equilíbrio interno ou mesclados com outras tendências que podemos encontrar na vida social, e devem ser teorizados também quando encontrados regularmente, como outro tipo de conceito-tendência; ou, quando não é este o caso, como um processo mais acidental, circunscrito, que não precisa assumir uma elaboração categorial sistemática. Isso significa que não precisamos abraçar a ideia de "determinismo de regularidades" ou a "uniformidade da natureza", mesmo que no nível dos mecanismos. Estes são processos (em parte traduzíveis pela noção de Bhaskar de "eventos") que são todos *contingentes*, incluindo os próprios mecanismos-processo que reinam sobre o desenvolvimento de processos mais específicos e concretos. Eles devem ser compreendidos de modo não reificado, como a tradução *analítica* daqueles processos empíricos que sejam passíveis inicialmente de generalização empírica. Uma vez que tenhamos os *construtos analíticos* delineados dessa maneira, podemos realizar *descrições* empiricamente orientadas da realidade e talvez projetar estrategicamente desenvolvimentos futuros.

Não há ruptura entre esses níveis de conhecimento. Eles devem ser conceitualmente alterados, uma vez que empiricamente verifiquemos mudanças que demandam esse tipo de reconstrução. Em que medida a superação da modernidade resultará do exercício da subjetividade individual e coletiva intencional e não intencionalmente (des-centrada) é algo que podemos nos esforçar para resolver, sem nunca consegui-lo totalmente, na medida em que a criatividade social jamais pode ser inteiramente antecipada.

Palavras finais

Propus-me, no começo deste capítulo, a discutir o realismo no que se refere a conceitos-tendência. Isso deveria permitir uma apreensão do desenvolvimento direcional da modernidade. Bhaskar serviu criticamente como nosso ponto de partida e o moderno sistema Estado-sociedade, com seus subjacentes mecanismos generativos, reiterativos e transformativos, como seu foco substantivo. A meta era mostrar como essa abordagem, assumindo uma intenção analítica sistemática, deveria ser articulada de acordo com uma perspectiva analítica, apresentando uma concepção estratificada do conhecimento, antes que da realidade. Isso se combinou com uma perspectiva orientada aos processos. É verdade que mais trabalho precisa ser feito nessa direção, em termos gerais e no que diz respeito à relação entre Estado e sociedade modernos. Este capítulo ofereceu um esboço desse empreendimento.

As ideias aqui dispostas se aplicam tanto aos países que se encontram imbricados na expansão global do moderno sistema Estado-sociedade quanto à Europa, onde a modernidade originalmente emergiu. Se suas origens iniciais no Ocidente devem ser reconhecidas, elas foram de algum modo reproduzidas, tendo-o como um modelo coletivo intencional ou surgindo ao menos em parte como uma consequência de processos não intencionais. A América Latina acha-se estreitamente ligada à emergência do moderno sistema Estado-sociedade, mas, de modo mais restrito, o Japão logo tratou dele por conta própria, e o resto do mundo não demorou a trilhar essa via, inicialmente por meio do colonialismo, depois com movimentos de liberação nacional. Desde então mecanismos reiterativos (que são sempre parcialmente criativos) têm operado.

Ainda precisamos de uma descrição abrangente, de uma narrativa detalhada desse processo, assim como de uma avaliação sociológica dessa via que possua um cunho analítico. Questões e mecanismos transformativos valem para todos eles, a despeito de seu impasse e abandono de alternativas a certa altura na finada União Soviética e outros países. Este é, portanto, juntamente como outros temas que descansam no cerne da civilização moderna, aspecto crucial de uma sociologia de caráter global, extremamente necessária, que seria articulada, pode-se sugerir, a um sutil enquadramento realista.

Uma vez de posse das categorias que nos permitem ir além dos casos específicos, podemos reconhecer os problemas postos por críticas ao eurocentrismo sem desconsiderar a dinâmica intencional e não intencional da construção do Estado moderno mais geralmente, assim como suas contradições internas, sem ficarmos prisioneiros das formas históricas específicas que assumiu no Ocidente. As descrições podem tornar-se mais sistemáticas, e os traços gerais e particulares da modernização em diferentes países e regiões podem ser mais frutiferamente discutidos, de maneira crítica e emancipatória. Além disso, devemos e podemos deste modo oferecer interpretações conceituais renovadas para articular os processos específicos, em especial aqueles vinculados às lutas sociais, que atravessam a vida política contemporânea.

6. Família, modernização e teoria sociológica[1]

Dois temas entrelaçados

A relação entre as diversas dimensões da vida social tem sido sempre um tema difícil e complexo para as ciências sociais. Se isso é verdadeiro em Marx e no que diz respeito à subordinação da "superestrutura" à "infraestrutura" econômica, em Weber e sua ideia de uma multidimensionalidade, ou em Durkheim e seu idealismo sociológico, não o é menos em enfoques mais recentes como, por exemplo, as teorias dos sistemas sociais de Parsons e Luhmann. Se essas teorias reconhecem uma autonomia relativa dos distintos subsistemas, não deixam de se perguntar, às vezes de um modo bastante concreto, pelo peso de cada um na reprodução da vida social em seu conjunto.

Sejam concebidas de modo mais concreto ou abstrato, sejam apresentadas de modo mais descritivo ou analítico, essas "dimensões", cujo estatuto epistemológico nem sempre é claro, abarcam os diversos aspectos da vida social. Nessas definições, a família aparece com frequência como um elemento importante, embora nem sem-

---

[1]. Publicado em *Estudios sociológicos*, n. 106 (2016). Agradeço a Kathya Araujo e a Juan Pedro Blois por seus comentários na versão anterior deste texto.

pre. Se Hegel foi o primeiro a construir uma teoria em que a família era crucial na definição do sistema ético moderno, o estruturalismo antropológico e o funcionalismo sociológico foram os primeiros a ver na família um eixo central para o estudo das ciências sociais empírico-teóricas surgidas em meados do século XIX (havendo, não obstante, outros importantes antecedentes: em Le Play, que propôs uma primeira aproximação sociológica, no velho Engels e seu pioneiro aporte desde o materialismo histórico, em Durkheim e sua tentativa de alcançar uma visão geral, ainda que limitada, e em Weber, que fez várias observações importantes, as quais, contudo, não foram reunidas em um só texto).

Não é meu objetivo, de todo modo, analisar em que medida a família recebeu a atenção que merece em termos conceituais como eixo de articulação da *solidariedade social e foco dos investimentos emocionais*, em um sentido próximo ao utilizado originalmente por Freud, assinalando os vínculos profundos que tecemos com pessoas e coletividades (Domingues, 2002), mesmo quando uma análise teórica mais densa desse aspecto da vida social e de seu desdobramento histórico seja necessária.

Supõe-se que a família seja um fenômeno universal, ou quase, juntamente com as relações de parentesco, das quais é um aspecto central (Lévi-Strauss, 1969). Sabemos que, ao longo da história, a família e as relações de parentesco têm sido cruciais na articulação de todos os aspectos da vida social, de maneiras distintas e com *expressões multidimensionais*, algo que foi reconhecido tanto por antropólogos (como Godelier, 1973, naquele momento claramente marxista, o que agora rechaça, ao recusar-lhe centralidade, em Godelier, 2010, p. 645), como por sociólogos (por exemplo, o neoweberiano Collins, 1986, cap. 11).

Não somente o sexo e a reprodução biológica e social, mas também as relações econômicas e políticas, se encontram imbricados com a família, seja esta nuclear ou estendida. Os funcionalistas, nesse sentido, a colocaram no núcleo da vida social moderna, a vincularam com o individualismo de uma sociedade crescentemente complexa, e lhe atribuíram *funções diferenciadas e papéis especializados* na reprodução da "sociedade" (segundo uma divisão patriarcal entre machos e fêmeas) (Parsons, 1955). Outros autores, em contraposição, assinalaram que não se deveria concebê-la como uma unidade totalmente separada de outras unidades, com as quais mantém relações de parentesco e com as quais intercambia tarefas e emoções (Saraceno, 1976), nem tampouco, obviamente, assumir aquela divisão patriarcal como universal e atemporal.

Meu objetivo neste texto é, contudo, um tanto mais limitado. Por um lado, proponho-me a compreender o processo global de modernização e sua relação com a família e suas transformações em diversos países e regiões atravessados pela modernidade global contemporânea. Por outro, busco analisar a relação da família com os outros aspectos da vida social – o que implica a definição desses "aspectos" enquanto tais. Como podemos ver, os dois temas ou questões aqui abordados estão intimamente entrelaçados de modo tal que a resposta a um nos permitirá situar de maneira mais precisa o outro e vice-versa.

Em relação ao segundo tema ou problema, uma solução provisória pode ser localizada na noção de *questões sociais existenciais*, que discutiremos com mais detalhes em uma seção posterior. Com esta noção busco evitar uma definição prematura, seja analítica ou concreta, a respeito do problema da relação entre os aspectos da vida social, tomando distância, dessa forma, das ideias vinculadas à tópica da "base" e da "superestrutura", ou daquelas que se colocam "subsistemas" ou "dimensões" nem sempre definidos de modo claro e sistemático.

Igualmente, e em sentido similar, é preciso buscar soluções para o problema da articulação, sempre dinâmica, da família com outros aspectos da vida social. Isso é necessário se se quer avaliar de modo adequado afirmações como a de Smelser (1959, especialmente p. 158), segundo a qual a família é uma dimensão subordinada, ou seja, sem influência causal relevante na emergência e no desdobramento dos "subsistemas" sociais da modernidade; sendo, ao contrário, paciente de seus diversos influxos, em particular da industrialização, e sem poder para reagir sobre eles.

No que se refere ao primeiro tema ou questão, a relação da família com os processos de modernização global, não existem demasiados antecedentes, sendo poucos os autores que enfrentaram um assunto que tanto demanda. Goode (1963), inscrevendo-se na teoria da modernização, foi o primeiro deles. Segundo sua visão, em consonância com o estilo da época, a nível global a família estaria atravessando um processo de "convergência" na direção dos moldes ou cânones da família ocidental moderna, transformação que podia dar-se em conjunto com outros processos ou de modo mais isolado.

Mais recentemente, Therborn (2004) retomou o tema e chegou a conclusões diametralmente opostas. De acordo com este autor, cada padrão regional ou civilizacional de família mantém uma trajetória própria e separada, sem verificar-se nenhuma convergência em termos globais. Isso é verdadeiro para ele mesmo se reconhece o impacto da *transição demográfica* que de maneira regular reduz o tamanho da família (com a queda das taxas de natalidade e mortalidade – Therborn, 2004, pp. 230-270), e do recuo, decerto muito variável, da dominação masculina ou *patriarquia* (que incide sobre as mulheres, assim como sobre a prole).

Como se poderá apreciar, essas reflexões nos permitirão tratar de um conjunto de temas cruciais para a teoria sociológica, que se agrupam em duas linhas gerais: 1) a questão da família nos marcos do processo de modernização a nível global, relação que será também estudada empiricamente, o que demandará a consideração de uma série de casos específicos com o fim de articular nossa resposta; 2) o problema teórico mais geral dos diversos "subsistemas" sociais e das questões existenciais, concebido de maneira mais analítica, que aqui será enfrentado com especial atenção para sua dinâmica específica na modernidade e do ponto de vista da questão dos sistemas familiares.

FAMÍLIA, MODERNIZAÇÃO E TEORIA SOCIOLÓGICA

A articulação de mecanismos causais processuais e dinâmicos será, como poderemos ver, muito importante ao longo da discussão. Creio que a investigação teórica que proponho, se alcança êxito, além de contribuir para a análise de cada um dos temas aqui abordados, poderá evidenciar um valor conceptual adicional na medida em que se propõe a articular de maneira sistemática esses temas.

O que nos perguntamos, por um lado, é se há um processo de modernização da família que possa ser atribuído ao desenvolvimento de uma *tendência* que, ainda que seja processual e contingente, apresenta certa direcionalidade; por outro lado, coloca-se a relação dessa possível tendência com outras tendências que globalmente caracterizariam a modernidade. No curso do capítulo, dialogaremos com as teses e ideias de Goode e Therborn, as duas principais teorias sociológicas da família na modernidade global.

Parto da ideia de que o processo de modernização, que se desdobrou na Europa sobretudo desde o século XVIII, assumiu um caráter global. Isso não implica que o mundo se torne homogêneo. Esta modernidade – contrariamente à tese da teoria da modernização – mescla os elementos dessa civilização com outros, oriundos de outras heranças civilizacionais, gerando hibridizações. O vetor principal deste processo é a geração de uma modernidade global, que é, apesar disso, heterogênea.

Não se trata assim de um processo mecânico, nem de uma oposição entre "tradição" e "modernidade", porém tampouco leva este processo a um mundo fragmentado, uma vez que se podem identificar tendências gerais de modernização, sem fronteiras rígidas que separem civilizações – as quais a mais recente teoria das "modernidades múltiplas" se inclina a absolutizar. O esforço deste texto é exatamente, com referência a um tema específico e ao estudo de casos destacados, avançar para além dessas perspectivas sociológicas.[2]

---
2. Discuti estes textos em detalhe em várias publicações, especialmente em Domingues, 2012 e no Capítulo 2 deste livro.

Globalização e modernização

Existe um amplo e vasto debate sobre a expansão da modernidade pelo mundo, sua emergência na Europa e em outras regiões (de modo mais ou menos sequencial ou simultâneo), assim como sobre em que medida a modernidade reproduz nessas últimas os padrões que surgiram naquele continente. Como indicamos na introdução, na teoria da modernização se costumava pensar que globalizar e modernizar eram o mesmo que ocidentalizar: fazer que as sociedades não ocidentais refletissem totalmente os padrões europeus e principalmente norte-americanos.

No enfoque de Goode, extremamente sutil, apresentava-se essa tese em relação ao tema da família. Sua hipótese de trabalho, por outro lado, envolvia também o segundo tema posto na introdução. Segundo sua visão, a industrialização "solapa realmente os grandes sistemas de parentesco" e conduz a família a "alguma versão conjugal... tal qual a encontrada nos países ocidentais", embora, esclarecia o autor, não houvesse uma relação causal simples entre essas duas variáveis, ainda mais porque sob o conceito de "industrialização" se agrupassem as mais variadas e distintas ordens de fenômenos (destacando-se, entre eles, a urbanização).[3]

De fato, recordava Goode, a família já havia mudado muito antes na Inglaterra (sete ou nove séculos anteriormente), processo facilitado pela "neolocalidade": novo lar após o matrimônio, independência em relação aos parentes, individualização e baixa fertilidade. No mesmo sentido, as ideias (ideologias, valores) em torno da industrialização, uma vez desenvolvidas na Inglaterra, haviam se difundido em outros países ainda antes que esse processo tomasse impulso dentro de suas fronteiras, o que preparou as pessoas e estimulou mudanças na família. Segundo o autor, na expansão global do pa-

---

[3]. O que Goode (1963, p. 370) denomina família "conjugal" e que distingue da família "nuclear" por seus outros vínculos de parentesco é aqui referido como família nuclear, termo comum também na literatura. Ver Godelier, 2010, p. 822.

drão moderno teria sido muito importante o fato de que em cada lugar, se bem que se movendo rumo a um mesmo ponto de chegada, o processo tivesse começado a partir de situações muito distintas. Isso lhe dava uma grande variedade em termos de características e ritmos de desenvolvimento.

Finalmente, seria muito provável que as famílias tradicionais tivessem sido compreendidas de maneira equivocada, ao que se somaria uma confusão entre ideais e realidades. De todo modo, e em que pese o anterior, haveria, segundo o autor, uma clara *convergência* entre todos os tipos de família (Goode, 1963, pp. xv-xvi, 1-4, 368-369 e *passim*).

Ao revisar a discussão e a tese de Goode, Therborn aponta em um sentido claramente contrário: em sua opinião, não há convergência. Longe disso, o padrão é a divergência, que segue os caminhos de regiões definidas segundo linhas "geoculturais". Embora haja uma "globalidade", não existe um processo de "revolução mundial" da família. As transições demográficas, devidas à queda da mortalidade e da natalidade, por um lado, e uma patriarquia (ou dominação masculina) em declive em diversos graus (sem alcançar, não obstante, a igualdade de gênero), por outro, são os únicos elementos de convergência, bem limitada, que reconhece. Assim, enquanto admite uma modernização em relação à fertilidade decrescente baseada em uma tendência – moderna – a buscar o "controle racional do mundo", diferentemente de Goode não nos oferece uma concepção orgânica e clara desses câmbios e processos (sua adesão ao marxismo já havia sido deixada de lado como etapa prévia de sua evolução intelectual). As transformações na família têm, nessas condições, uma origem exógena, aparecendo a política e a lei como os elementos em torno dos quais gravita sua dinâmica, ainda que seja ela também sensível à dimensão religiosa (Therborn, 2004, pp. 10-12, 297-299 e 306).

Deixemos por ora, entretanto, as relações entre a família e as outras variáveis do desenvolvimento social e ponhamos nossa atenção em sua globalização/modernização – passo necessário, de todo modo, para que aquele tema possa ser devidamente enfrentado, em particular se não queremos confinar nossa análise ao mundo ocidental. Em vez de desempacotar de modo imediato um argumento teórico, examinemos brevemente três casos concretos: Índia, China e América Latina. Suponho, cabe esclarecer, que os casos da Europa e da América do Norte, para além de suas diferenças, são fundamentalmente similares.

A Índia apresenta um dos casos mais interessantes e complexos de família contemporânea. Singh (1986, pp. 174-184), que tem simpatia pela ideia de que a modernidade está avançando na Índia, e outros especialistas no tema (Shah, 1998; Patel, 2005; assim como Therborn, 2004, pp. 108-112) coincidem no fundamental e assinalam que no subcontinente continua vigente a "família hindu conjunta" (termo que, a rigor, não existia nessa região – que inclui o Sri Lanka e o Paquistão – e que terminou por ser traduzido do inglês para os idiomas locais). Essa vigência, cabe esclarecer, se dá sobretudo em um plano ideal, pois em termos concretos a família nuclear predominou entre os camponeses e segue predominando em grande medida. Ao largo da história, a nuclearização da família é parte de um ciclo mais largo que abarcou em outros momentos a residência conjunta. Contudo, é necessário ter em mente que a mera localização isolada da família pode ocultar os laços afetivos que assinalam seu caráter conjunto, laços que inclusive podem ser muito fortes. Nesse sentido, a família indiana não foi nem é nuclear do ponto de vista ocidental.

Não só os hindus reafirmam as formas tradicionais, senão que, na medida em que servem como modelo a siques e muçulmanos (no Paquistão encontramos a mesma tendência), as castas baixas passam às vezes por um processo de "sanscritização" em que o modelo de família das castas superiores é emulado (havendo, não obstante, uma grande variação nas formas específicas que adota em cada região do país).

Apesar de tudo, nesse sistema familiar, ao que parece um dos mais resistentes à mudança no mundo (e no qual não é infrequente que as mudanças somente se deem no que se refere à esfera pública e não no interior dos lares), as transformações existem: o poder e os laços emocionais tendem a uma maior "nuclearidade" e "individualização"; os envolvimentos laterais perdem força em favor da conjugalidade e da filiação; as mulheres das camadas médias, quando são autorizadas por seus cônjuges e pais, têm a possibilidade de trabalhar fora do lar; a seleção dos cônjuges depende cada vez mais dos próprios indivíduos – mais além das alterações nas articulações entre castas (estendidas) e o recurso a formas modernas (mediante os meios de comunicação de massas) de procura de candidatos ao matrimônio; o poder dos pais sobre sua descendência já não possui a intensidade e a generalidade de controle que tinha no passado, embora siga sendo importante. Seja como for, é preciso destacar que existem pujantes e variadas tensões e que as resistências à mudança, como indicado, são moeda corrente.

Como se se tratasse de mostrar que a Ásia como tal não existe – e que os padrões civilizatórios e as dinâmicas concretas nessa vasta região são muito distintos –, a família na China teve sempre características bem diferentes daquelas encontradas no subcontinente índico, adquirindo outras com sua modernização, que a distanciaram ainda mais. Com a influência do confucionismo, a família na China se fez relativamente homogênea no território certamente amplo do império. Entre os componentes deste sistema familiar encontravam-se o culto aos antepassados, a piedade filial e a coabitação, combinadas com uma baixa colateralidade – resumida à relação entre irmãos (casados ou não) ou às concubinas.

Cabe esclarecer que tanto a coabitação de três gerações como a colateralidade se davam somente entre as classes altas, havendo muitos homens pobres incapacitados para o casamento por falta de recursos. Os clãs, como laços familiares estendidos, cumpriam por sua vez um papel importante na vida social. Contudo, com o processo de modernização, primeiro a partir da revolução socialista e a seguir com o desenvolvimento do capitalismo (desde finais da década de 1970), as mudanças foram e são enormes, em grande medida, se bem que não somente, originadas das políticas estatais (que incluem a limitação do número de filhos a somente um). Neste marco, ao tempo que se acentuou a nuclearidade da família (mesmo quando a habitação intergeracional seja muitas vezes inevitável por causa dos graves problemas de moradia), a piedade filial se debilitou e a patriarquia, ainda que siga forte, não se manteve intocada (se cabe ainda às mulheres cuidar dos anciãos, inclusive dos pais de seus esposos, por outro lado se aprofundou, a partir das restrições à concepção, a preferência – às vezes assassina – pelos filhos varões, sobretudo no campo).

É essencial, portanto, indagar: qual é a relação desses processos com as variáveis tradicionais da teoria da modernização? Enquanto as políticas sociais centradas no combate aos clãs (abandonada já nas aldeias) e de apoio à mulher pareçam importantes na produção dessas transformações, a industrialização não parece ter um impacto significativo, mesmo quando os fenômenos relativos à urbanização e as pressões do mercado de trabalho impliquem uma concentração dos arranjos e investimentos afetivos nas unidades familiares mais elementares. Vale destacar, de todo modo, que a família conjunta ou estendida mantém sua importância ou presença no campo (Zeng, 1991; Ebrey, 1991; Botton Beja, 1999; Davis e Friedman, 2014).

Goode (1963, pp. 270-320) via na família chinesa um exemplo de mudança modernizadora, conduzido fundamentalmente pelo projeto comunista de renovação profunda da sociedade segundo modelos ocidentais, processo que segundo o autor precedia e, na verdade, facilitaria a industrialização (algo no que parece haver acertado). Therborn (2004, pp. 119-122), por sua parte, mesmo que mantenha uma visão pluralista e não convergente sobre a família contemporânea – insistindo nesse sentido em que a família conjunta segue vigente em muitas partes da China –, não tira a importância desses processos, em contraste com o que pensa em relação à Índia e a sua família conjunta. Em relação a esta última região, Goode (1963, pp. 203-269), como se poderia esperar, se mostrava muito mais "otimista" sobre a "direção" da mudança rumo à nuclearização da família (concepção que se baseava em uma visão corrente entre os sociólogos indianos naquele momento). Segundo sua opinião, esse processo não resultava tanto da industrialização e de outras transformações da estrutura social, mas sim de certos fatores ideológicos. Na medida em que sua "quantidade" ou magnitude era, não obstante, menor que a registrada em outras latitudes (salvo no mundo árabe, onde ainda predominava a *hamula*, a família estendida, e o clã), sua análise, segundo reconhecia, constituía no momento mais um prognóstico que uma descrição.

A América Latina, por sua vez, parece avançar, ainda que de modo desigual, de acordo com países que partem de situações bastante distintas, na direção de uma potente modernização e flexibilização da família que segue de perto o padrão ocidental. Essa nuclearização tem, entretanto, especificidades segundo o caso. Durante o período colonial, e mesmo ao longo do século XIX, a região apresentava uma ampla variedade em seus tipos de família, com um padrão que muitas vezes combinava o tipo estendido com o absenteísmo masculino, nas classes superiores latifundiárias, mas também nas classes populares, particularmente em áreas de população indígena (os escravos, cabe recordar, podiam em geral procriar, mas não se casar). Embora tenha havido no século XX uma tendência à nuclearização da família, em um contexto ainda marcado pela ausência, na maioria dos casos, da industrialização – mas com um altíssimo grau de urbanização –, o padrão se manteve complexo e heterogêneo, exibindo famílias nucleares e estendidas, muitas vezes com uma mulher à frente do lar.

As separações são, neste marco, muito comuns, especialmente em países como a Argentina, o Uruguai e o Brasil. Se a patriarquia, por sua vez, mantém seu domínio, em particular em países como o México, existe, de modo geral, um alto grau de individualização e autonomia, que inclui as mulheres. Entre as várias especificidades das famílias latino-americanas, vale notar que, por volta da década de 1970, a transição demográfica estava já realizada (havendo inclusive quem fale de uma segunda onda de cunho mais cultural) (Medina Echevarría, 1964, 33-38; Ariza e Oliveira, 2001; García e Lorena Rojas, 2002; Arriagada, 2002 e 2004; Quilodran, 2003; Rodríguez Vignoli, 2004; Therborn, 2004, pp. 18-19, 34-37, 90-91, 157-160; Domingues, 2008, pp. 150-152, 179-186).

Enquanto Goode parece assimilar em termos simples a família latino-americana à ocidental, Therborn (2014, p. 72) cria uma categoria que, curiosamente, só cabe à América Latina (e à África). Ele fala de uma "falocracia" como típica da região, como se os problemas que identifica (e os quais talvez invente) não estivessem presentes também em outras partes do mundo (incluindo os Estados Unidos e a Europa).[4]

O que se pode derivar desses exemplos e das questões teóricas vinculadas a eles é que, levado tudo em conta, existem mudanças gerais de caráter global na estrutura da família, que não implicam, deve-se enfatizar, uma convergência sem mais. O que vemos é, antes, um processo de *hibridização* que, para além da transição demográfica e da debilitação da patriarquia, conduz a uma maior individualização e nuclearização, com certo grau, portanto, de convergência, que não é de maneira alguma absoluta.

Essas tendências, segundo vimos, se dão em graus muito diferentes, de acordo com as regiões: na América Latina, se expressam de maneira radical; na China, de modo bastante forte; na Índia, de modo muito mais limitado (o mesmo ocorrendo no mundo árabe; o Japão por sua parte se acercando decisivamente do modelo ocidental). Neste marco, é possível identificar um conjunto de fatores ou elementos a partir dos quais se pode elaborar uma explicação, não somente das mudanças, mas também das permanências, pois elas também necessitam ser analisadas. Em nenhum caso, é preciso esclarecer, estamos lidando com processos naturais como supunha

---

4. Vale notar que, assim como no Ocidente, na América Latina essa segunda transição, que tem na pluralização das famílias aspecto fundamental, embora variável segundo os diversos países, inclui cada vez mais aquelas baseadas em uniões homoafetivas.

o evolucionismo das teorias da modernização – para além da sofisticação de Goode –, ou como parecem supor, ainda que de forma menos definida, certos autores dedicados à identificação empírica dos distintos padrões regionais de família – entre eles Therborn, que não propõe nenhuma explicação para esses fenômenos.

Em primeiro lugar, a urbanização apresenta uma correlação empírica mais ou menos direta, embora não absoluta, com as mudanças da família, o que não significa, todavia, industrialização. Uma extensa literatura (Quijano, 1977; Nun, 2001; Kowarick, 1977; Lezama, 1993) sobre essas duas supostas tendências empíricas de desenvolvimento da modernidade – que ao fim e ao cabo não se verificaram por todos os lados – foi produzida nos anos 1970-1980 na América Latina. Colocou-se então uma "teoria da marginalidade" em que os traços típicos do capitalismo neste subcontinente (com formidável presença do capital monopolista e da grande propriedade agrária) eram identificados como os responsáveis por uma urbanização sem industrialização, ou com uma industrialização limitada e incapaz de gerar os postos de trabalho necessários para a absorção dos trabalhadores chegados do campo às cidades.

Essa situação contrastava com o ocorrido nos países centrais (se bem que no caso europeu não se deva desconsiderar o fenômeno da emigração). Creio que essa teoria, que em seu momento gerou profundas controvérsias, segue sendo válida para a América Latina e também para outras áreas do mundo "subdesenvolvido" (como a Índia, o Paquistão e vários países das periferias e – já hoje – semiperiferias).

Vale dizer que, se essa teoria identificou uma correlação, quase estatística, é preciso ainda reconstruir os mecanismos gerativos e reiterativos que a explicam ou geram. Para isso, o conceito de *desencaixe* (Giddens, 1990; Domingues, 2002, caps. 1-2) parece particularmente útil. Segundo esse conceito, frente à desestruturação, em grau variável, dos padrões de ação ou conduta ditos "tradicionais", os indivíduos e coletividades experimentam uma situação de abertura identitária que demanda um *reencaixe*. Nessa situação, os padrões anteriores mantêm sua importância como fonte das *memórias* individuais e coletivas que devem ser retrabalhadas para que a reconstrução identitária possa ser levada a cabo.

Por outro lado, um fator igualmente importante parecem ser, como supunha Goode, os valores, em particular o da *liberdade igualitária*. Embora a institucionalização desse valor nunca tenha correspondido às demandas e tensões que impõe a vida social concreta (que raramente corresponde ao que se fixa como horizonte de possibilidade), ele é crucial na emergência e no desenvolvimento da modernidade. Através dele mesmo, os indivíduos e as coletividades se veem em uma situação em que uma nova – potencial mas não inevitável – orientação axiológica implica uma maior autonomia, em um contexto no qual, por outro lado, a expansão do *mercado* e a construção do Estado moderno, com seu conceito central de *cidadania*, geram uma maior individualização (o que na Europa, carece de recordar, somente resultou de um largo processo histórico). Se valores como este são em parte, por assim dizer, importados do Ocidente, estão também profundamente conectados com as mudanças efetivas que se desdobram nos países periféricos e semiperiféricos, seguindo de perto o ocorrido nos centrais (Domingues, 2002, cap. 1-2; 2008, cap. 1; 2012, caps. 6-9).[5]

Isso posto, perguntemos: por que em países como a Índia, onde aqueles elementos ou fatores – a urbanização e a mudança dos valores – não estão de todo ausentes, as transformações são tão limitadas? Nesses casos, intervêm outros mecanismos que *funcionam como contrapeso* à ação daqueles elementos que levam à alteração dos padrões civilizatórios, mencionados por Therborn, produzindo

---

5. Uma advertência se faz aqui necessária. A *individualização* é, sem dúvida, um assunto tão amplo como central nas ciências sociais. Nos limites deste trabalho, porém, apenas podemos tratá-lo de modo breve, dando ênfase à autonomização das pessoas em relação às coletividades em que se encontram envolvidas.

sua reiteração ou reprodução. Antes de tudo, convém enfatizar que a família – assim como as concepções religiosas, com as quais se encontra profundamente entrelaçada – constitui um *nó* fundamental e extremamente intenso de concentração de afeto, como o são de modo mais geral o que muitos nos Estados Unidos classificam desde Cooley (1909, cap. 3) como "relações primárias", em termos temporais e de proximidade.

Isso gera, como bem sabia Freud, *memórias* intensamente *carregadas de emoções*, fundamentais para a construção da identidade individual e coletiva (Domingues, 2002, caps. 6-8; 2008, cap. 3; 2012, caps. 6-8), sobre as quais o trabalho da criatividade (não somente aquele individual senão também, e principalmente, o coletivo) é árduo e custoso, sendo seu resultado muitas vezes limitado. A personalidade e a identidade de cada um, cuja criação (ou "socialização") transcorreu em famílias cujos padrões muitas vezes pouco se alteraram e/ou seguem sendo sustentados como socialmente desejáveis, se encontram implicadas de uma forma muito sensível nessas mudanças.

Os padrões, ademais de operar como modelos sociais, se veem reforçados na medida em que são compartilhados com outros círculos próximos (quer dizer, também "primários", como os vizinhos). Se o poder masculino adulto dá conta em boa medida da vigência da patriarquia, a intensidade e a cristalização (sempre parcial) dos afetos constituem componente também fundamental em sua reprodução (entre homens *e* mulheres, meninos *e* meninas), fazendo da "mudança cultural" um processo longo, difícil e com frequência doloroso. Nesse sentido, são as razões para a mudança as que, mobilizando os mecanismos que levam à família nuclear, devem ser investigadas e não, ao contrário, as razões que explicam por que mudam pouco os sistemas familiares. A rigor, é preciso considerar aqui uma via de "mão dupla", formada por *tendências* e *contratendências*, que se contrapõem ou complementam, e a partir das quais se produz uma *resultante* que dá conta dos processos concretos através dos quais se desenvolvem os distintos países e regiões.⁶

Por meio dessa estratégia, a simples contraposição convergência/divergência perde sentido, sendo possível, quero crer, explicar as variações mais amplas e gerais tanto como as mais delicadas e sutis que se encontram nas "sociedades" modernas contemporâneas. Isso significa que há tendências de desenvolvimento, mas que também há outras que resistem à mudança ou que conferem nova direção à modernização. Ambas as tendências, que o que denominei de *conceitos-tendência* permite captar de modo preciso, se mesclam, produzindo combinações cuja direção esses conceitos não podem dizer *a priori*, na medida em que se trata de processos necessariamente *contingentes* (ainda que não arbitrários).

Há distintos tipos de *giros modernizadores*, "episódicos", deslanchados por indivíduos e subjetividades coletivas, que estão na base desses processos, cujo desenvolvimento tendencial se busca aqui assinalar. Esses giros, cabe apontar, são eles mesmos mecanismos que secretam outros processos, os quais podem, em função da criatividade individual e social, tomar outros rumos, sem escapar jamais de todo das memórias sociais cristalizadas em projetos, rotinas, instituições, elementos imaginários e valores. Isso não quer dizer que esses giros sejam sempre intencionais, em particular se falamos de coletividades cujas metas soem ser muito dispersas e inclusive internamente contraditórias, embora várias entre elas – como muitas vezes as famílias elas mesmas – evidenciem um alto grau de

---

6. Dialogo nesse ponto com a obra de Bhaskar (1975) e sua proposta, em minha opinião equivocada, sobre o significado dos conceitos de *tendência* e *mecanismo* (os quais *reifica* como "propriedade" das "coisas"), e sua afirmação de que somente um deles prevalece em cada situação. Contra essa segunda tese, afirmo: os mecanismos são também processos que tendem em uma direção e que produzem regularmente outros processos, os quais devem ser explicados por eles (isso esclarece por que não é necessário pensar que somente uma tendência estaria operando).

centramento, vale dizer, de identidade e organização, cujas consequências incluem um alto grau de intencionalidade.[7]

Dado o anteriormente exposto, é possível afirmar que existe uma modernidade global em que a família se hibridiza, resultando uma convergência que, se muitas vezes é limitada, não deixa de ser real. Nesse sentido, por exemplo, se buscássemos os dados empíricos pertinentes, ficaria claro que a posição funcionalista (parsoniana e smelseriana) poderia ser efetivamente generalizada a nível global na medida em que houve de maneira geral uma *clara especialização da família* (mesmo quando se pudesse apresentar algum contraexemplo).

A família, nesse sentido, já não desempenha todas as tarefas que anteriormente cumpria (educação, trabalho etc.), ou as cumpre de modo parcial, concentrando-se agora na reprodução biológica, afetiva e social de seus membros. Sua "especialização de papéis" assume, porém, uma fluidez maior que aquela de corte patriarcal que o funcionalismo havia suposto a partir da experiência americana da primeira metade do século XX. Essa questão do desenvolvimento e do estabelecimento de uma modernidade mundializada se vincula diretamente com o segundo tema colocado na introdução, quer dizer, com as relações ou os elos que vinculam – ou não – os diversos aspectos constitutivos e as questões fundamentais da vida social.

A família, as "dimensões" da vida social e as "questões existenciais"

Como mencionamos na introdução, a ideia de que houve uma especialização da família e que esta – que deveria ser pensada nos termos mais amplos dos sistemas de parentesco – já não se encontra

---

7. Para os fundamentos dessa discussão, a que retornarei, em parágrafos posteriores, de outro ângulo, consultar Domingues, 1995a e 1999, onde se desenvolve de modo integral uma *teoria da subjetividade coletiva*, assim como Domingues, 2008, 2012 e o Capítulo 2 deste volume, no qual essa proposta se combina com a sociologia da modernidade.

no centro da coordenação de todos os sistemas sociais está bastante difundida. Marxismo e funcionalismo coincidiam nesse ponto. Com efeito, houve no processo evolutivo humano (que sempre deve ser pensado de maneira contingente) uma complexificação radical da vida social que, pode-se sugerir, fez da família um tipo de sistema social mais entre outros, nem tão central, nem tão abrangente.

Se olhamos mais detidamente, que quer dizer isso? Em princípio, que a família, em suas diversas formas, já não opera como um elemento central da articulação da economia, da política e do mundo religioso ("dimensões" que costumam ser de maneira mais ou menos direta identificadas empiricamente); por outra parte, que a família nas sociedades modernas já não mantém uma centralidade comparável à que teria antes na reprodução biológica, emocional e social das pessoas. Não obstante, é preciso analisar e avaliar detidamente o que isso significa. Para tanto, sem desconhecer seus méritos, faz-se necessário ir além das ideias funcionalistas – muito difundidas e muitas vezes assumidas inadvertidamente pelos investigadores – que definem a família no marco da diferenciação dos sistemas e subsistemas sociais.

Questionar essas certezas nos permitirá perguntar-nos acerca do vínculo e dos impactos causais dos distintos "subsistemas", para empregar um vocabulário originalmente funcionalista. A noção de *questões existenciais* individuais e coletivas, histórico-sociais, nos servirá para dar este passo. Como organizar a vida social? Como relacionar-se com a natureza? Como reproduzir os indivíduos enquanto tais e em sua inserção social? Como satisfazer os desejos sexuais? Que sentido atribuir a todo esse universo e à trajetória individual e coletiva? Essas são temáticas ou questões frente às quais todos os indivíduos e coletividades têm que dar uma resposta. É preciso esclarecer que, quando falamos do desenvolvimento da modernidade, é importante pensar que cada uma dessas questões tem seu próprio desdobramento concreto e que, portanto, não se trata de buscar um "pacote" geral que abarque todos os aspectos da vida social. É necessário proceder com cautela, buscando como os giros modernizadores operam em relação a cada uma dessas questões e como a solução ou resposta a cada uma delas impacta nos outros aspectos da vida social e nas soluções que se propõem para as outras questões. Assim podemos avançar em relação ao marxismo, ao funcionalismo e até mesmo à multidimensionalidade da teoria weberiana, ainda que todos tenhamos bastante a aprender com todas essas perspectivas.

Analiticamente, é possível decompor a vida social em algumas dimensões fundamentais: a material, que leva a cabo o intercâmbio produtivo ou de consumo com a natureza; a do poder, que responde pela repartição de recursos e capacidades para intervir na vida social e dar-lhe direção; a hermenêutico-simbólica, através da qual se constrói o sentido que se atribui ao mundo; a espaçotemporal (social ainda que baseada na material), que define de maneira heterogênea o desdobramento do tempo em sua ligação estreita com o espaço (Domingues, 1995a, cap. 8).

Todas essas dimensões são estruturantes – são "condições de possibilidade", seria dito kantianamente, mas aqui nos referindo a agentes e práticas sociais concretas, não a problemas epistemológicos abstratos – das interações sociais, sejam fugazes ou altamente institucionalizadas.

As perguntas levantadas anteriormente são encaradas ou respondidas sempre por *sistemas de interação – sistemas sociais* ou *subjetividades coletivas* – nos termos de sua constituição interna e de sua relação com outros sistemas. Os sistemas ou subjetividades coletivas mais importantes ou difundidos tendem a se institucionalizar, ou seja, a encontrar padrões que se reiteram no tempo (ainda que a mudança que se produz de modo cotidiano nas interações faça com que esta institucionalização seja sempre parcial e possa, de maneira rápida ou gradual, mudar profundamente).

Em todos esses sistemas ou, em outras palavras, coletividades, encontramos aquelas dimensões. A família e as relações de parentesco mais amplas não são uma exceção. De fato, em muitas das formas sociais de menor complexidade – embora, como vimos na introdução, isso não seja absoluto nem universal – respondiam a várias questões de maneira muito direta. Em particular, respondiam pelas *questões existenciais* da reprodução da vida, dos seres humanos, da regulação da construção e regulação dos gêneros e da sexualidade, assim como pelo lugar da prole na hierarquia social e a herança que cabe a cada indivíduo, garantindo a transmissão da propriedade privada, assim como a reprodução hierárquica dos sistemas simbólicos e os *rankings* sociais (o que implica a identificação da prole pelos homens, dominantes – como supunha Engels, vale dizer).

Hoje em dia ainda o faz, porém seu âmbito de ação se reduziu notavelmente, sofrendo muitas daquelas questões sua influência somente de modo indireto, assim como a dos sistemas de parentesco, em especial nas regiões em que impera a família nuclear, ao passo que a construção e regulação do gênero, da sexualidade e da herança material e imaterial permanecem em seu cerne (Godelier, 2010, caps. XII-XIII).

Assim, se no passado o impacto da família – e, de maneira mais geral, das relações de parentesco – era central (ainda que nunca absoluto e sempre entretecido e muitas vezes subordinado em larga medida à dinâmica de outros sistemas sociais), sua influência atual sobre as questões políticas é relativamente reduzida. Contudo, se nos detivermos, por exemplo, na *hamula* árabe ou, de novo, no antigo clã chinês, poderemos ver que ainda exerce uma influência poderosíssima (que não minguou, como no primeiro caso, ou que até se renovou, como ocorre no segundo).

Do mesmo modo, a família era fundamental para a reprodução da dimensão material das formações sociais. Hoje isso continua sendo assim, mas de um modo distinto, talvez com uma menor intensidade. Ou por acaso é possível duvidar da importância das decisões, estratégias e laços familiares para o desenvolvimento global do capitalismo, seja no Ocidente, seja no mundo latino-americano, árabe, japonês ou indiano? No plano hermenêutico, segue sendo fundamental, por meio das "identificações" identitárias de filhos e filhas com pais e mães, bem como pela transmissão do instrumental "cultural", de uma bagagem simbólica, contribuindo para a legitimação das pertenças sociais e dos contatos hierárquicos.

Finalmente, a reprodução individual e social, as relações de gênero, bem como a vida sexual, são questões que continuam sendo produzidas e reguladas em grande medida pela família ou que encontram nela o foco fundamental a partir do qual se estruturam. Mesmo quando nos marcos de uma complexidade evolutiva acrescida distintos sistemas se hajam concentrado em alguns dos âmbitos da vida social e na resposta prática – e também teórica articulada pelos intelectuais (ideólogos, especialistas espirituais, "sistemas peritos", esquemas disciplinares, governamentalidade etc.) – a questões existenciais, individuais e sociais, devemos evitar as delimitações demasiado fixas que fazem dos sistemas compartimentos estanques em nome de uma suposta especialização funcional. Cada "subsistema", incluída a família (seja estendida, seja nuclear), tem que lidar com essas questões de uma ou outra maneira. Se, em algumas questões (como a economia e a política), seu tamanho parece importar na hora de incidir e exercer efetivamente seu poder, em outras, mais vinculadas ao âmbito da intimidade, não parece possível decidir de um modo geral sobre o impacto relativo que tem sua extensão.

Por outro lado, é preciso observar que a família conforma já em si mesma *um espaço-tempo próprio* – dimensões que se mesclam e têm conformação variável e específica se pensamos segundo a teoria da relatividade e não de acordo com a física newtoniana-kantiana (na qual o espaço e o tempo são definidos separadamente e como se fossem homogêneos), como costuma ser o caso nas ciências sociais (ver, para mais detalhes, Domingues, 1995b). Como subjetividade coletiva ou, em outras palavras, como um sistema de interação que se estende latitudinal e longitudinalmente pela vida social, a família conforma um nó afetivamente carregado, assim como delineado socioespacialmente, com *fronteiras e ritmos* de desdobramento específicos e distintos dos de outros sistemas de interação (que respondem de outra maneira às diversas questões sociais existenciais). De modo também que, seja de maneira mais rápida (como na América Latina ou na China), seja de maneira mais lenta (como na Índia, no Paquistão ou no mundo árabe), suas conformações espaçotemporais, dependendo de se são mais estendidas (de tipo conjunto ou em formas similares) ou mais reduzidas (principalmente de tipo nuclear), encetem relações variáveis com outras subjetividades coletivas (o sistema econômico capitalista ou o Estado, os peritos da psicologia ou dos serviços sociais) em sua interação e condicionamento causal mútuo.

Obviamente, isso implica reconhecer a existência de direções e ritmos heterogêneos de modernização no espaço-tempo social. Isso, ao contrário do postulado pela teoria da modernização e pelo marxismo, que realmente reconheciam possíveis faltas de sincronia momentâneas entre as "dimensões", "estruturas" ou "subsistemas", de modo geral, supunha a existência de um encaixe homogeneizador ou integrador no final do processo (questão que sempre, é claro, se demonstrou problemática quando se analisavam situações concretas de mudança social). Cumpre reconhecer, contrariamente a essas teorias, que as discrepâncias são constitutivas da vida social, com suas múltiplas e variadas configurações e desdobramentos.

Levando-se em conta essas considerações, qual é então o impacto da família como tipo particular de sistema social? Será que não influencia já os outros processos sociais? Muitos estudiosos dos processos de modernização compartilham esta opinião. É verdade que dificilmente alguém sustentaria tal posição no que concerne às relações de gênero, às gerações e a outros aspectos em que a família é, de modo ostensível, central. Entretanto, e como já sugeri, seria do mesmo modo impossível afirmar que a política não é afetada pelo processo de individualização que historicamente acompanha o desenvolvimento da família nuclear – globalmente –, e que contribuiu, de fato, para a formação do Estado moderno. Neste, o cidadão é definido de acordo com uma existência abstrata que supõe sua separação absoluta de qualquer laço social estendido, mesmo quando, no caso das mulheres, a cidadania civil (parcial) não correspondia à cidadania política, e em que pese que, mais além das abstrações estatais, sempre houvesse na realidade indivíduos e coletividades concretas com variadas características – inclusive famílias extensas (o que já não tinha lugar nos países ocidentais, salvo entre a nobreza nos séculos XVII-XIX) (Domingues, 2006, caps. 3-5; Pateman, 1988).

Some-se a isso que, como já mencionado, a própria industrialização foi originalmente impactada pela nuclearização da família, que, como observou Goode, foi decisiva na liberação das pessoas dos laços que limitavam sua mobilidade e a venda de sua força de trabalho – processo que, como observou este autor, na Inglaterra ocorreu antecipadamente, vinculado a uma individualização de mais largo prazo (ver também Macfarlane, 1978, p. 166, em especial).[8]

Se é verdade que muitas vezes a família mudou sob o impacto da modernização – construção do Estado moderno, industrialização, urbanização calcada no mercado (inclusive quando a indústria enquanto tal esteve ausente) –, isso nem sempre teve lugar, como ocorreu com a família conjunta na Índia, caso no qual se resiste também reiteradamente às mudanças legais e formais. Em outras palavras, é necessário complexificar as relações de causalidade que se dão no processo de mudança da família na modernidade global, propondo

---

8. Este foi também um tema forte da obra weberiana. Segundo esse autor, o ascetismo protestante permitiu a ascensão de um individualismo que rompeu com as famílias extensas – sendo os laços de sangue tradicionais (dados e rígidos) substituídos pela comunidade aberta dos fiéis e do modo de vida. Essas famílias, que seguiram vigentes na Índia e na China, foram, segundo o autor, um persistente obstáculo para o desenvolvimento do capitalismo "racional" (o Estado moderno também contribuindo para isso). Ver Collins, 1986, pp. 267ss. Vale notar também que Weber não via a família de modo algum como estando na origem da sociedade (embora rechaçasse a ideia de promiscuidade selvagem), o que hoje parece algo comprovado, a despeito de Lévi-Strauss, assim como é no caso da "horda primitiva" de Freud. Ver Godelier, 2010, caps. XI-XII.

mecanismos explicativos mais refinados para dar conta daquilo que se pode identificar de modo empírico.

Nesse contexto, destaca-se a questão da individualização e seu vínculo, em princípio estreito, com o estabelecimento da família nuclear, sendo a direção do impacto causal histórico entre esses dois elementos uma questão tradicionalmente muito espinhosa. Talvez se possa ter individualização e família extensa, porém historicamente isto não aconteceu, ao menos ainda não, o que pode mudar no futuro – tempo por definição imprevisível, sobre o qual, de todo modo, se podem construir hipóteses plausíveis, como espero que esta seja.

Em função de avançar na análise da modernização global da família, estas são seguramente algumas questões que não se pode desconsiderar e que espero possam ser retomadas e aprofundadas, possivelmente de maneira inovadora em relação ao funcionalismo evolucionista, ao empirismo temperado e ao eurocentrismo (que ao menos implicitamente segue predominando nas ciências sociais – ainda em relação à América Latina, seja tomando-a como mera extensão da Europa ou como um caso com traços aberrantes).

Supor, como fazem alguns, que há sistemas sociais cujos padrões estão internamente inclinados de maneira absoluta, e ao que parece espontânea, a serem imutáveis é adotar um viés teórico insustentável (mesmo quando existem poderes e perspectivas que resistem à mudança). É essencial, ao contrário, uma visão mais dinâmica, já que, inclusive, a dimensão hermenêutica da autonomia/liberdade é *interna* à família e não meramente externa. Inclusive quando incidindo fora do Ocidente, se essa dimensão se colocara inicialmente e em boa medida como um componente imaginário a ser importado, ela está cada vez mais enraizada nas dinâmicas concretas, nas mais amplas e nas mais íntimas.

É preciso dar ênfase, nesse sentido, ao fato de que não somente através da lei e do Estado se produzem as mudanças e o enfraquecimento (às vezes muito limitado) da patriarquia. Esses processos podem afirmar-se também a partir de conflitos internos à própria família, que não é, como indicamos, uma "dimensão" empírica isolada e fechada frente aos outros sistemas sociais. Longe disso, trata-se de uma forma de interação institucionalizada na qual os valores incidem de modo constitutivo, como uma dimensão própria (e não como simples elementos externos) contra as pressões e resistências ou, em outras palavras, contra a violência multidimensional aplicada pelo poder.[9] Não por acaso é nas cidades, em situações nas quais os desencaixes têm mais presença, em que as demandas por mudanças (na patriarquia, na mobilidade social e psíquica, na individualização e na liberdade) desfrutam de maior impacto.

Conclusão

Neste capítulo investigamos a evolução global da família moderna em dois planos teóricos: em termos de sua globalização/hibridização e em termos de como responde a certas questões existenciais e se relaciona dinamicamente com outros sistemas sociais. Buscamos afirmar, embora de modo matizado, a ideia de uma modernização global da família, assim como complexificar a ideia de autonomia dos sistemas e sua impossível imobilidade natural. Como vimos, mesmo quando nem sempre se o explicite, os temas aqui abordados estão intimamente vinculados, podendo-se afirmar que existe uma tendência de desenvolvimento da família, que a altera e transforma, com a operação contrária de outra, originada na rotina e nas resistências, que a vincula às formas pré-modernas. Essas tendências, como vimos, se combinam com outras, também cruciais, no desdo-

---

9. Aqui se localizam, por exemplo, algumas das curiosas tensões – que se insinuam em relação à esfera privada da classe média hindu ao fim do período colonial – trabalhadas no interessante livro de Chakrabarty (2000). Os valores da liberdade igualitária são visíveis, de modo claro, no comportamento de muitas mulheres que, se desde sua posição "subalterna" (Spivak, 1988) "podem falar", devem fazê-lo com frequência sob uma opressão acentuada.

bramento da modernidade no plano global. Para seu estudo, apelamos a alguns exemplos empíricos (Índia, China e América Latina) não como um fim em si mesmo, mas como forma de dar sustentação aos giros conceituais que aqui propomos.

A família é um elemento-chave na vida social, um fenômeno com um alcance e uma profundidade que poucos possuem. É difícil entender assim a escassa atenção que se costuma dedicar a ela nas teorias sociológicas e sociais. Esse descuido conceitual constitui, sem dúvida, uma amostra grave das limitações que essas teorias apresentam atualmente.

7. As formas básicas da interação social[1]

A interação social é uma questão central na teoria sociológica. Pode ser pensada de acordo com um modelo interacionista, no qual se destaca como o elemento mais básico do tecido social, de fato ontologicamente; ou pode ser vista segundo uma perspectiva individualista, na qual constitui mero resultado da ação de atores individuais; ou, ainda, como o resultado do impacto de fenômenos coletivos, caso este em que os processos interativos são um elemento secundário na constituição da vida social. A interação pode ser vista como tendo lugar apenas entre indivíduos, mas pode ser compreendida como ocorrendo entre coletividades também.

Diferentes combinações e abordagens desse tipo podem ser encontradas na teoria sociológica: a forma "diádica", assim como formas maiores, tais quais teorizadas explicitamente por Simmel (1908) e um pouco menos em Marx (1867), no que se refere à forma "mercadoria" e às relações entre classes sob o "capital" (reificadas como coisas pela economia política e desreificadas em sua teoria crítica); bem como no intercâmbio interativo entre indivíduos e coletividades, em Mead (1927-1930), como a mais conspícua

---

1. Publicado em *Miriada*, v. 13 (2017).

expressão do processo social (ao que autores como Parsons, 1951, e Habermas, 1981, mais tarde apresentaram suas próprias contribuições). Uma vez que assumam o aspecto de práticas regulares e de relações sociais constantes, as interações se tornam *instituições* sociais, como articulado pela linguagem sociológica (ao menos desde Durkheim, 1893).[2]

Não é meu objetivo aqui aprofundar o significado da interação, embora sua compreensão como ontologicamente constitutiva da vida social, bem como tendo lugar entre indivíduos e coletividades, vá guiar meus argumentos neste texto. Na verdade, a certa altura irei parcialmente elaborar a ideia de subjetividade coletiva de modo a emprestar sentido mais plenamente a algumas questões que se encontram no cerne de minha exposição. Mas o foco aqui é um tanto mais restrito.

Este texto se ocupa das *modalidades básicas da vida social*, abarcadas pelo que quero chamar de *princípios de organização* e *princípios de antagonismo*. Eles visam a mapear e a cobrir, no plano analítico, as maneiras pelas quais indivíduos e coletividades interagem, com uma reivindicação de validade universal. Ou seja, os princípios que introduzirei aqui teoricamente exaurem o que são as inclinações interativas de indivíduos e subjetividades coletivas, mas também seus desdobramentos concretos. São propostos em termos analíticos que podem se combinar de modos distintos, dentro do escopo dos princípios de antagonismo e dos princípios de organização, bem como entre essas duas modalidades de interação, ainda que seja possível que apareçam isoladamente.

Esses princípios têm de ser desagregados em dois outros componentes analíticos: os princípios de organização dependem dos mecanismos de coordenação, ao passo que os princípios de antagonismo dependem dos mecanismos de oposição para concretamente se de-

---

[2]. A formulação idiossincrática recente de Boltanski (2009, pp. 119-123) do termo "instituição" nesse sentido não ajuda nada.

senvolver nas interações. Por sua vez, ambos dependem dos fundamentos de justificação, internos bem como externos aos agentes que participam das interações, salvo quando apenas violência as tece, externamente, possibilidade rara e extrema, que tende a não se aplicar aos processos interativos concretos, ou a se dissolver neles. As justificações implicam validade em termos lógico-simbólicos, e legitimidade, do ponto de vista social. Podem ou não ser internalizadas pelos atores individuais (como, respectivamente, normas ou regras, no primeiro caso gerando motivação e compromisso psicológico); em todo caso, descansam sobre a adequação social em termos normativos, bem como empírico-cognitivos, isto é, em relação ao que é socialmente esperado e ao que concerne a sua simples compreensão. Discutiremos no que se segue todos esses aspectos, assim como conteúdos e características mais específicas que se relacionam a cada um desses aspectos analíticos.

Esses conceitos se introduzem no plano analítico, nas tradições kantiano-parsoniana e hegeliano-marxista, como categorias que decompõem a realidade social e nos permitem reconstruí-la mentalmente ("realismo analítico", afirmou Parsons, 1937, caps. 1-2 e 19, apoiando-se em Whitehead, em seu primeiro grande livro, mas com uma trajetória histórica, como notou Marx, 1857-1858, pp. 14ss, na famosa "Introdução" aos *Grundrisse*).

Não são decerto *a priori*, de todo modo derivando em vez disso do movimento de abstração que vai de generalizações empíricas à construção de categorias que se encontram na verdade repletas de informação empírica, apesar de parecerem vazias de conteúdo. Visam a cobrir a total gama de possíveis interações na vida social concreta, na qual surgem imbricadas, antes que como tipos puros, como já assinalado. Além disso, vale dizer que aqui é o "método de exposição" que prevalece, com o que o material coletado mediante o "método de investigação" é levado a um plano analítico superior (ver Marx, 1867, p. 25).

Nesse sentido, é necessário assinalar que as interações aqui são pensadas em relação à díade como unidade básica do processo social, mas como estando igualmente presentes em qualquer processo interativo, com qualquer número e tipo de agentes. De modo a construir adequadamente essas categorias analíticas, precisamos desagregá-las, distinguindo e teorizando seus vários *elementos* (que serão discutidos sucessivamente no que se segue e fornecem o conteúdo dos Quadros 1 e 2 adiante).

O Quadro 1, que explorarei nas próximas seções do texto, resume os conceitos aqui propostos, retomando aqueles anteriormente esboçados, que devem ser ainda plenamente expostos, bem como detalhes analíticos suplementares, a serem ainda discursivamente introduzidos. Irei desdobrar isso nas seções seguintes em plano mais geral, mas oferecerei exemplos de modo a emprestar concretude à discussão e deixar claro o sentido dessas abrangentes teses.

Quadro 1 – Modalidades da interação social

	PRINCÍPIOS DE ORGANIZAÇÃO			PRINCÍPIOS DE ANTAGONISMO	
	MERCADO	HIERARQUIA	REDE	CONFLITO	COMPETIÇÃO
MECANISMOS DE COORDENAÇÃO/ OPOSIÇÃO	Troca voluntária	Comando/ Obediência	Colaboração voluntária	Luta	Emulação
INCLINAÇÕES INTERATIVAS	Comerciar	Mandar/ Aceitar	Cooperar	Combater	Sobrepujar
FUNDAMENTOS DE JUSTIFICAÇÃO	Interesse (mútuo, em geral)	Autoridade (mútua, por vezes)	Projeto (mútuo, sempre)	Interesse/ Bem comum	Interesse/ Bem comum

Antes de prosseguir, convém fazer duas observações. Uma pequena advertência é de que a escolha de termos, para denotar os conceitos aqui propostos, deriva do que é amplamente aceito em várias correntes da bibliografia de ciências sociais hoje disponível sobre esses temas ou se deve a mera convenção, de maneira a fazer as distinções analíticas e seu uso posterior claros (como aquelas que aparecerão com relação às *inclinações interativas*). Outras escolhas de palavreado teriam sido obviamente admissíveis. Embora sejam utilizadas aqui como termos técnicos, muitas delas, em razão do impacto das ciências sociais na vida social, já há um bom tempo penetraram o vocabulário da vida cotidiana.

Segundo, no que concerne aos *fundamentos de justificação*, vale notar que o que proponho aqui é uma alternativa às "reivindicações de validade" de Habermas (1981, v. 1, pp. 44-71), bem como às "justificações" de Boltanski e Thévenot (1991) e Boltanski e Chiapello (1999), vinculadas a múltiplas "cidades" (*cités*) sociais. As categorias de Habermas são demasiado estreitas e foram talhadas em plano exclusivamente abstrato, *a priori* e normativo. As de Boltanski e seus colaboradores oscilam entre justificações cotidianas e intelectuais, em uma mescla desconfortável (ver Honneth, 2008), ambas demandando uma introjeção (no molde protestante-parsoniano) de normas pelos atores individuais envolvidos na interação. Isso será efetivamente rejeitado aqui, como teremos ocasião de discutir mais adiante neste texto. Ou seja, embora se suponha que essas justificações sejam derivadas das, ou se aplicam às, interações no mundo empírico, elas foram estabelecidas a partir de uma referência direta ao trabalho de grandes intelectuais europeus.

Além disso, e em direção oposta, elas se vinculam estreitamente a questões empíricas e evidenciam um forte caráter descritivo. Em outras palavras, elas não são suficientemente analíticas e terminam em larga medida como apenas uma classificação orientada empiricamente de princípios de justificação. Este é problema que tende a aparecer também na bastante recente e já bem conhecida discussão de Graeber (2011, cap. 5) sobre a "dívida", com uma elaboração incompleta das justificações para o que chama de "bases morais das relações econômicas".

Enfim, mais genericamente, vale destacar que se deve incluir essas justificações no que Castoriadis (1975) chamou de "imaginário", com seu conteúdo flutuante, que se acentua pela mescla complexa de diferentes mecanismos e justificações que atravessam a vida social, embora não seja possível dar conta plenamente disso aqui.

A *démarche* que mobilizo visa a evitar essas limitações, excessiva abstratividade e normatividade *a priori*, bem como a dificuldade de ultrapassar o nível empírico, incluindo qualquer tipo de taxonomia. Recorro a generalizações empíricas – não a casos empíricos singulares – e ao que são já categorias parcialmente analíticas que se podem encontrar em uma gama de autores clássicos e contemporâneos nas ciências sociais. Essas categorias empíricas e em alguma medida parcialmente analíticas são superadas dialeticamente em um sistema de categorias analíticas cujo objetivo é fornecer meios de retornar aos processos interativos empíricos com instrumentos conceituais mais consistentes. Não perseguirei, contudo, esse tipo de elaboração epistemológica neste plano, tocando de novo nessas questões somente na conclusão.[3]

Este texto tem, portanto, dois objetivos principais. Primeiro, organizar em um quadro conceitual comum as diferentes abordagens das modalidades da interação social, articulando os princípios de coordenação e de antagonismo que com muita frequência são tratados em separado e não muito sistematicamente. Em segundo lugar, faz isso de modo multidimensional, visto que se concentra também no aspecto simbólico-hermenêutico, do imaginário, dessas interações ao tratar de dar centralidade àquelas "reivindicações de validade" e "justificações". Isso é importante não porque a vida social seja sempre saturada de elementos morais ou éticos, que com frequência

---

3. Estes e outros temas tratados a seguir foram discutidos extensamente em Domingues, 1995a e 1999, em especial cap. 3; e, em relação aos princípios focalizados aqui, preliminarmente em Domingues, 2002 e 2012, cap. 2.

cumprem papel superficial nas interações sociais e em seus intercâmbios praticamente orientados. Mas os agentes não podem, em todo caso, descartá-los, mesmo quando os sustentam apenas da boca para fora, salvo nos casos extremos que assinalaremos adiante, logo se pondo a necessidade de analisar adequadamente o aspecto simbólico-hermenêutico da vida social de uma maneira mais completa do que foi até agora o caso.

Princípios de organização, mecanismos de coordenação

A interação social depende de padrões específicos entre os agentes para que se desenvolva. Ela tem tido durante a história uma multiplicidade de aspectos. Contudo, uma vez que a olhemos de um ângulo mais geral, aquela multiplicidade se reduz a um número muito menor de padrões. Um comentário de Hobsbawm (1964) às passagens de Marx sobre a história em seus *Grundrisse* pode servir de ponto de partida para tematizar isso. O historiador britânico sugeriu que há tão somente três possibilidades de relação de trabalho: trabalho dependente, subordinado diretamente, de tipos distintos (da escravidão a relações servis, de cunho coletivo ou individual);[4] trabalho assalariado (pago); e trabalho cooperativo, comunal.

Pode-se acrescentar que o primeiro tipo é trabalho basicamente exercido dentro de relações hierárquicas, o segundo é mediado por relações livres encetadas no mercado (embora a existência de classes sociais em seu quadro conceitual não deva ser esquecida) e o terceiro encontra-se implicado na colaboração voluntária dos próprios trabalhadores, dentro de relações livres (nas comunidades "primitivas" ou prospectivamente, na "associação" de seres humanos livres que

---

[4]. Anderson (1974, pp. 21-22) nota que na Antiguidade as relações de dominação pessoal se punham em um contínuo da servidão à escravidão.

Marx (1867, pp. 92-93) chamou de comunismo). As relações de trabalho se esgotam, portanto, em três modalidades gerais:

1) *Hierarquia*, mediada pelo mecanismo de *comando* e *obediência* em termos de coordenação. Desse modo uma pessoa pode ordenar a outra que faça algo, mesmo contra sua vontade (como Weber, 1921-1922, p. 28, famosamente pôs a questão em seu *Economia e sociedade* fazendo uso da palavra *Befehl*). Trabalhos servil e sobretudo escravo são baseados na hierarquia, logo no comando, com níveis variados de autonomia e obediência dos trabalhadores no processo laboral e fora dele.
2) *Mercado*, mediado pelo *intercâmbio voluntário* como mecanismo de coordenação. Neste caso os trabalhadores são ao menos formalmente livres (livres de tudo, diriam Marx e Engels, 1848) e vão ao mercado vender sua força de trabalho aos donos dos meios de produção – algo verdadeiro também no que se refere aos profissionais cujo trabalho altamente qualificado pode ser comprado e vendido (embora devamos nesse sentido nos precaver de adotar a posição altamente individualista de Weber, 1921-1922, pp. 177-180).
3) *Rede*, mediada pela *colaboração voluntária* em relação à coordenação – na verdade trabalho conjunto, como se pode discernir diretamente a questão na etimologia da palavra utilizada para a ela nos referirmos. Esse é o mundo dos caçadores-coletores, das comunidades agrárias, e fundamentalmente igualitárias, pós-neolíticas, ou em empreendimentos modernos cooperativos (tal qual representados nos empreendimentos experimentais socialistas ou anarquistas, bem como em atividades econômicas solidárias de tipos variados, como Wainwright, 1994, em

especial parte III, por exemplo argumentou). Obviamente, este é caso dos produtores livremente associados de Marx.⁵

Concretamente, porém, essas formas simples de trabalho são encontradas de maneira entrelaçada: comunidades agrárias na Europa feudal, entre os maias pré-colombianos ou na China imperial implicavam comunidades camponesas colaborativas e relações hierárquicas entre elas e, respectivamente, senhores feudais, as cidades-estados e o Estado imperial em trabalhos coletivos (colonização de pântanos e construção de irrigação, por exemplo). O trabalho livre desemboca em uma relação contratual mediante a qual os trabalhadores entram voluntariamente em relações hierárquicas, inclusive despóticas, sob o jugo dos capitalistas compradores de força de trabalho.

Empreendimentos cooperativos com frequência utilizam gerentes e supervisores que, ao menos por longos períodos de tempo, exercitam alguma forma de dominação mais suave ou mais dura sobre os próprios trabalhadores. Vale notar ainda que o mercado pode estar presente em interações e relações que não sejam econômicas e que, ademais, na economia ou em outras esferas da vida social a *dívida* representa um processo de intercâmbio voluntário não completo, sua formalização contratual enquanto tal importando apenas em certos tipos de relação, o mesmo sendo verdadeiro quanto a sua eventual completude (Graeber, 2011, cap. 1 e p. 121).

Enfim, seria possível seguir em frente e oferecer uma lista sem fim de exemplos nessa direção.⁶ Mas sigamos adiante e generalizemos

---

5. Aqui, e ao longo de todo o texto, "rede" é definida de maneira muito distinta – e muito mais restritamente – que na maior parte da tradição sociológica anglo-saxônica (cf. White, 1992), na qual laços entre atores mais genericamente com frequência estão no cerne da conceitualização.
6. Lechner (1997), por exemplo, propôs ideias semelhantes em relação ao Estado.

o argumento sobre essas modalidades de organização e suas correspondentes modalidades de coordenação. Pois é afirmação deste texto que elas se encontram em todas as relações sociais possíveis e as esgotam, qualquer que seja a formação social, em qualquer coordenada espaçotemporal.

Desde que a modernidade, como um tipo específico de civilização, surgiu, tem havido uma tendência a reduzir as relações sociais a apenas duas modalidades: o mercado e a hierarquia. Ou era este o caso até bem recentemente, uma vez que, por razões a serem retomadas na conclusão, a rede se tornou um princípio de coordenação que já não pode ser descartado.

Polanyi (1944) mostrou claramente como uma perspectiva utópica mantida pelos liberais fez do mercado o princípio superior na organização das sociedades nacionais modernas. Foi argumento que ele levou, entretanto, longe demais, como se o acachapante desenvolvimento dos mercados capitalistas fosse mero resultado de giros utópicos, uma vez que adquiriram o controle do Estado. Mas, apesar disso, Polanyi logrou retratar como certo número de giros oriundos do Estado realmente fortaleceram o poder do mercado. Ele mostra assim como a hierarquia permanece crucial para a sociedade moderna, perspectiva que pode ser complementada, por exemplo, pela conceitualização de Pateman (1988) dos contratos de matrimônio e trabalho como instrumentais para a manutenção da coordenação de comando/obediência em relação a mulheres e trabalhadores.

Na jurisprudência positivista inglesa, de Bentham em diante, e daí para outras áreas e debates (incluindo a formulação do próprio Weber), o comando tem sido visto de fato como uma questão-chave na definição do direito e do Estado em relação à população (ver Austin, 1861: 56-7, 86-9, que antecedeu àquele na elaboração dessa categoria).

Polanyi (1944) mostrou além disso como o princípio de rede foi afastado pelos planos modernos para o funcionamento da vida social, ao passo que ao longo de toda a história anterior foi absolutamente fundamental para todas as interações sociais, a curto e a longo prazos.[7] De todo modo, como uma vasta literatura tem repetidamente deixado claro, a começar pelos Estados Unidos e sendo retomada na França (com reconhecimento disso explícito ou não), o princípio da rede – como na "sociedade em rede" de Castells (1996) ou na "cidade dos projetos" de Boltanski e Chiapello (1999) – vem retornando empírica e conceitualmente de maneira triunfante nas últimas décadas.

Analisamos assim já os princípios de organização introduzidos no Quadro 1, bem como os mecanismos de coordenação de que dependem para concretamente operar. Cumpre agora tratar das inclinações interativas e dos fundamentos de justificação ligados e eles. Antes disso, examinemos os princípios de antagonismo e seus mecanismos de oposição.

Princípios de antagonismo, mecanismos de oposição

Enquanto os princípios de organização juntam as pessoas, queiram elas ou não, os princípios de antagonismo se baseiam em ou levam a situações que as opõem umas às outras. Isso não significa que, em

---

7. Os princípios da economia em Polanyi (1944, cap. 4) – "reciprocidade" e "redistribuição", "simetria" e "centralidade" – encontram-se transversalmente relacionados aos princípios de organização aqui discutidos, na medida em que alguns aparecem como ligados às formas do princípio da rede, mas apontam para outras questões, que por vezes têm natureza antes ideológica quando descansam sobre o princípio da hierarquia. A "reciprocidade" é mais horizontal e implica o que seu nome diretamente assinala, ao passo que a "redistribuição" opera de cima para baixo como uma legitimação da apropriação desproporcional de recursos, uma vez que as divisões sociais se estabeleceram. A "domesticidade" (*householding*), ao menos como Polanyi a define, não implica interação social. Karatani (2010), por sua vez, usa o conceito de "modos de troca" para se afastar dos "modos de produção", retendo nesse meio-tempo a dimensão econômica como fundamental para os desenvolvimentos históricos; ele fala na verdade é de formas de coordenação em uma perspectiva potencialmente multidimensional, apesar de tender recorrentemente ao reducionismo econômico. Em outra chave, poderíamos pensar na "dádiva", na redistribuição e no dinheiro como meios de circulação, ao passo que o contrato pode assumir formas variadas, as quais têm de ser sempre pensadas levando em conta todas as formas de interação aqui analisadas.

certo sentido, elas não se coordenem em sua ação, uma vez que padrões de relação podem se desenvolver ou fornecer as condições sob as quais esses processos interativos se desdobram, a curto, médio ou longo prazos. Porém, é através de uma oposição entre os atores, que pode ser de fato mortal, que essas relações antagonísticas têm lugar.

Em parte retomando questões weberianas, Elias (1939, especialmente pp. 274 e 304-306) mostrou exatamente isso, embora sua perspectiva analítica fosse limitada, em especial no que concerne ao que se busca neste texto, em relação aos processos que na Europa opunham cavaleiros e reis em competição, juntando força econômica, política e militar, e regularmente convertendo-se em relações abertamente conflituosas e violentas, ou seja, guerra. É preciso, contudo, utilizando suas ideias, como um movimento inicial, mais agudamente distinguir as relações antagonísticas que implicam dois princípios. Mais uma vez vale recordar seu *status* analítico:

1) *Conflito*, mediado pelo mecanismo de *luta*, implica choques diretos, consistindo em uma disputa realizada diretamente com atores individuais e coletividades opostas;
2) *Competição*, que é um fenômeno mais indireto, no qual vencedores e perdedores não necessariamente se tocam, o mecanismo da *emulação* assim jogando os agentes em empreendimentos paralelos, de modo a melhor se posicionarem para atingir supremacia, sem confronto direto.[8]

Tome-se, por exemplo, a guerra: é com efeito, na fala cotidiana, um empreendimento competitivo, literalmente de vida ou morte, em que atores individuais e subjetividades coletivas visam a derrotar seus oponentes em confronto direto. Tome-se ainda a competição

---

8. Weber (1921-1922, pp. 20-21) claramente distinguiu (ideal-tipicamente), entre *Kampf* (luta) e *Konkurrenz* (competição). Minha definição analítica aqui é similar, mas na verdade algo distinta de sua formulação.

de mercado entre firmas comerciais: elas lutam, de fato, para superar seus competidores em termos do que compram e vendem, mas isso não implica choque direto, antes é a proficiência indireta dos atores individuais e coletividades que subjaz aos possíveis resultados desse tipo de corrida competitiva. O conflito se baseia, portanto, no princípio da oposição e corresponde a esses choques mais diretos, a saber, luta, ao passo que a competição descansa sobre a emulação, isto é, o esforço de cada agente de se sair melhor do que os outros, mais como alavanca para realizações mais altas do que uma derrota direta do oponente.

A teoria econômica tem sido o campo em que a discussão da competição tal qual apresentada aqui vem sendo mais plenamente desenvolvida, seja na economia política clássica, em sua variante marxista, ou na corrente neoclássica (incluindo mudanças rumo ao neoinstitucionalismo e o reconhecimento das relações hierárquicas dentro das empresas – a saber, por exemplo em Williamson, 1983). Firmas competem com outras firmas por fatias de mercado, os trabalhadores competem com trabalhadores por postos de trabalho, profissionais querem vender seu trabalho qualificado no mercado, nas melhores condições possíveis, logo competem uns com os outros (como, de novo, afirmado por Weber, 1921-1922, pp. 177-180). Para isso têm que oferecer as melhores condições possíveis para quem queira comprar o que têm para vender – assim como os consumidores (e os produtores consomem também) competem uns com os outros para conseguir os melhores termos possíveis do que querem adquirir.

A competição por parceiros de matrimônio implica padrões similares de comportamento, para sugerir outro exemplo. É por isso que alguns podem tentar aplicar o princípio de organização do mercado (e a "escolha racional" que supostamente o acompanha) a esse tipo de instituição (cf. Becker, 1991; mas, de novo, Weber, 1921-1922, p. 20, tinha mais clareza e não misturava essas distintas espécies de relação).

O conflito tem estado presente em diferentes literaturas das ciências sociais. Lutas entre as classes e distintos grupos sociais aí se destacam (para aquelas, ver Marx e Engels, 1848; para estas, em termos de relações de "poder" de maneira ampla, ver Foucault, 1982). O mesmo é verdade no que se refere às disputas entre países e exércitos com as quais a literatura de relações internacionais tem se ocupado, em particular com o realismo (ver, por exemplo, Morgenthau, 1949). Choques diretos e o ataque ao antagonista, sua subordinação e mesmo aniquilamento, estão em pauta nisso, com a luta entre os contendores emprestando contornos às relações sociais, quer dizer, a passageira ou repetida – e potencialmente de maneira padronizada – interação entre indivíduos e coletividades. Se a total derrota do oponente é com frequência perseguida, um melhor posicionamento em relações regulares está amiúde também em questão (por exemplo, nas lutas entre trabalhadores e capitalistas em torno dos termos do contrato laboral).

Cumpre ter em mente que a competição/emulação pode converter-se em conflito/luta, como maneiras distintas de desenvolver interações. Podem estar ambos presentes todo o tempo nos processos sociais concretos. Isso era, como já mencionado, um dos temas de Elias. Além disso, ao passo que por um bom tempo esses grandes proprietários-guerreiros passavam da competição ao conflito e deste àquela – na verdade estes dois aspectos estavam estreitamente ligados em suas atividades concretas –, mais tarde a sociedade absolutista de corte os domou e emprestou destaque ao primeira.

A relação entre competição (*gegenseitige Steigerung* do *Anstrengung*) e conflito aberto (*Kampf*) fornece em parte também a problemática subjacente ao que Clausewitz (1832, pp. 7-10) se referiu ao falar das relações entre guerra – um "duelo" generalizado – e política, com aquela consistindo na continuação desta por outros meios, como um "instrumento político" que visava a subordinar o inimigo, com Foucault (1976, pp. 171-172) invertendo o adágio, assim mantendo seu espírito, mas não sua letra. Mann (1986, cap. 14), por sua vez, observou, ao lado da guerra, a competição regulada diplomaticamente pela generalização da geopolítica dos Estados europeus ascendentes. Todavia, o funcionamento paralelo ou imbricado da competição e do conflito, bem como a passagem de uma ao outro não são universais. Seu desenvolvimento não leva necessariamente ao monopólio em qualquer esfera da vida social (embora tenha sido isso que Elias concretamente sugeriu): mesmo os Estados e os mercados podem ser centralizados em oligopólios ou monopólios, isso não consistindo, contudo, em uma lei de desenvolvimento da vida social (embora a "tendência histórica da acumulação capitalista" possa se acercar disso assintoticamente, segundo Marx, 1867, caps. 21-23). Em particular e acima de tudo, do ponto de vista teórico geral a diferenciação analítica entre esses tipos de relações antagonistícas deve ser mantida.[9]

Coordenação, antagonismo

Até agora tratamos de dois tipos de princípios amplos que dão suporte à interação social como se excluíssem um ao outro; de qualquer modo não se fez menção a sua interpenetração na vida social real. Vimos que isso é verdade no que diz respeito aos princípios de coordenação e aos princípios de antagonismo por si sós e podemos agora ver que estes costumam estar, também eles, imbricados. Ao passo que as pessoas cooperam voluntariamente ou as coletividades se constroem sobre a hierarquia/comando/obediência, elas podem competir ou conflitar-se com outras coletividades que são construídas sobre os mesmos princípios de organização, ou sobre outros, distintos.

---

9. E evidentemente a competição não é genética-biologicamente determinada, ao contrário do que a sociobiologia nos quer fazer crer. Por outro lado, mesmo as teorias darwinistas se acham atentas para os papéis cambiantes da competição e do conflito direto para a sobrevivência dos indivíduos e das espécies, os "mais aptos" dentre eles disputando os nichos ecológicos e o sucesso reprodutivo, bem como de tempos em tempos se engajando no confronto intraespécie aberto.

Tome-se uma firma comercial no mercado capitalista, por exemplo: ela é em geral construída hierarquicamente, embora as cooperativas sejam capazes de operar aí também; com agentes exteriores ela mantém contudo uma conexão antagonista mediada por relações competitivas de mercado. Mas a mesma firma pode operar com outras em uma relação cooperativa, em rede, ou estar subordinada a elas, total ou parcialmente, em uma relação baseada na hierarquia (tome-se o exemplo dos distritos industriais organizados por grandes companhias, em geral transnacionais, vinculadas aos fornecedores e inclusive varejistas).

Coser (1956) chegou até a sugerir que a integração (funcional) dos sistemas sociais se baseia em processos conflituosos, que podem gerar identidade-solidariedade e assim fornecem elementos para confrontações com outros sistemas sociais. Para reafirmar a questão: todas essas categorias são analíticas; concretamente aparecem com frequência mescladas.

Inclinações interativas

Os agentes (indivíduos, coletividades), quaisquer que sejam as origens e os resultados das interações em que tomam parte, e que derivam de sua ação individual e movimento coletivo, se encontram inevitavelmente inclinados a manter algum tipo de "atitude" ou "intenção". Se eles são indivíduos, podemos falar de ação social. Mais geralmente, todavia, para evitar reificações e a antropomorfização das coletividades (que, como veremos, não podem ser vistas como a mera contraparte dos indivíduos no plano coletivo), devemos dizer que os agentes são impelidos a alguma *inclinação interativa*.

No que se refere aos princípios de organização, essas inclinações podem ser, nos termos da estratégia analítica deste texto, de três tipos: 1) os agentes podem se inclinar a *comerciar* uma vez que queiram tomar parte em interações de mercado (não, porém, porque sejam fundamental e naturalmente inclinados a "intercambiar, permutar e trocar", como pensava Smith, 1776, p. 21), mediadas pelo mecanismo de intercâmbio voluntário (se este se baseia no escambo ou é mediado pelo dinheiro não importa realmente nesse sentido); 2) eles têm de estar desejosos de *mandar*, se estão inclinados a relações hierárquicas nas quais os mecanismos de comando operam (engendrando, uma vez que as interações se vejam estabilizadas, sistemas de dominação mais ou menos rígidos e mais ou menos abrangentes), demandando "obediência", como Hobbes (1651, *passim*) explicitamente fraseou a questão, em alguma medida implicando isso, por outro lado, a aceitação do mando dos outros; 3) ou eles precisam estar abertos a cooperar, se entram em colaboração voluntária como um mecanismo ligado ao princípio de organização da rede (de modo a realmente desenvolver algo juntos em bases mais ou menos igualitárias, ao menos no que concerne a esse empreendimento coletivo específico).

No que se refere aos princípios de antagonismo, duas são as possibilidades: 1) os agentes têm que estar dispostos a *combater* se se engajam em conflitos e mobilizam seus mecanismos de oposição, a confrontar-se, para derrotar ou subordinar seus oponentes, com alguma "intenção hostil", como sugerido por Clausewitz (1832, p. 2); ou têm que *sobrepujar* outros indivíduos e coletividades se se encontram em competição com elas, emulando seu comportamento e indo além de suas realizações de modo a alcançar suas metas e superar seus oponentes (uma sorte de vitória mais indireta ou ao menos um melhor posicionamento em relação aos adversários). Assim se completa, mediante a reintrodução dos princípios de antagonismo lado a lado àqueles de organização anteriormente apresentados, o gradiente completo de possíveis relações sociais no plano analítico.

Nos exemplos citados anteriormente, alguns desses elementos estão já presentes, os quais podemos mobilizar de acordo com os termos usados nesta seção. Para Polanyi, digamos, aquelas elites liberais estavam interativamente inclinadas a mandar – impondo assim o princípio do mercado à sociedade, com o que, querendo ou não, esta tinha de conciliar-se, seus indivíduos então interativamente inclinados a comerciar entre si e tentar sobrepujar uns aos outros.

Para Marx, em vez disso, a crescente divisão do trabalho no capitalismo empurrava as pessoas a comerciar e assim a sobrepujar, como atitudes interativas. Isso é verdade tanto para a motivação individual quanto para as inclinações coletivas. Para Weber e Foucault as pessoas se inclinavam a disputas no contexto de combates e a mandar na medida em que visavam ao poder social, o mesmo ocorrendo aos guerreiros retratados por Elias. Por sua vez, Marx enfatizava as futuras inclinações cooperativas no comunismo, que se prefiguraria nas organizações que os trabalhadores formam para se confrontar com a burguesia na sociedade capitalista.

Isso não quer dizer que no curso efetivo dos processos interativos a inclinação inicialmente sustentada por um agente será correspondida por outros. Essa inclinação pode mudar ou permanecer a mesma, prevalecer totalmente ou em certa medida, provar-se mal colocada ou ser até instrumentalmente usada por outros que participam do processo, em especial se um indivíduo ou uma coletividade se inclina à organização (através do mercado, da hierarquia ou da rede), ao passo que seus parceiros de interação se inclinam a relações antagonistas e podem manipular a abertura que aqueles primeiros agentes exibem. Mesmo dentro de processos que se baseiam majoritariamente no princípio de organização, é possível que se esteja propenso à colaboração voluntária e terminar – sabendo-se ou não – subordinado ao comando ou meramente à troca voluntária (neste caso, com efeito, involuntária); ou pode-se estar propenso à troca voluntária e encontrar sua sina em uma relação de comando/ obediência, uma vez que o agente tenha-se comprometido por meio da venda de algum tipo de mercadoria (como a força de trabalho).

Mais uma vez cumpre ter em mente que todas essas categorias são analiticamente construídas e apresentadas aqui, portanto raramente operando de forma pura em processos interativos efetivos.

Isso demanda do analista uma fina percepção das possibilidades que aparecem concretamente em interações, bem como no que diz respeito às inclinações interativas que nelas surgem. Ademais, isso impacta e depende de questões, em especial no que se refere à motivação e à veracidade, bem como à adequação social no plano cognitivo-empírico, que serão tratadas somente mais adiante neste texto.

Fundamentos da justificação

Como assinalado anteriormente, reivindicações de validade e justificações têm estado nas últimas décadas na linha de frente da discussão sobre a legitimidade das relações sociais e dos processos de interação mediante os quais se desdobram. Como já mencionado, essas duas concepções pertencem a Habermas e a Boltanski e seus colaboradores. A ideia de "legitimidade" era em contrapartida absolutamente central na obra de Weber (1921-1922, pp. 19-20 e 122-177), com a diferença, em relação àquelas duas abordagens, de que isso não significava a internalização por parte dos atores de alguma perspectiva normativa subjacente e se vinculava a sistemas de *dominação* por meio dos quais as interações e relações regulares se cristalizam em *instituições* sociais, que possibilitam o exercício da *autoridade* de modo tal que a hierarquia nas relações políticas e sociais encontra aí uma fonte de justificação (ver também Araújo, 2016).

Essas afirmações podem ser então abarcadas por meio da categoria de fundamentos de justificação e da legitimidade conectada a eles. Isso significa que justificações devem ser oferecidas quando demandadas no curso da interação – mais ou menos explicitamente e mais ou menos sistematicamente, em geral mostrando-se opaca e incompleta, mas possuindo certo grau de consistência lógica. A legitimação dos padrões de reprodução e mudança dos sistemas sociais – o funcionamento das instituições e sua alteração – descansa sobre a plausibilidade e validade dessas justificações. Eles se aplicam a todos os princípios até agora discutidos. Sistemas de dominação definitivamente demandam justificação e legitimação na medida em que, como costuma ser o caso, indivíduos e coletividades dominadas devem de algum modo ser abrangidos por essas reivindicações e em especial aqueles que dominam precisam de argumentos para fazer jus àquelas posições a seus próprios olhos (ponto elaborado em particular por Gramsci, 1929-1935).

Essas justificações precisam ser mais ou menos consistentes internamente e têm sentido em relação ao que de fato ocorre (logo, sendo plausíveis), possuindo certo grau de validade, ou seja, correspondendo em certa medida e de alguma maneira à realidade, embora inconsistências, incompletude e contradições (internas e no que se refere às práticas sociais) possam saltar aos olhos – como é comum ocorrer, em especial quando a dominação e a exploração se exercem em seu seio.

Assim, o princípio de organização do mercado e sua forma de mediação, troca voluntária, bem como a inclinação interativa para comerciar, se acham no reconhecimento aberto do *interesse* mútuo dos parceiros de interação (seja um padeiro, um açougueiro ou qualquer outra pessoa). Esta é a justificação que implica a legitimidade do processo social baseado naqueles elementos. Isso se amplia por meio da ideia de que esse traço de interação é benéfico à vida social de modo geral, incluindo a emergência espontânea de uma ordem social baseada em "vícios privados" que levam a "benefícios públicos" e resultados virtuosos (ver Swingewood, 1991, cap. 2; Halevy, 1901-1904, caps. 1 e 3).

Obviamente as desigualdades de poder no mercado – logo a hierarquia – podem ser ocultadas por esses argumentos e influenciam profundamente a percepção dos agentes (por exemplo, posicionamentos desiguais e o controle de ativos nas sociedades de classe). Hierarquia, comando/obediência e mandar/aceitar costumam ser justificados pela autoridade que um indivíduo ou coletividade possui por estar em uma posição a partir da qual pode e deve operar de cima para baixo. É comum implicar, contudo, sistemas de dominação com aspectos mais ou menos permanentes, secretando por vezes a ideia de que se calcam em perspectiva mútua, compartilhada, a qual é usualmente, no melhor dos casos, parcial. Precisamente porque ambos significam relações explicitamente desiguais, assimétricas, devem ser emparelhadas com posições e inclinações distintas, que se projetam em sua definição analítica – algo que as distingue de outras relações simétricas, analiticamente inclusive.

Mais uma vez isso implica um tipo de justificação que torna legítima a operação dos elementos que podem estar ocultos antes que evidentes, argumentados e legitimados. *Projetos* baseados no princípio da rede, a colaboração voluntária e as inclinações cooperativas se remetem ainda mais fortemente ao caráter mútuo do empreendimento. Isso pode ser verdade realmente até quando indivíduos e coletividades se prendem aos elementos compreendidos por essa modalidade de interação, embora, como sugerido anteriormente, a astúcia possa atravessar suas realizações concretas. A autoridade que um indivíduo ou coletividade pode ter neste tipo de interação pode assim mais amplamente implicar *influência* sobre o comportamento de outrem e persuasão antes que o exercício do comando que se vincula à dominação e às hierarquias. Concluímos, assim, nossa ronda pelos princípios de organização.

O mesmo tipo de questão e raciocínio se aplica aos princípios de antagonismo e mecanismos de oposição. Conflito, luta e combate se baseiam na ideia de que o interesse dos participantes é justificado e legítimo, com frequência o bem comum resultando desses embates, apesar de indivíduos e coletividades subordinadas não serem necessariamente engajados por essas justificações e a legitimidade dos padrões derivados dessas interações possa não ser vista como relevante para as coletividades, dominantes em relação às coletividades dominadas. Logo, pode-se dizer que em casos extremos não há necessidade de justificação compartilhada: a violência pura, a força, tão somente, basta, sem qualquer legitimação aos olhos dos que a sofrem. Competição e emulação, bem como a inclinação interativa para competir, se justificam também segundo a validade do interesse de cada um, que acaba por resultar no bem comum.

Decerto essas justificações são elaboradas e se aplicam na vida cotidiana, o pão de cada dia da fenomenologia e da etnometodologia. Elas são em geral remetidas aos "tipos ideais" mediante os quais os agentes tipificam um ao outro no "mundo da vida", tal qual discutido por Schutz (1962-1966) e Habermas (1981, v. 2, cap. 6, em termos menos individualistas que aquele, por conseguinte com a questão da legitimidade indiretamente presente na ideia de "reivindicações de validade" tal qual podem ser mobilizadas pelos atores). Elas podem ser objeto de desafios e provas, no sentido sugerido por Boltanski e seus coautores (Boltanski e Thévenot, 1991; Boltanski e Chiapello, 1999, pp. 61 e 154-235), bem como por outros pesquisadores (Martuccelli, 2006; Araújo e Martuccelli, 2012).

Contudo, grandes intelectuais, mas também aqueles intermediários, individual e coletivamente, cumprem ademais papel decisivo nesse sentido: eles coletam, inventam e sistematizam os fundamentos de justificação dos padrões interativos, em termos mais gerais ou mais particulares, socialmente emprestando-lhes legitimação. Eis por que aquelas obras de Boltanski podem recorrer às ideias de Adam Smith e outros intelectuais importantes, bem como à enorme literatura vulgar da administração e gerência dos anos 1970 e então uma vez mais nos 1980-1990. No entanto, ele mesmo parece não ser capaz de entender a relação entre o tecido hermenêutico da vida cotidiana e o papel dos intelectuais em diferentes planos de operação. É verdade que muito do que os autores consultados por Boltanski e seus parceiros dizem é ideológico, ou seja, implica justificações que dificilmente correspondem à história e às práticas reais (como no caso de empreendimentos que supostamente dão sustentação ao moderno "pacto" ou "contrato" social, voluntariamente firmado por agentes livres, que deu origem ao estado liberal ou republicano e a seus desdobramentos – ver Riley, 1982). Mas isso é verdade também no que se refere a ideias e atores ordinários, que se encontram em constante relação de "dupla hermenêutica" com especialistas intelectuais (Giddens, 1976, p. 79).

É preciso mostrar que uma muito forte perspectiva na filosofia e nas ciências sociais ocidentais também deve ser rejeitada. Muitas abordagens, incluindo as de Habermas e Boltanski, enfatizam que essas reivindicações não são apenas externas, que se convertem em parte da personalidade dos atores. Este último autor chega a ler a tese da ética protestante em Weber (1904b) como se a ação social necessariamente demandasse motivação (Boltanski e Chiapello, 1999, pp. 41-47). Uma melhor interpretação a meu ver sugeriria exatamente o oposto (incluindo o fato de que o capitalismo não carece de nenhum "espírito"), nomeadamente, que a compulsão externa e a mera "ação instrumental", privada de motivação e compromisso com os valores que supostamente a ela subjazem, são o que de fato dirige os atores na sociedade capitalista moderna, uma vez que o espírito protestante se dissipa. Talvez nem essa tese esteja realmente correta e seja assim em uma situação matizada que os indivíduos, coletividades e interações se movem e desdobram na modernidade, bem como em outras civilizações.

Nesse sentido, uma perspectiva que simplesmente destaque o caráter externo do horizonte normativo, com os atores não internalizando essas normas e as tratando instrumentalmente, não deveria tampouco ser aceita. Estejamos falando de comerciar, mandar, cooperar, combater ou sobrepujar como inclinações interativas, que se tenha em mente duas possibilidades, que se dispõem em um contínuo.

As justificações das inclinações interativas, assim como a ação e o movimento concretos (no nível individual e coletivo), podem aparecer aos atores como internalizada e consistindo em *normas*; ou podem permanecer externas, sendo assim tratadas instrumentalmente, como *regras*. Somente aquelas implicam *motivação* e necessariamente a *veracidade subjetiva* dos atores individuais e das coletividades, ao passo que todas necessitam, para serem socialmente consistentes, demonstrar exitosa *adequação empírico-cognitiva* às interações nas que impactam. O quadro a seguir resume essas ideias:

Quadro 2 – Ação individual socialmente orientada e movimento coletivo

	ADEQUAÇÃO SOCIAL	VERACIDADE	MOTIVAÇÃO	SANÇÕES
REGRAS	Empírico-cognitivas	Ausentes	Ausentes	Externas
NORMAS	Normativa	Presentes	Presentes	Culpa

Universalismo ------------ Particularismo

A questão da veracidade é especialmente importante no que diz respeito à justificação baseada em projetos – ou seja, nos sistemas interativos calcados em particular no princípio da rede –, embora mesmo nesses casos nem sempre precisemos esperar que o comportamento de fato corresponda à convicção. Em princípio, porém, na medida em que a cooperação está em questão, abertura dos agentes uns para os outros deve ser verdadeiramente antecipada, senão é a astúcia que se encontra a serviço da hierarquia, do conflito ou da competição, disfarçadamente. E é apenas quando normas são internalizadas que a *culpa* surge como uma *sanção* ao ator individual, como uma agressão a si mesmo ou si mesma que compensa a não observação dos padrões em que ele ou ela realmente creem, podendo ser compartilhadas coletivamente (contradições com outros fundamentos internos não obstante).[10]

---

10. Parsons (1951, pp. 36-48) teorizou ambos os componentes, mas enfatizou a internalização das normas, "introjetadas" no sistema da personalidade. Essas questões foram originalmente elaboradas em Domingues, 1995a, pp. 101-104; e 1999, cap. 2, que dialoga também com Bourdieu e Giddens.

Do contrário, as sanções permanecem somente externas. Roubar no mercado, abusar da autoridade estabelecida em regras formais ou costumeiras, enganar em empreendimentos cooperativos podem levar à culpa apenas se os valores que subjazem às justificações vinculadas aos princípios de organização são internalizados. O mesmo se verifica também em relação à competição como princípio de antagonismo e mesmo de conflito quando normativamente regulado. O comportamento individual e coletivo expressivo se acha presente, mais ou menos intensamente em todas as interações sociais, mesmo quando os agentes (aparentemente, mas não necessariamente de maneira veraz) se esforçam para diminuir seu peso.

Essas categorizações se aplicam aos indivíduos e às coletividades, e são sempre propriedade em larga medida tanto dos primeiros quanto das segundas. Todavia, é apenas no caso daqueles que se pode falar de motivação ou culpa no sentido de que é internalizada pelo ator, embora deva ser também vista como uma propriedade desigualmente compartilhada pelas coletividades, de modo similar àqueles outros elementos que são compartilhados pelos indivíduos que engendram e são engendrados, ontologicamente, por aquelas coletividades.

Parsons (1951, caps. 3-5) escreveu em um de seus principais livros acerca das orientações da ação, com uma sofisticada e possivelmente excessiva proliferação de categorias. Não é o caso de abordar pormenores aqui. Mas, visto que a inclinação autointeressada dos agentes e sua justificação devem ter como contraparte o benefício dos parceiros no processo interativo, particularismos podem aparecer na ação autointeressada e no movimento, tanto quanto o caráter comum dos benefícios pode ficar aquém de abranger a totalidade dos agentes para quem essa interação importa.

Desse modo, firmas em rede podem ter projetos com um interesse mútuo, mas estes são limitados na medida em que excluem, particularisticamente, aqueles que não pertencem ao empreendimento conjunto (ver Castells, 1996). As redes podem ser muito universalistas se incluem todos os grupos oprimidos que se encontram em uma sociedade, como foi o caso das recentes redes latino-americanas de movimentos sociais (Domingues, 2008, cap. 3).

Mercados são povoados por agentes autointeressados, mas não somente respondem aos parceiros em interação: também o conjunto da sociedade e mesmo o mundo deveriam se beneficiar, ou ao menos é isso que se argumenta, de seu funcionamento sem peias (Hayek, 1944). Relações hierárquicas, quando institucionalmente cristalizadas em sistemas de dominação, supostamente beneficiam não, ou não apenas, os poderosos, mas aqueles universalmente ou ao menos em parte comandados, e que ao menos em parte aceitam a dominação, sem evidenciar em geral que o mando está realmente envolvido nessas situações (a menos que os debaixo não importem, em termos de justificação, para os de cima) (ver Weber, 1921-1922, pp. 122-177). Competição e luta, por sua vez, são legítimas quando resultam no bem comum, salvo quando, em casos-limite, aqueles que são atacados e derrotados não importam para seus agressores. Interesse e bem comum assim também se referem ao particularismo e ao universalismo, como vemos por exemplo na justificação da maior parte das empresas coloniais, na África ou alhures (Cooper, 2005). Evidentemente, como costuma ocorrer na guerra, na conquista e na dominação isso está longe de corresponder à realidade.

Conclusão

O sonho de uma ciência social que seria capaz de discernir as regularidades do mundo, da história, bem como de uma perspectiva diacrônica capturou muitos cientistas sociais desde o século XIX até ao menos os anos 1970. A física newtoniana, com seu elegante conjunto de categorias e o estabelecimento de padrões regulares de comportamento do Universo, até seus componentes mais elementares, foi o modelo para isso. Parsons (1937, especialmente p. 36) levou adiante a principal tentativa na sociologia para elaborar esse tipo de conceito e buscar relações causais invariáveis entre eles, em outras palavras, para estabelecer leis gerais ("analíticas") que pudessem operar dedutivamente e inclusive predizer futuros cursos de ação – como fez Newton com a natureza.

Mesmo quando Parsons (1951) adotou estratégia de aproximação (como um *"second best"*) temporária baseada na biologia, a ambição perdurou, parcialmente descartada apenas mais tarde através de um compromisso firme com o funcionalismo, embora a ideia de uniformidade do mundo social, de modo semelhante à natureza, permanecesse com ele até o fim, com inclusive a identificação de mecanismos socioevolucionários (Parsons, 1967). A tese de Marx (1859) sobre as relações entre as "forças produtivas" e os "modos de produção", bem como sua visão da relação entre a "base econômica" e a "superestrutura", era outra maneira de articular a questão, ainda que sua principal construção analítica tentasse captar o funcionamento do sistema capitalista, ou seja, um período histórico específico e suas tendências de desenvolvimento que não seriam as mesmas em todas as sociedades e civilizações. O futuro, a verdadeira história, seria uma aventura.

Hoje esse tipo de afirmação e tentativas se tornaram muito mais questionáveis, visto que as uniformidades na vida social (especialmente empíricas) e seu desenvolvimento histórico parecem mais difíceis de identificar, e abordagens interpretativas assim tendem a prevalecer (a economia em particular levantando, contudo, afirmações que reiteram esse tipo de questão). Isso não quer dizer, ou não deveria querer dizer, que não se possam identificar tendências de desenvolvimento histórico, embora isso tenha de ser feito com muito mais cautela e uma orientação teórica mais forte que anteriormente (ver Capítulo 2).

A despeito de em que medida alguma dessas perspectivas poderia ser ainda retomada, focalizamos aqui em vez disso as categorias analíticas (a saber, aqueles dois tipos de princípio) que necessariamente forneceriam o substrato a esse tipo de sistema teórico geral, sem visar a formulações científico-legais ou tendências de desenvolvimento social, embora esta seja uma via promissora para retomarmos. Mesmo se rejeitamos uma perspectiva de cunho científico-legal, dedutivista nas ciências sociais, não há razão para descartar a construção de conjuntos de categorias analíticas. Estas permitem uma descrição teoricamente orientada da vida social, em diferentes níveis de generalidade – seja se referindo a coordenadas espaçotemporais ou buscando uma perspectiva mais abrangente. As formas básicas da interação visam a exatamente isso.

E, por último, mas não menos importante, esse conjunto de princípios nos permite pensar quando e onde se realiza consenso e se e quando os antagonismos – múltiplos – da vida social se desdobram, legitimamente. Do mesmo modo, recusa-se a simplificação supostamente teórica que reduziria a vida social à hierarquia e ao mercado, dando espaço à rede como forma fundamental de interação social cooperativa. É improvável que haja uma tendência poderosa nos conduzindo a ela. Mas ela pode assim se pôr como um tipo de padrão de interação social que a espécie humana pode vir algum dia a escolher de forma mais abrangente e predominante e a adotar como forte perspectiva normativa.[11]

Uma teoria crítica da sociedade não pode simplesmente supor, sugerir ou demandar que todas as relações sejam horizontais e calcadas na colaboração voluntária. Afora o fato de que não se deve imaginar a desaparição completa dos antagonismos sociais, bem como da hierarquia e do mercado, no mundo em que vivemos eles têm peso determinante. Na construção igualitária de um mundo diferente, a rede, no sentido preciso que a defini aqui, não pode senão cumprir papel decisivo, embora ao menos do ponto de vista social

---

11. A "ação comunicativa" de Habermas (1981) implica na verdade colaboração voluntária. Antes que vê-la como calcada no "*télos* da linguagem", seria melhor entendê-la como vinculada à inclinação interativa dos agentes, com fortes consequências críticas e normativas.

mais geral, sobretudo no que se refere à democracia e aos direitos, ela não possa prescindir de ser – concretamente – cada vez mais inclusiva, o que nem sempre é o caso, de modo algum.

Por isso mesmo é preciso cuidado ao supor um "comunismo" básico – do "cotidiano" – nas relações sociais, como faz Graeber (2011, pp. 94-102): se é possível dizer que o princípio da rede aparece de forma bastante difusa nas relações sociais em geral, não apenas concretamente se mistura com o mercado e a hierarquia, mas somente se afeta a vida social de forma generalizada e com tendência efetivamente igualitária, há sentido falar em comunismo (o que obviamente inclui o que conhecemos como política e economia na modernidade).

Se a construção de um mundo igualitário, em que a colaboração voluntária seria central, uma vez que a hierarquia nele se restringe e o mercado é recusado como princípio geral de organização, não se põe como direção do desenvolvimento social, ao menos se vincula a ela uma tendência de autonomização radical dos indivíduos na modernidade avançada, a despeito do aumento do poder hierárquico do Estado e da expansão da mercantilização neste momento. Para construir o que alguns querem definir como o "comum" (Dardot e Laval, 2014), ativamente – como um modo de retomar, de resto, a própria ideia de socialismo –, a rede, em encarnações mais restritas ou mais generalizadas, dependendo do âmbito em que se constrói, pode servir como horizonte normativo em termos de mecanismo de coordenação, com destaque para sua concretização prática e o modo como pode se justificar. Esta seria a maneira que melhor corresponde, ainda que não de forma exclusiva, hoje ou no futuro, à associação dos agentes que o avanço da autonomia na civilização moderna engendra.

8. Imaginário e política na modernidade: a trajetória do peronismo[1]

A cultura tem estado no cerne de muitos desenvolvimentos recentes nas ciências sociais, em particular após o chamado "giro linguístico". Isso tem deslizado para discussões sobre a relação entre cultura e política. Duas estratégias têm se destacado em termos da cultura política, as de Jeffrey Alexander (2003 e 2006) e Ernesto Laclau (2005). Enquanto o pós-estruturalismo tem tido enorme impacto filosófico, este não tem sido realmente o caso na discussão sobre como a política e a cultura se relacionam.

Derrida (1966) elaborou o ponto de vista mais geral sobre o pós-estruturalismo, com as significações atingindo, em sua visão, um *status* maleável, lábil na verdade, na medida em que as "estruturas" seriam capazes de gerar seu próprio movimento interno, por meio do "excesso de significados" que elas corporificam e produzem – implicando assim pluralidade, fluidez e instabilidade de significado.

---

1. Gostaria de agradecer a Flavio Gaitán, Gabriela Delamata e Paula Diehl por discussões sobre versões anteriores deste texto. Publicado originalmente em *Cadernos de trabalho*, n. 2 (2013) (Netsal/IESP-UERJ), versão que serve de base a este capítulo; e, ligeiramente modificado, em *Thesis Eleven*, v. 117 (2016), da qual se incorporam pequenas mudanças em relação àquela primeira versão.

Isso consuma um verdadeiro avanço na discussão, a despeito dos limites que permanecem.

Este não tem sido, porém, o caso do trabalho de Alexander, uma vez que ele se aferra a uma visão mais tradicional e às polarizações problemáticas que, com frequência, encontramos no estruturalismo, abandonando também, na prática, sua anterior perspectiva multidimensional em favor de uma concentração na cultura.

Se Laclau vê o significado como flutuante, também reintroduz aquele tipo de binarismo de maneira retorcida, com sérias consequências para sua teoria. Ele não chega realmente a propor uma visão geral do papel da cultura na vida social, mas, como veremos adiante, aquele tipo de polaridade também leva a uma construção binária da política. Além disso, Laclau também sustenta uma perspectiva reducionista da vida social, que seria sobredeterminada pela política, mesmo quando fortemente tenta evitar o essencialismo econômico marxista. Sua discussão focaliza o "populismo" e se destacará no questionamento aqui proposto.

Por sua vez, em uma obra seminal, que se impõe como fundamental para a compreensão da dimensão simbólica da vida social, Castoriadis (1975) introduziu uma teorização no centro da qual pôs o "imaginário". Sua contribuição não tem sido realmente explorada pelas abordagens da cultura e, em especial, da cultura e da política na sociologia. Ela sugere, contudo, uma saída daquela perspectiva binária, oferecendo um entendimento mais adequado de tais questões, assim como evitando os problemas associados, dentro do pós--estruturalismo, com seu viés neoestruturalista, ou seja, a ausência de agência, ao que se soma a tendência a ler a vida social como um "texto", uma estratégia teórica que, em especial na sociologia, surge como patentemente ineficiente.

Os dois pilares conceituais da teoria de Castoriadis (embora o segundo seja algo indistinto em sua formulação original) são articulados pelo "imaginário radical" e sua corporificação social institucionalizada, ao lado de um "magma" de significados da vida coletiva, representações compostas de imagens e palavras, tal como Freud argumentou em relação à subjetividade individual.[2] O "imaginário radical" se "apoia" no "corpo somático", como teorizado por Freud, porém mais livremente que na versão original,[3] consistindo no lócus da criatividade.

O "isso" individual, com sua lógica não identitária, seria responsável pelo caráter indeterminado e criativo da vida social. A "instituição da sociedade" seria em compensação compartilhada socialmente, mediada pelo "eu" e pela lógica identitária, com seus elementos permanecendo, porém, difusos no magma, misturando-se e transformando-se uns nos outros. Isso ocorre porque, pode-se sugerir, relendo ou reinterpretando Castoriadis, a lógica não identitária do "inconsciente" se derrama sobre as representações sociais. Ou, mais precisamente, essa lógica pertence ao isso – que é sempre totalmente inconsciente –, para além da formulação do próprio Castoriadis.

Tal qual Lacan, com quem se engaja sem menção explícita, ele mescla a duas "tópicas" freudianas (duas fases de sua teorização), que todavia devem ser distinguidas. Quero sugerir que aquela lógica não é, portanto, apenas interna ao sujeito individual, porém mais ampla, com o imaginário social enquanto tal aparecendo como em princípio extremamente amorfo, salvo quando os agentes, individual e coletivamente, tentam racionalizá-lo, quer dizer, o tornam algo sistemático, de modo a livrá-lo – provisoriamente, deve-se enfatizar – de sua ambiguidade e fluidez intrínsecas, em que uma coisa pode também ser outra, apesar do caráter contraditório que venha a assumir.

---

2. Em Castoriadis as representações podem ser também expressas em objetos.
3. Da vasta obra desse autor, cuja contribuição para a discussão do imaginário social, incluindo suas derivações em Lacan e Winnicott, examinei alhures (Domingues, 1999, cap. 2), podemos singularizar Freud, 1900, 1915 e 1923. Achamos aí as formulações sucessivas sobre o "inconsciente" e o "isso", sobre "representações", bem como sobre a "condensação" e o "deslocamento". Ver também o sempre útil trabalho de Laplanche e Pontalis, 1967.

O isso funciona por meio de dois mecanismos: a "condensação" e o "deslocamento", que alteram aqueles elementos simbólicos, misturando-os ou encontrando outro símbolo para significar algum outro original, o qual, para Freud, seria "recalcado", suas operações vinculando-se aos sonhos, ao devaneio e aos sintomas neuróticos. Uma vez que o magma do imaginário – em outras palavras, o estoque de memórias socialmente construídas – não pode ser isolado do funcionamento do isso, na medida em que o eu que se constrói sobre ele é incapaz de tudo racionalizar, tudo se encontra permanentemente sob a influência da condensação e do deslocamento, que são assim decisivos para sua conformação. O afeto é crucial na formulação de Castoriadis, tanto quanto na psicanálise, sendo investido de maneira variável em representações, individual e coletivamente. Afeto e representações tecem o "processo primário" que, de acordo com a lógica não identitária, encontra-se no cerne do "eu".

Um limite na abordagem de Castoriadis é que ele circunscreve sua própria teoria precisamente à polarização entre um indivíduo criativo – com seu imaginário radical e criatividade exclusiva – e instituições, ao lado de um magma social, embora sugira uma relação dialética entre eles, como uma herança do marxismo que absorve criticamente, ainda que vá mais além do quase determinismo materialista de Marx. A vida social – o mundo "sócio-histórico", como Castoriadis (1975) gostava de pôr a questão –, as memórias sociais e a criatividade não podem ser espremidas nessa polarização entre agente individual e instituições, que é contudo típica do pensamento moderno e precisa ser criticada.[4]

---

[4]. Castoriadis parece dar-se conta de que falta a criatividade social em sua concepção do imaginário radical. Entretanto, sua mera introdução de "criações" por parte da sociedade (aparentemente no reino das instituições) não basta, uma vez que a continuidade entre vida individual e social é rompida, bem como mercê da ausência dos mecanismos de identificação responsáveis pela criatividade e a reificação da categoria da "sociedade" em si. Ver Castoriadis, 1994 – bem como Adams, 2014. Para uma tentativa de ligar as teorias de Castoriadis e a sociologia, ver Leledakis, 1995.

Para isso, é preciso introduzir dois conceitos de alcance geral na discussão. Primeiro, o de interação, que, de Hegel a Mead e Habermas, passando por Marx, tem cumprido um papel cada vez mais relevante na teoria social: abarcando mais ou limitado em escopo, é no desdobramento de interações, mais institucionalizadas ou mais fugidias, que o imaginário individual exercita sua criatividade produtiva. Com isso, uma criatividade interativa, social, se produz. Segundo, aquele de subjetividade coletiva, em parte presente em Marx e Parsons, bem como em Mead: a interação social ocorre entre indivíduos e também coletividades variavelmente (des)centradas. As primeiras não podem ser, porém, tomadas como a reprodução dos indivíduos, embora por vezes possuam um nível mais alto de centramento, que implica identidade, organização e intencionalidade, parecendo-se com o indivíduo tal qual a modernidade o concebeu.

Podemos dizer que o imaginário tem, portanto, uma história (não uma essência ou substância) *multidimensional* (não somente simbólica), encaixada nas relações sociais, incluindo as interações institucionalizadas, como aquelas entre as classes, forças políticas, gêneros, raças, grupos étnicos e daí por diante. Ele sofre inflexões e rupturas que resultam do exercício da criatividade; isto é, novos símbolos e novas significações não surgem do nada, mas sim de processos sociais amplos – incluindo as lutas sociais –, tecidos interativamente por subjetividades individuais e coletivas que constituem a vida social e as representações vinculadas a imagens ou palavras que se encontram nelas imersas. Ele não implica uma visão substancialista da vida social, seja como a soma dos indivíduos ou como coletividades reificadas, mas antes como um permanente *processo* interativo e criativo.

Uma análise completa e sistemática desses temas pode ser encontrada em outros lugares (Domingues 1995a e 1999, especialmente caps. 1-2). Aqui quero pôr esses conceitos para operar em relação a um caso concreto, que me permite argumentar a favor de seu potencial, apresentando a discussão da criatividade social e do imaginário em sua imbricação com o conceito de subjetividade coletiva como uma abordagem alternativa da cultura na sociologia. Para que percebamos como o imaginário, como um magma, se reproduz e muda historicamente, um caso de continuidade parece instrutivo. Veremos como se tece na longa duração da história pelos indivíduos e coletividades com inclinações e projetos distintos, conflituosos ou cooperativos. Está em tela uma contribuição à sociologia que tem em seu cerne a dimensão "cultural", hermenêutica, da vida social, que se entrelaça porém com outras instituições sociais, mas igualmente com outras dimensões, neste caso especificamente a política. A autonomia da cultura é portanto meramente *analítica*. Além disso, ela não deve ser reificada em "estruturas", na melhor das hipóteses um instrumento descritivo.

A história da Argentina é vista com frequência, dentro do país e ainda mais fora dele, como marcada por continuidades. É nesse sentido instrumental para nossa discussão. O peronismo é certamente o caso mais destacado, especialmente porque aqueles que reivindicam sua herança incessantemente recorrem aos elementos de seu imaginário. Há aqueles que falam de "peronismo infinito", cuja produtividade política parece inexaurível (Svampa, 2005), enquanto outros falam antes de uma era "pós-peronista" (Sidicaro, 2010). Outros ainda falam até mesmo de um peronismo camaleônico, capaz de significar qualquer coisa em suas várias encarnações (Martínez, 2003, pp. 46-47).

Há um pouco de verdade em todas essas afirmações, mas parece haver algo de artificial na polêmica. Afinal, há outras forças políticas no mundo que mostram notável grau de continuidade – bastando lembrar-se os partidos políticos nos Estados Unidos, o Partido Trabalhista Britânico, a social-democracia alemã, o Congresso indiano –, embora a capacidade das forças que afirmam ser peronistas de chegar ao poder não deva ser desconsiderada. Ao lado, portanto, dessas memórias imaginárias, é preciso enfatizar a criatividade social, cujo impacto não deve passar despercebido, na trajetória do peronismo como tal, bem como na das outras forças envolvidas com ele ou que se lhe opõem.

No que se segue, esboçarei um retrato geral do peronismo, enfatizando seu imaginário, seus elementos de permanência e mudança. Isso fornecerá os marcos para o trabalho conceitual que retomarei na última seção deste texto.

O peronismo histórico[5]

A assim chamada "década infame" argentina, que vai dos anos 1930 ao começo dos 1940, se caracterizou, de maneira defensiva e sem um projeto de futuro, pela tentativa de evitar a integração das massas populares ao sistema político, por meio da repressão, da exploração selvagem dos trabalhadores e da manipulação fraudulenta dos resultados eleitorais, depois que o presidente Hipólito Yrigoyen foi derrubado por um golpe militar. Àquela altura ainda em seu segundo mandato, ele representou a primeira tentativa de responder moderadamente àquela pressão popular eleitoral e sindical, bem como cultural, pela incorporação às instituições argentinas legítimas e a seu universo simbólico, para além da rígida dominação oligárquica agrário-mercantil. O regime resultante daquele golpe, com escassa legitimidade, foi derrubado por outro golpe militar, liderado por oficiais de média patente, organizados no GOU – Grupo de Oficiais Unidos –, entre os quais estava o coronel (mais tarde general) Juan Domingo Perón.

---

5. Nos próximos parágrafos baseio-me especialmente em Rock, 1987; James, 1990; Auyero, 2001; Sigal e Verón, 2003; Sénen González e Lerman, 2005; Svampa, 2006; Sidicaro, 2010. Uma das mais célebres polêmicas das ciências sociais argentinas se refere às origens do "populismo" (à qual retornarei depois), entre Germani (1965) e Murmis e Portantiero (1972), em relação ao papel dos imigrantes internos "tradicionais" e do sindicalismo organizado. Seja como for, podemos dizer que o peronismo corresponde também à emergência da "segunda fase" da modernidade na Argentina, na qual o Estado integra os setores populares e assume centralidade na vida econômica. Ver Domingues, 2008.

Vice-presidente após o golpe e chefe da nova Secretaria do Trabalho e Previsão, Perón se aproximou do movimento sindical, com crescente percepção do que o desafio da integração das massas trabalhadoras representava para a conformação e estabilização de um novo pacto social. Forçado a deixar o poder pelos setores conservadores, ele retornou ao palco político pelo impulso exatamente dessas massas.

O 17 de outubro de 1945, ulteriormente santificado como o "Dia da Lealdade", foi a expressão mais dramática desse impulso, com a confluência mais ou menos espontânea de massas "multitudinárias" à Praça de Maio, no centro de Buenos Aires. Perón foi eleito presidente no ano seguinte e reeleito em 1951. Evidenciou-se uma perspectiva ambígua em relação à legitimidade da mobilização popular inclusive no momento inicial do choque com a "oligarquia" (ele sempre recomendara o trajeto casa-trabalho-casa e a questão da barbárie – ver a seguir – não lhe era estranha), uma vez no poder o regime manifestou crescente autoritarismo, com uma atitude corporativista e disciplinadora perante a classe trabalhadora, embora contasse com a presença ativa dos sindicatos e tenha aprovado vasta quantidade de legislação social, além de buscar a industrialização do país. Foi derrubado em 1955.

Longos 18 anos de exílio de Perón se seguiram, os quais acabaram conhecidos por seus seguidores como a "resistência peronista". Ao passo que os sindicatos haviam se tornado mais fortes durante o período anterior e uma pedra de toque da política argentina, misturando truculência, divisões internas e cunho representativo, assim como muitas vezes conciliatório, novas organizações foram formadas dentro do peronismo. Estas tinham orientação de esquerda, frequentemente caráter revolucionário e socialista, várias delas abraçando a luta armada, entre as quais se destacavam a Juventude Peronista (JP) e os Montoneros. Do exterior, Perón manteve com elas uma relação ambígua, em particular por causa da proibição de que sua palavra fosse transmitida publicamente. Seu retorno à Argentina em 1973 o forçou a tomar posição na disputa entre correntes absolutamente antagônicas. Ele optou pelos sindicatos e pelas forças mais conservadoras dentro do movimento, mas sua morte, em 1974, simplesmente deixou a escalada do confronto degenerar em conflito aberto, processo interrompido pelo golpe e pela brutal ditadura militar que tomou o poder.

O retorno à democracia liberal em 1983, para o espanto de muitos, levou a renovada União Cívica Radical (UCR) de Raúl Alfonsín ao poder, mas seu governo teve de ceder ante a crise econômica, tendo como sucessor, antes do período constitucionalmente definido, Carlos Menem. Inicialmente aparecendo como um peronista tradicional, assim que possível, nos quadros daquilo que O'Donnell (1991) batizou de "democracia delegativa", o novo presidente, embora recorrendo a símbolos peronistas, orientou seu governo na direção diametralmente oposta, aquela do neoliberalismo e de uma nova base social, a de uma classe empresarial transnacionalizada e do capital financeiro.

Mas o que seria o imaginário do peronismo até então? O tema da justiça e a "plebeização" da vida social e da cultura eram cruciais. A nova construção da nação estava em questão também, incorporando as massas de trabalhadores e os *descamisados* (termo inicialmente usado pela oposição ao peronismo emergente e ressignificado de modo positivo por Perón), assim como levando a um confronto com o que será visto como o poder imperialista dos Estados Unidos, que substituíra o poder britânico decadente. Se sua esposa Eva Perón voluptuosamente corporificava o tema da justiça e da plebeização, a defesa dos *descamisados*, como uma extensão do "coronel", identificados com ele mas subordinados politicamente (Navarro, 1977), o slogan da primeira campanha eleitoral peronista – Braden ou Perón – expressou a autonomia nacional demandada pelo movimento.

O poder dos trabalhadores na nova sociedade era também crucial, ativamente representando sua integração ao sistema político. Como reconheceu Germani (1965), antiperonista, mas sociólogo brilhante, a questão da *liberdade*, em um plano muito básico, conectada à própria percepção da dignidade do trabalhador, atravessou a questão peronista. Esta foi mal-entendida pelos liberais e pelas esquerdas socialista e comunista, que ficaram totalmente desorientadas.

Viradas importantes, como a aproximação de Perón com a Igreja Católica (com a nação sendo agora assim vista como cristã, de maneira muito conservadora) e sua posterior ruptura com ela (quando os símbolos peronistas se sobrepuseram aos cristãos), devem ser levadas em conta aqui, bem como o elemento sacrificial, presente já na ocasião da prisão de Perón e depois ampliado com a morte de Evita, que veio a figurar com centralidade no imaginário peronista popular (provavelmente vinculado à metamorfose das crenças populares cristãs acerca do sacrifício do próprio Jesus). Além disso, embora sempre se pondo como alguém que não pertencia de fato ao povo, embora dele sendo parte como membro das forças armadas, que ele inicialmente descreveu como que partilhando da mesma situação de exterioridade, Perón logrou construir uma identificação entre ele mesmo e a Pátria e entre esta e o Povo, que era por sua vez identificado com os Trabalhadores. Eram todos eles opostos à oligarquia e aos políticos que, usurpando o lugar dos primeiros, haviam governado, de maneira distorcida, os destinos da nação. Ao voltar do exílio, porém, Perón tentou um discurso conciliatório que ampliou a nação para além de sua identificação com o peronismo.

O papel criativo de Perón e sua mulher, Evita, não pode ser desconsiderado nesse processo, mas é preciso destacar que ele se calcou em elementos que eram preexistentes. É crucial, além disso, enfatizar o conjunto de intervenções dos trabalhadores – que teve seu auge em 17 de outubro –, seja lançado pelos sindicatos – neste caso contando com um alto nível de identidade e centramento na conformação de subjetividades coletivas intermediárias –, seja impulsionado por um movimento mais geral e espontâneo das massas populares – no qual pouca organização estava presente, mas um nível razoável de centramento por meio de uma identidade compartilhada pode ser divisado, permitindo uma mobilização sem precedente. Como parte de uma subjetividade coletiva mais vasta, eles foram decisivos na conformação da nova face da sociedade, da cultura e política argentinas, em seu choque interativo com outras subjetividades coletivas – especialmente liberais-conservadoras, porém também socialistas e comunistas.

Ao menos desde o governo de Yrigoyen, a questão da plebeização do país esteve em pauta. Com a publicação do livro fundador de Sarmiento, o *Facundo* (1845), civilização ou barbárie haviam se tornado uma dicotomia aplicada a várias modulações culturais da sociedade argentina. Se, inicialmente, o "gaúcho" e seus "caudilhos" eram a expressão da barbárie, contra a Buenos Aires europeizada, os imigrantes, originalmente pensados como a solução para o problema, logo foram caracterizados por meio dela. Finalmente, as massas populares, plebeias, peronistas, encarnaram essa figura, então positivamente assumida pelo movimento.

Evita, mais que Perón, foi a representação quintessencial dessa Argentina popular, não por acaso sendo tão odiada pelos grupos oligárquicos e largas fatias das classes médias. Ambos viram na tomada popular de Buenos Aires em 17 de outubro um verdadeiro "aluvião zoológico", que mal podiam reconhecer em sua humanidade, já para não falar em compreensão, e de modo algum aceitar. O sindicalismo fora reprimido durante a "década infame", mas se manteve ativo, com a renovação de sua liderança (muitos trabalhadores agora, ao que parece, oriundos do interior). Ao mesmo tempo, várias correntes nacionalistas, à direita e à esquerda, haviam surgido nos anos 1930. Tudo isso foi abraçado pelo peronismo, o qual, no entanto, combinou esses elementos com uma teoria política personalista e autoritária que, mediante a identificação direta e imediata entre Perón, a Pátria, o Povo e os Trabalhadores, permitiu a articulação de uma concepção da "condução política" em que "previdência" era atribuída apenas ao líder, que não podia ser (abertamente) questionado. Durante o período de resistência essa nova concepção se fortaleceu, ruindo no que tange às organizações peronistas renovadas, a JP e os Montoneros em particular, quando Perón retornou ao país e rejeitou suas posições revolucionárias.

Esses elementos perduraram no imaginário peronista durante seus primeiros dois governos, a resistência e o exílio, o retorno de Perón, as ditaduras militares, constituindo assim uma memória forte e socialmente partilhada. Porém, desde a democratização, importantes mudanças ocorreram. Com o nacionalismo em larga medida desmoralizado após a aventura desesperada da invasão das Ilhas Malvinas, a última tentativa dos militares de agarrar-se ao poder, com o sindicalismo enfraquecido e a esquerda dizimada pela repressão, uma classe média empobrecida pela crise econômica da década de 1980, uma juventude que achou no rock uma nova forma de expressão, um país atomizado e sem a presença de Perón, o poder daquela dicotomia, vincada pela total exclusão de um de seus termos – civilização ou barbárie –, despencou a níveis muito baixos.

É verdade que a aparência de caudilho interiorano que Menem ostentava ao chegar à Presidência parecia ressuscitar esse elemento do imaginário nacional – ele fora governador da província de La Rioja, a mesma de Facundo Quiroga, atacado como arquetípico por Sarmiento. Mas ele próprio rapidamente obscureceu isso, ao trocar suas bases sociais, optar pelo clientelismo (em particular, mas não apenas, na província de Buenos Aires), buscando uma reconciliação nacional enquanto abraçava o neoliberalismo radical e oferecia um consumismo sem peias às classes médias. Em particular, Menem emprestou à ideia de plebeização um significado muito distinto, transfigurando-a pela estética kitsch e pelo arrivismo social, pela mistura com os ricos e por um festejar constante com eles, esvaziando-a de seu caráter conflituoso anterior (Svampa, 2005, pp. 119-120). Nada parece restar da oposição que ela um dia cristalizou, convertida positivamente pelo peronismo por meio da contraposição entre o "povo" e a "oligarquia". Se a crise de 2001-2003 a fez reaparecer na figura dos *"cartoneros"* (catadores de papel miseráveis) e dos *"piqueteros"* (na verdade grupos de trabalhadores desempregados organizados em movimentos sociais), pouco a pouco isso se tornou menos relevante.

Outro elemento presente no imaginário da Argentina, nesse caso mais vinculado ao liberalismo, mas mais amplo e mais democratizado em escopo, tornou-se crucial desde a última ditadura militar. Encontrou lugar de proa, juntamente com novas questões e temas, com a ascensão de Néstor Kirchner à Presidência em 2003.

A Argentina de Kirchner e Fernández de Kirchner[6]

Kirchner assumiu com uma porcentagem muito pequena de votos (22%) e praticamente por indicação do último presidente interino, Eduardo Duhalde, antes um aliado de Menem, que se recusou a participar do segundo turno das eleições porque sem dúvida seria derrotado. Nessa eleição uma curiosa engenharia política foi posta em prática, permitindo a cada partido lançar mais de um candidato, uma vez que o peronismo não pode alcançar um mínimo de coesão interna e Menem possivelmente ganharia o processo de seleção de candidatos. Sua legitimidade era muito baixa, fato que Kirchner não deixou de perceber.

O Partido Justicialista, peronista, se convertera quase em uma associação nominal, uma máquina regionalizada baseada no clientelismo e em lealdades pessoais que os governadores podiam mobilizar. Por outro lado, embora não tivesse se oposto abertamente a Menem durante seu período como governador de Santa Cruz, Kirchner

---

[6]. Nos parágrafos seguintes apoio-me em Svampa, 2005; Delamata, 2008 e 2009; Sidicaro, 2010; Sarlo, 2011; Maneiro, 2012; bem como nos jornais argentinos e na observação direta. Aqui se trata da terceira fase da modernidade, mais plural – como concretamente argumentarei mais adiante – e contando de novo com o mercado, mas também com redes de colaboração. Ver Domingues, 2008. O kirchnerismo como tal parece ter levado a cabo, desde o Estado, uma articulação em rede desses movimentos, antes que o fazendo eles diretamente, de maneira distinta do que recentemente teve lugar em outros países latino-americanos.

e sua esposa, a senadora (pela mesma província) Cristina Fernández de Kirchner, tinham – ou pretendiam haver tido – laços históricos com os Montoneros.

Ele mobilizou, portanto, desde o começo seus vínculos com a "geração dos 70" como instrumento simbólico, a face peronista radicalizada da justiça social. Ao mesmo tempo, foi habilidoso na busca de aliados a partir da posição de poder que a Presidência lhe oferecia, diante de um partido fragmentado e um Congresso humilhado pela rejeição aos políticos (o *"¡Que se vayan todos!"* de 2001).

Passo a passo, enquanto mantinha uma política de "transversalidade" – nomeadamente, alianças com todos os partidos –, ele também reorganizou o peronismo em torno a seu projeto de poder. Uma vitória eleitoral maiúscula e a derrota do anterior presidente, Duhalde, se mostravam como cruciais em algum momento. Eles as colheram nas eleições parlamentares de 2005.

Entre as alianças que costurou como presidente, se incluíam os grupos empresariais, importante e implicitamente. Eles viram em Kirchner a continuidade das políticas de recuperação iniciadas por Duhalde (Roberto Lavagna foi mantido como ministro da Economia e conduziu a bem-sucedida negociação da dívida externa, depois da moratória de dezembro de 2001). Mas do ponto de vista simbólico cintilaram aquelas que Kirchner selou com os *piqueteros*, a face da justiça social, e os movimentos pelos direitos humanos, as mães e avós da Praça de Maio, reabrindo os processos contra os militares e outras forças, os torturadores e assassinos do período ditatorial.

Ele manteve as alianças com os governadores provinciais, que aderiram a seu projeto decisivamente depois das eleições de 2005, e inclusive com os sindicatos enfraquecidos, os quais viam na retomada da atividade econômica e do nível de emprego uma meta factível, além de dar continuidade aos planos compensatórios dos governos anteriores (de Menem e Duhalde). Assim garantiu um crescimento econômico acelerado depois da crise (de 7 a 9% ao ano), o aumento do poder aquisitivo e a diminuição da pobreza, empunhando a bandeira da justiça social. Introduziu, contudo, no imaginário projetado por seu governo, um elemento-chave que nunca aparecera com centralidade no peronismo: a questão dos direitos humanos.

O peronismo, a despeito de pronunciadas tendências autoritárias, nunca rompeu com o sistema liberal-democrático. Aos direitos civis e políticos somou direitos sociais, que deram novo conteúdo e eficácia ao primeiro. Mas esse não foi nunca seu centro de gravidade. Assumindo após a queda da ditadura militar, Raúl Alfonsín, um advogado e ativista dos direitos humanos, abraçou o tema, que foi congelado porém pelos acordos que ele e Menem fecharam com os militares, encerrando os processos por violações daqueles direitos. É certamente verdade que, como ideia, os direitos humanos emergiram antes dos direitos de cidadania (definidos nacionalmente), em seu aspecto civil. Na última década, globalizados, eles vêm tendendo a se sobrepor aos últimos em escopo, bem como moral e juridicamente. Sua matriz liberal, individualista e vinculada ao Esclarecimento, porém, é bastante clara. Eles carecem ademais de uma positivização nos Estados nacionais, apesar de reivindicarem hoje mais uma vez alcance universal.

Uma aproximação se operou assim no imaginário nacional entre aqueles temas "nacional-populares" e os do liberalismo, que haviam estado em confronto no século XX argentino. Isso não foi, é claro, uma invenção dos Kirchner: Alfonsín ensaiou esse entrelaçamento em sua tentativa de transformar a UCR em um partido social-democrata, mas foi um movimento muito mais profundo de democratização levado a cabo por lutas e mobilizações populares antes, mas especialmente durante o período sangrento da ditadura militar, de 1976 a 1982 (ver Domingues, 2008), que fertilizou o solo para esse novo e virtuoso encontro na história do país.

A sagacidade dos Kirchner foi emprestar-lhe "produtividade política", dando vazão a um processo de criatividade social mais amplo que aquele focalizado em seu projeto político, enraizado em vários movimentos sociais e perspectivas políticas e culturais, sem abrir mão, por outro lado, do elemento de concentração do poder que marca de modo tão típico seu exercício pelo peronismo, embora as instituições políticas argentinas não se prestem docilmente a exercícios despoticamente personalistas no momento. A eleição de Cristina Fernández em 2005 e reeleição em 2010, como portadora do projeto comum do casal, com impressionantes 53,8% dos votos, reafirmou-o, não obstante possíveis inflexões.

Com efeito, os símbolos peronistas seguem fortes no discurso e na iconografia do "kirchnerismo": às figuras sacrificiais e de liderança de Perón e Evita, foi agregado "Ele", como a presidente Cristina Fernández usualmente se refere ao ex-presidente, repentinamente falecido em 2010 (ainda que Kirchner não citasse com frequência o líder fundador, nem ela o faça). Sindicalismo, justiça, o "povo", permanecem como referências importantes nos imaginários popular e peronista. Mas não se prestam à construção de uma polarização capaz de produzir um "campo popular" oposto a outro, negativamente definido. A tentativa, no primeiro semestre de 2008, de usar o "conflito do campo" nessa direção, matéria prosaica que dramaticamente girou em torno a um aumento dos impostos de exportação dos produtos agrícolas, evidenciou a falta de "produtividade" dessa abordagem.

O governo e o ex-presidente a bancaram, intencionalmente ou não, o que se expressou na sentença vazia de Luis D'Elía, um líder *piquetero* peronista trazido ao governo: "Odeio a oligarquia." O resultado parece ter sido, contudo, fundamentalmente negativo para seu projeto, contribuindo de fato para fundir descontentamentos em relação a seus governos, antes que para mobilizar os setores populares. O campo argentino tem na verdade pouco a ver com o período oligárquico.

"Mudanças transformistas" mantiveram o poder da grande propriedade (hoje altamente internacionalizada, seja na propriedade do solo ou através do controle de insumos e dos mercados compradores) e o padrão de exportação de *commodities*, havendo, porém, uma diversidade de situações que não pode ser espremida naquela dicotomia. Nem mesmo a denúncia constante do neoliberalismo parece ser suficiente para garantir a polarização.

Além disso, fragmentada a classe trabalhadora pela própria natureza dos processos econômicos contemporâneos (terceirização, ampliação do setor de serviços etc.) e com novas questões emergindo, aquela polarização não se sustenta. Temas como casamento formal entre homossexuais e a questão ecológica – tal como expressa no conflito com o Uruguai, centrado em Gualeguaychú, decorrente da instalação de uma fábrica de celulose no país vizinho – têm assumido nova centralidade, o "povo" sendo então definido como *plural* e mediante o elemento *cívico* (que evidentemente incorpora a questão dos direitos sociais),[7] antes que através de um pertencimento "popular" claro e exclusivo. Outros emergirão – à direita e à esquerda, alguns neutros nesse sentido. A questão da segurança tem se projetado para o centro da cena por vezes, recorrentemente enfatizada pelas forças da direita, que visam a emprestar um significado específico, com tendências autoritárias e excludentes, à questão da cidadania civil, buscando inspiração nos esquemas sugeridos pelo Banco Mundial e articulando a ideia de *civilização* como *ordem*, se bem que sem suas vestimentas oligárquicas anteriores (ver Murillo, 2008, especialmente caps. 8-9).

Símbolos peronistas e muitos de seus temas, pedras fundamentais da história e da memória popular do país, certamente se manterão vivos. Mas seria provavelmente pouco sábio apostar demasiado neles. Aqueles novos temas e a imbricação entre as políticas "popular" e "liberal-democrática" chegaram para ficar. Além disso, a legitimação governamental deriva também do crescimento econômico e de aumentos salariais, como em qualquer lugar do planeta.

---

7. Nesse sentido, inclusive a Assignação Universal por Filho (de outubro de 2009) tende mais a uma abordagem universal que outros esquemas de transferência de renda (aos pobres) que se encontram em toda a América Latina presentemente. Ver Neri *et al.,* 2010.

Isso depende da definição cultural de um tipo de "interesse" utilitário no alvorecer da modernidade (Hirschman, 1976), para além da questão permanente e universal do uso e da distribuição dos recursos materiais, e se radicalizou em larga medida pela influência do neoliberalismo e pela derrota de alternativas mais coletivamente articuladas, embora o reconhecimento ainda cumpra papel nesse sentido, em termos do acesso mais generalizado, se não universal, a bens e serviços (García Canclini, 1995). Deixamos, portanto, para trás os dias heroicos de um peronismo realmente "nacional-popular", embora na Argentina, assim como de modo mais geral na América Latina, a redistribuição da riqueza permaneça como questão na agenda política.

Imaginário e política na modernidade

Reflitamos agora sobre duas questões que atravessam este capítulo. Primeira, a noção de "populismo", uma questão política e simbólica que tem sido crucial na América Latina. Isso será instrumental para avançar na articulação conceitual do imaginário mais genericamente, bem como no que concerne a sua constituição política na modernidade.

Meu argumento se dirigiu precisamente a pensar o imaginário como uma espécie de "magma" de significações flutuantes, que mudam de características e se misturam, condensam-se e são deslocadas, adquirindo novos sentidos nesse processo. Como vimos, esse magma por certo tem uma história, antes e depois, não aparecendo do nada ou de repente, tecido, como é, por indivíduos e coletividades em conflito ou cooperação. Isso é verdade em relação à oposição entre barbárie e civilização, uma ideologia que funciona, como as ideologias o fazem, através do mecanismo de defesa que Freud chamou de *denegação*, nele se apoiando, com o que elementos desagradáveis são banidos da consciência, neste caso quase ao ponto de negar-se inclusive humanidade às classes trabalhadoras (tratadas como "aluvião zoológico").

Isso aconteceu também com o peronismo. Retomando símbolos controversos e conflituosos da história argentina e ligando-os à concreta situação do país em 1940, Perón fortemente soldou, condensando-os *por adição*, a representação de si mesmo, como "condutor", com as noções de Povo, Pátria e o movimento para o qual ele operava como um catalisador, com as ideias de justiça social e cultura plebeia em seu cerne. O papel de Evita nisso é mais ambíguo, talvez, uma vez que se posicionou diretamente ao lado do povo, os *descamisados*, mas como eles próprios, politicamente, sempre foi subordinada a Perón.

Vale notar que, para Freud, o "recalque" funcionava no deslocamento e na condensação. Ele tinha de ocultar qualquer objeto sexualmente problemático, assim permanecendo inconsciente. Mas podemos pensar que a construção de um sistema de representações sociais em geral ocorre de maneira afirmativa, sem necessariamente dispensar elementos díspares, juntando-os em vez de fazê-los desaparecer sob um único símbolo. Isso permite que representações como a Pátria, o Povo, os Trabalhadores, Perón etc. sejam afirmadas e combinadas por meio do que pode ser então chamado de *condensação por adição*, em lugar de *subtração*, como poderia ser sugerido em relação à tese freudiana original.[8]

Nos começos do peronismo isso foi provavelmente menos problemático, visto que o papel da *fantasia* apontava para o futuro, como uma maneira de superar as frustrações da classe trabalhadora

---

8. Essa condensação não ocorreu, portanto, apenas através de um elemento simbólico e muito menos através de um "significante vazio" que poderia condensar todos os outros, como se poderia supor com um uso direto das teses de Freud e Lacan, no que se refere à segunda possibilidade, afirmaria Laclau (2005, pp. 69-72, 97-98, 105, 123, 171 e 217-220), tal elemento consistindo no cerne de uma cadeia de equivalentes que articula a "hegemonia". De todo modo, esse não me parece o melhor entendimento de Freud.

argentina, embora desde o começo elementos ideológicos e mecanismos de defesa mobilizados por Perón estivessem presentes aí, por exemplo com o papel do líder contraposto à afirmação da igualdade (no limite mesmo se pregava a passividade da classe trabalhadora em seu conjunto) e a permanência ambígua de elementos da ideologia liberal, incluindo a própria ideia de direitos individuais, que remetiam ao pensamento burguês individualista.

Após o estabelecimento do regime, com seu impulso controlador e disciplinador, a fantasia assumiu mais fortemente o caráter de um mecanismo de defesa e o papel dos trabalhadores como protagonistas foi substituído ou ao menos restringido, nos quadros de um Estado corporativista superimposto a eles – inclusive no que se refere à identificação com os protagonistas históricos de 17 de outubro, com referência ao qual a organização popular sofreu um tipo de "anulação retroativa" parcial. Em todos esses casos de ideologização, a *racionalização* se destaca, como um "mecanismo de defesa secundário", sistematizando, mas ao mesmo tempo defendendo, "interesses" (definidos de maneira lata conceitualmente) parciais, não gerais, distorcendo a percepção da realidade e oferecendo (dúbias) razões morais para suas operações e práticas.[9]

Esses símbolos têm sofrido inflexões. Isso teve lugar inclinando-se à esquerda ou à direita, em particular significando, em seus extremos, seja forte integração ou uma ruptura revolucionária com o sistema dominante; misturaram-se de maneiras estranhas com o neoliberalismo; e perduram mais fragmentados no imaginário nacional da Argentina. De modo mais importante, porém, foram instrumentais outrora para polarizar o campo social em uma dualidade

---

9. Recorro aqui, para essas teses freudianas, já articuladas a uma visão mais ampla da vida social, a um livro importante sobre a "razão cativa", de Rouanet (1985, em especial pp. 122-138, 147, 182ss, 199ss e 238). Outros mecanismos de defesa são a formação reativa, o isolamento, a inversão, a identificação e a projeção, que deveriam ser utilizados analiticamente em um estudo mais profundo do peronismo e da cultura política argentina de modo mais geral.

antagônica, o "povo" contra a "oligarquia", mas já não possuem a força social e a *plausibilidade* – um fator fundamental para a eficácia de novas representações – que podem permitir-lhes operar – para além dos devaneios de ideólogos e militantes.

O que pode ser arbitrário para a psique individual, do ponto de vista social deve ter um caráter mais intensamente compartilhado. Com novos movimentos e elementos imaginários, em particular no que concerne aos direitos humanos e à tradição liberal-democrática, bem como a uma vasta gama de questões emergentes na última década, tornou-se mais complicado articular alianças políticas, dissolvendo e condensando seus símbolos. Seria possível até sugerir que nos encontramos perante uma situação – que não deveria ser vista, todavia, como inevitável hoje – em que os elementos estão suspensos em uma "solução coloidal" (Sidicaro, 2010, p. 258), sem de fato misturar-se, em vez de uma efetiva condensação em que seus significados se fundem ou ao menos se articulam (somando-se) diretamente, apesar de o tema da cidadania e dos direitos pairar sobre todas essas representações.

Essa parece ser uma característica das sociedades contemporâneas: seu nível atual de pluralismo não permite tão facilmente ofensivas modernizadoras baseadas na simples lógica de "equivalentes" das "demandas populares", que, para Laclau (2005), é típica do chamado "populismo".[10] Esse é para ele, afinal, o nome real da dimensão política – "o político" –, visto que claramente define dois campos sociais antagônicos, fundantes – e como tais geradores – da noção de "povo" como tal, de fato como se as coletividades que os

---

10. O que Laclau (2005, pp. 74, 110, 127-128 e 225) estranhamente chama de "demandas democráticas" – em oposição a "demandas populares" já totalizadas pelo "populismo", originando-se naquelas – são na verdade demandas inscritas no campo da política como cidadania, embora haja no quadro da política liberal sempre um impulso a despolitizá-las, algo que, dentro do movimento da "revolução democrática" que se desdobrou desde os anos 1970 (ver Domingues, 2008), simplesmente não é possível.

conformam não existissem já, embora com características um tanto distintas. Mas se é comum ver esses dualismos serem construídos ativamente, com uma função política clara, o que a história moderna da Argentina evidencia, não deveríamos pensar que esta seria uma condição ontológica absoluta e necessária, nem muito menos que os líderes têm um poder tão transcendente e que em especial aqueles que fortemente condensam afetos seriam sempre necessários, como também sugerido por Laclau.

Assim, uma vez mais o significado e a utilidade conceitual do que em geral se chama de "populismo" são postos em tela de juízo.[11] Em vez de como uma categoria de análise, pode ser mais sensato e útil tratá-lo como parte do imaginário latino-americano, como uma maneira de representar aquilo que pode parecer problemático ou desviante nas formas de mobilização e liderança popular nesse subcontinente (ou em qualquer outro lugar), questão à qual retornarei adiante.

Tampouco se presta a dinâmica do imaginário e da política argentina a uma polarização entre núcleos "sagrados" (do consenso e do "bem") da sociedade civil, como o lócus da solidariedade, e o mundo "profano" (potencialmente "mal") que o cerca, como poderíamos pensar apoiando-nos na sociologia cultural de Alexander (2006 e 2010).

Isso não quer dizer, é claro, que alguns valores e instituições não sejam compartilhados. Mas não se trata apenas de que seu significado seja heterogêneo, também as relações de poder que subja-

---

11. A tese original de Germani (1965) sobre o populismo apontava para "massas disponíveis" manipuladas por "elites" emergentes na transição da sociedade "tradicional" à moderna. Suas referências eram a Argentina e o peronismo, mas a ideia foi generalizada para outros países latino-americanos e outros fenômenos políticos. Problemática (e a meu ver fundamentalmente equivocada) a tese para aquele período, a expressão degenerou nas últimas décadas em mero termo de abuso, não obstante alguns esforços para atualizar o conceito. Por outro lado, há uma estranha semelhança, apesar de valorações opostas, entre as teses de Germani e Laclau no que se refere ao papel da liderança.

zem àqueles valores e instituições devem ser desveladas, em especial quando essas polarizações são propostas e se cristalizam. Ademais, em certo sentido invertendo o teorema de Laclau, Alexander vê a representação e representações meramente como expressões da esfera civil – candidatos conformando também "representações coletivas" –, sem reconhecer como elas realmente contribuem para gerar coletividades societais, embora não devamos atribuir criatividade absoluta às forças políticas, muito menos à liderança política. Ambas as teorias da representação – política e simbólica – são unilaterais e falhas, escapando-lhes o jogo criativo entre aqueles agentes, bem como entre eles e outras coletividades sociais.[12]

É realmente curioso – mas não casual, como logo veremos – que Laclau e Alexander de certo modo expressem os elementos que surgem em tensão no imaginário argentino – os elementos da soberania popular radical e do compromisso cívico popular, juntamente com aqueles que a eles se opõem –, ambos buscando compreender a dinâmica das sociedades modernas de maneira exclusiva nos quadros de suas próprias dicotomias e acabando por supor uma ontologia social enraizada em uma espécie de constructo binário.

Laclau ao menos mais claramente percebe isso como uma construção social, apesar de preferir uma abordagem estruturalista. A subjetividade é introduzida assim sem especificação, substituída pela ideia de "demandas". Na verdade, contudo, estas surgem, inclusive em suas ilustrações concretas do "populismo", submetidas ao jogo político no qual coletividades com histórias específicas são os protagonistas, sendo em parte pré-constituídas, embora a dinâmica da interação social, em sua multidimensionalidade – e não somente no plano do "discurso" –, permanentemente as reconstitua.

---

12. O clássico sobre as teorias da representação é Pitkin, 1967, que revisa essas distintas perspectivas. Ver Panizza, 2005, para seguir com a discussão da obra de Laclau – incluindo-se aí a posição da dicotomia amigo-inimigo de Carl Schmitt, mas não a ideia de "democracia radical", que foi engolida pela de "populismo" como política popular.

Em sua obra original, Laclau e Mouffe (1985) não haviam proposto realmente tamanha simplificação das cadeias de equivalência que constroem a hegemonia, em especial em uma era de grande complexidade social, como a da Europa contemporânea, e em face dos "novos movimentos sociais", ambas as questões funcionando como pano de fundo para sua análise. Foi somente quando Laclau tomou, ainda que isso não seja totalmente explícito, o caso da Argentina como ponto de partida que o imaginário do peronismo radical e sua polarização do país o capturaram.

Mas por que esse tipo de dicotomia parece ter tanta força nas ciências sociais e nas humanidades? Ela era central para o estruturalismo (mas não para o pós-estruturalismo, com sua tese de um "excesso de significantes" e significado flutuante), podia ser encontrada (mas apenas parcialmente) em Durkheim,[13] é requerida por Alexander e Laclau, de maneiras distintas. Seria possível pensar que isso ocorre porque corresponde de algum modo à realidade, que terminaria traduzida de maneiras diversas, assumindo, porém, muitas vezes essa direção.

Não creio ser esta uma percepção correta do que acontece. Ao contrário, trata-se somente de esforços para racionalizar – isto é, tornar sistemático – o conhecimento da realidade social, o que é sem dúvida necessário e inevitável no desenvolvimento das ciências sociais, o qual adquire entretanto neste caso o caráter de operação simplificadora, que tem como consequência o empobrecimento de nosso conhecimento de como essas dicotomias são introduzidas. Na melhor das hipóteses isso replica estratégias político-discursivas parcialmente constitutivas dessa mesma realidade. Isso não quer dizer que não haja símbolos, fortemente embebidos em afeto, que sejam centrais para as identidades e as instituições, "sagrados" nesse sentido, se se quer

---

13. Na verdade, Durkheim estava muito mais ciente das ambiguidades e ambivalências dos símbolos sociais ao beber na obra de R. Smith, assim como fez Freud. Ver Agamben, 1997, pp. 83-89; Riley, 2005.

– incluindo a identificação do "eu ideal" representado pelos grandes líderes, embora, quando eles se põem e são postos muito acima de uma identificação dos cidadãos como iguais, com elitismo autoritário, em suas diversas versões, isso implique uma questão que não é trivial, ao contrário do que Laclau (2005, pp. 51ss e 221) parece supor.

Além disso, esses símbolos passam por flutuações e mutações, sendo por vezes ferozmente contestados. O consenso contingente gerado por eles não deve ser exagerado. Ele se enraíza em grande medida em relações de poder e sistemas de dominação, incluindo o uso da coerção pelo Estado ou por aqueles que o desafiam em certos momentos, em um jogo que não pode ser focalizado de maneira unilateral. Afinal, é isso que se destaca no conceito de Gramsci (1929-1935) de "hegemonia", apesar de sua tendência a subordinar a cultura à política e esta última à economia.

A literatura sobre o "populismo" com frequência assinala seu viés anti-institucional, por vezes autoritário, e seu discurso e ideologia demagógicos. Se é possível encontrar esses traços, de fato desigualmente, em inumeráveis movimentos políticos e na ampla gama de ideologias políticas que apelam ao "povo", pode ser decerto sugerido que eles definem vários fenômenos políticos pelos diversos graus em que estão presentes (Diehl, 2011). O mesmo é verdade em relação a pensar-se o "populismo" como a "periferia interna da política democrática" e como "sintoma" de suas limitações (neste caso, porém, vendo-o como um fenômeno negativo de "representação", como na neurose) (Arditi, 2005, pp. 77ss).

Mas há outras denúncias dos limites da democracia liberal e, no fim das contas, ao escolhermos pôr o foco naquela sintomatologia inevitavelmente descuramos da variedade de desafios a esse sistema por parte de forças populares e de oposição. Em particular pode-se perguntar o que ganhamos com a definição do "populismo" como um *substantivo* – quer dizer, um conceito com verdadeiro potencial *analítico* –, ao passo que ele poderia ser com efeito mais bem utilizado meramente como um *adjetivo*, como costuma ser o caso na linguagem cotidiana, na qual a demagogia e a personalização da política se apresentam como um aspecto proeminente (como Arditi, 2005, p. 76, ele mesmo observa a certa altura). Mais uma vez, esse não é sempre o caso quando apelos à vontade e à soberania popular são vocalizados: uma variedade de respostas tem sido historicamente articulada nesse sentido.

Finalmente, vale considerar algumas das teses de Margaret Canovan (2002), que serão instrutivas nesse sentido e também mais geralmente. Sua definição de populismo começa com uma teoria elitista da democracia (implícita) e de fato ela contrabandeia a ideia de que, concebida como participação e soberania populares, esta última é realmente impossível em sociedades liberais complexas. Elas são para Canovan, na melhor das hipóteses, literalmente, "mentiras" a serem engolidas pela população, sem ser no fim das contas de modo algum soberania – uma percepção empírica razoável que ela transforma, contudo, em afirmação normativa. Não deve surpreender que quem discorda disso e faz uso dessas noções seja imediatamente classificado como um "populista" – quer dizer, seja implicitamente um mentiroso (mesmo se essa mentira é autoimpingida) e um demagogo (como ela acusa Rousseau ao falar da vontade popular). A noção de imaginário é assim espremida e somos deixados sem os elementos de que precisamos para emprestar-lhe sentido.

No que se segue, pretendo esboçar uma perspectiva alternativa, que evita o viés excessivo de descartar um aspecto tão crucial da democracia por definições elitistas e mínimas da democracia que Canovan expressa de maneira bastante direta, com más consequências também para uma teoria do imaginário e sua aplicação aos fenômenos políticos.[14]

---

14. Isso não precisa implicar uma substancialização da soberania popular – e muito menos sua identificação com o Estado. A aceitação de uma visão intersubjetiva da democracia, como sugerida por Habermas (1992), é realmente importante, mas não deveria levar à reprodução de sua efetiva, ainda que parcial, aceitação do elitismo e a uma confiança excessiva na teoria política liberal, inclusive por conta de suas dificuldades para lidar com o conflito.

A modernidade implicou o "desencaixe" dos indivíduos e das coletividades de suas localizações espaçotemporais mais firmes e mais circunscritas, lançando-as nas coordenadas mais amplas e mais fluidas do Estado-nação. O "reencaixe" fundamental da modernidade (não historicamente, mas no que se refere às condições mais gerais de existência dessa civilização, compreendidas teoricamente) foi configurado pela cidadania, civil e política inicialmente (com aquelas restrições bem conhecidas no que diz respeito às classes trabalhadoras, às mulheres e aos grupos étnicos e raciais). Esse reencaixe, nos planos imaginário e institucional, se põe como uma "abstração real", visto que os indivíduos são assim pensados como descorporificados. Isso implica uma dessubstancialização do poder que apareceu então como uma virtualidade (originalmente quase apolítica na teoria liberal) a ser preenchida por meio da rotação (antes que realmente vazia, como sugerido por Lefort, 1981, caps. 1-4).

A cidadania é, contudo, muito rarefeita para garantir a inserção dos indivíduos e das coletividades nas novas "sociedades" que emergiram do século XVIII em diante, primeiro na Europa e nos Estados Unidos, inclusive na América Latina, e depois aos poucos em todo o mundo. Novos reencaixes, mais substantivos e concretos, tiveram lugar ao mesmo tempo, portanto, com aspectos de classe, religiosos, étnicos, raciais, em termos do nacionalismo, de gênero, e assim por diante (Domingues, 2002).

Isso é verdade genericamente e com respeito à política também. Nas sociedades em que a cidadania liberal se inclinou pela exclusão das massas populares, esse movimento levou a uma relação antagônica entre as formas liberais da política e a mobilização e as identidades populares. Esse foi o caso da Argentina, expresso na trajetória do peronismo, ao passo que em vários países europeus a social-democracia integrou essas massas populares. Nos Estados Unidos, a questão foi bastante diluída, enquanto, por outro lado, em outros países europeus o fascismo e o nazismo foram finalmente uma resposta reacionária a essas tensões (problemas relativos hoje a seu ressurgimento deveriam ser creditados precisamente a um processo de efetiva desdemocratização da Europa e de outras paragens).

O que seria uma *parcial ressubstancialização imaginária do poder*, concretamente encarnada em líderes individuais, está sempre presente de algum modo na política e não é uma aberração (ao contrário do que sugere Lefort). Isso configura equivalências entre eles e a nação (seja lá como esta é concebida), na medida em que esses líderes, de uma maneira ou de outra, mais ou menos ideologicamente, mais fielmente e "racionalmente" ou demagogicamente, respeitando as instituições, lutando para mudá-las ou tentando pôr-se acima delas, representam ou tentam representar a nação, preenchendo a virtualidade do poder político ou fracassando ao tentá-lo.

Perón foi extremamente bem-sucedido nesse sentido, quaisquer que fossem suas limitações democráticas, com também um apelo aos trabalhadores e à nação, embora a articulação específica entre eles variasse ao longo do tempo – com o peronismo sempre voltando, seletiva e criativamente combinando essas memórias com outros elementos. Essa ressubstancialização pode, sem dúvida, assumir um cunho mais permanente e radical, em particular quando o sistema de limitações ao exercício do poder projetado pelo liberalismo é rompido ao ponto de a profunda penetração da sociedade pelo Estado não ser neutralizada.

Outras soluções foram encontradas em outros países e regiões, combinando identidades específicas, bem como se calcando em regimes políticos diferentes, liberais ou próximos, em um *continuum*, ao que tem sido chamado de "totalitarismo", com tipos distintos de ressubstancialização imaginária do poder político. Não podemos examinar essa diversidade aqui (ver, para isso, em parte, Domingues, 2012). O que se faz claro, porém, é que, se a concepção liberal de cidadania incorpora a ideia de um povo individualizado abstratamente (e orientado pelo "interesse") e descentrado, assim como substantivamente plural, com o poder altamente de-substancializado, trata-se aí de uma possibilidade, entre outras, da política moderna. A ideia de um povo homogêneo, possuidor de uma substância comum imaginária, que é capaz de ação como um agente absolutamente centrado e transparente, lutando contra um antagonista que lhe é exterior, com uma possível (e em parte concreta) substancialização do poder político, é outra, embora sua plausibilidade tenha se tornado dúbia precisamente por conta da complexidade das sociedades contemporâneas.

Deste modo, o povo, a classe, a religião, a raça, a etnicidade, ricos e pobres, são elementos representacionais criativamente combinados de maneiras variadas e contingentes com a ideia de cidadania do liberalismo – abraçada em certa medida pelo socialismo e pelo "socialismo real" –, contando com as tradições (memórias) e trajetórias das sociedades que compõem a modernidade global de maneira heterogênea. "Interesses" individuais e coletivos, enquadrados em uma perspectiva utilitária moderna, e "elites" são em geral somados a esse amálgama, estas últimas consistindo em grupos com poder real, cuja liderança e dominação encontram sustentação em visões hierárquicas que seguem existindo na modernidade, em suas diversas vias de desenvolvimento e implicando outro tipo de ressubstancialização.

Não é de fato uma boa ideia tentar forçar todas as soluções políticas modernas, que se combinam de maneiras variadas, no quadro estreito de uma ontologização da vida social baseado em uma parcial experiência da modernidade, menos ainda em uma combinação binária derivada do estruturalismo. Uma sociologia que seriamente reconheça o local próprio da dimensão hermenêutica da vida social é sem dúvida necessária. É precisamente uma sensibilidade interpretativa que ela deve abraçar, de modo a captar a fluidez, a multiplicidade, as combinações e as cristalizações parciais do imaginário social, como memórias depositadas e no que diz respeito à criatividade social, em seu entrelaçamento com outras dimensões da vida social – seja a do poder, aqui examinada, ou qualquer outra. O exercício realizado nestas páginas foi exatamente uma tentativa de oferecer uma alternativa para o estudo da dimensão cultural-hermenêutica da vida social nesses termos e, ao tempo, fornecer uma leitura do que em geral se refere como "populismo", na qual essa estratégia metodológica e conceitual foi aplicada.

9. Teoria social crítica e tendências de desenvolvimento, emancipação e comunismo tardio[1]

Ciências sociais que acreditavam ter em mãos a chave do desenvolvimento histórico, da evolução da espécie humana, pertenceram ao século XIX e à maior parte do XX. Isso consistia em herança do Iluminismo, que se traduziu sociologicamente, fosse assim chamado o que faziam os autores que trataram desses problemas ou se referissem a sua produção intelectual de outro modo. Se não, vejamos alguns exemplos muito conhecidos. Embora ainda falasse vez por outra no papel da "Providência", Tocqueville acentuou a marcha da igualdade e da democracia, forças irresistíveis, segundo ele. Marx assinalou o desenvolvimento das forças produtivas e as tendências da acumulação capitalista, bem como a paulatina conscientização da classe trabalhadora de seu papel histórico de coveira dos sistemas de exploração e de opressão. Durkheim apontou para a crescente divisão do trabalho social e o desenvolvimento da nova "solidariedade orgânica". Weber, ainda que mais cauteloso quanto à direciona-

---

[1]. Publicado em *Sociologia & Antropologia*, v. 6 (2016). Agradeço a María Elena Rodríguez os comentários à versão anterior deste texto e a Cunca Bocayuva Cunha por discussão sobre as obras em destaque.

lidade do processo histórico em geral e no que se refere a determinações unidimensionais, resolveu sua questão ao assinalar, no Ocidente, a racionalização (instrumental) como entelequia histórica unificadora.

O funcionalismo e as teorias da modernização, por um lado, e as diversas leituras do marxismo, por outro, mantiveram vivas essas concepções, com frequência as endurecendo, por vezes suavizando-as. Em suma, tratava-se de *tendências de desenvolvimento da modernidade* e, ocasionalmente, para além dela, concebidas de maneira mais ou menos determinística, com os conceitos das emergentes ciências sociais elaborados em primeiro lugar para dar conta desse tipo de processo (como visto ao longo de todo este volume).

No entanto, desde os anos 1980, com o pós-modernismo, a crise do "socialismo real" e, paradoxalmente, a reafirmação do capitalismo e da democracia liberal, perspectivas que assinalam processos de longo prazo, com lógicas imanentes, internas, caíram em desgraça nas ciências sociais. Para muitos, esse resultado era concebido de maneira teleológica, isto é, com fim claro e predefinido, bem como inevitável, além de levar decididamente ao "fim da história". A crise daquelas perspectivas que enfatizavam os processos de desenvolvimento evacuou também o campo do pensamento socialista, que em larga medida nelas se baseara – implicando o desenvolvimento contraditório e autodestrutivo do capitalismo –, apesar do surgimento de perspectivas de cunho ético neokantiano, como as de Bernstein, às quais voltaremos brevemente adiante. Na verdade, a facticidade do capitalismo e do Estado moderno, burocrático-legal e mais ou menos democrático, garantiu plausibilidade tácita às visões liberais, ao passo que à esquerda o marxismo já não consegue mobilizar argumentos que vão além da descrição de alguns aspectos da realidade, sem ser capaz, para além da retórica, de identificar processos que tendencialmente levem à superação da modernidade.

Afora a apologia pura e simples do presente, duas consequências se fizeram evidentes na teoria social. De um lado, a contingência ganhou centralidade em quase todas as explicações do desenvolvimento histórico, pondo, por exemplo, a "reconstrução do materialismo histórico" de Habermas (1976 e 1981), com sua forte teleologia modernista, em posição desconfortável, como um último exemplar talvez das narrativas típicas do século XIX. Nenhuma direção poderia, nas formulações extremas desse tipo de visão, ser em princípio assinalada. De outro lado, a política de esquerda se esvai e deslegitima, juntamente com o marxismo, prisioneira das pequenas contingências da realidade imediata, sem projetos de longo prazo (Therborn, 2008), ao passo que outros tentaram fazer da necessidade virtude, retrabalhando de modo pós-marxista por exemplo a noção de "hegemonia" de Gramsci em perspectiva fundamentalmente contingente (Laclau e Mouffe, 1989), mesmo se certos discursos filosóficos, sobretudo, ruidosa e superficialmente reivindicam a revolução.

Socialmente, pode-se dizer, de modo sumário, que um duplo processo condiciona a atual situação: à derrota da esquerda somou-se a complexificação social que caracteriza a atual fase da modernidade – e que não é mera invenção do neoliberalismo – e a situação se fez ainda mais confusa e opaca. Assim, por um lado, seja nos espaços do "socialismo real", seja nos países capitalistas, a reestruturação das relações de trabalho, o encolhimento da esfera pública, a alteração nos papéis dos Estados nacionais, o reforço do individualismo utilitarista e a mercantilização de tudo e de todos, sob a égide do neoliberalismo, caracterizaram a ofensiva vitoriosa de uma direita global renovada, o que se fez acompanhar da perda de capacidade da esquerda para formular alternativas e de certo isolamento social.

A isso se superimpôs, por outro lado, a multiplicação de processos produtivos, nichos de mercado, identidades, movimentos sociais, maneiras de ver o mundo, com uma intensificação da globalização e a presença mais forte também dessa esfera global no cotidiano das pessoas, bem como, finalmente, a intensificação dos processos de comunicação. Isso deslocou o debate cultural e político para outros terrenos e aumentou a abrangência das questões que precisam ser respondidas pela esquerda, cujas concepções históricas se mostram estreitas para lidar com muitas dessas novidades, além de sofrer para compreender e enfrentar os já complicados problemas que desde antes se impunham. Enfim, em razão de processos de autoisolamento e fechamento do sistema político e estatalização dos partidos políticos, inclusive os de esquerda, em especial os social-democratas europeus ou assemelhados em outras paragens, há um hiato crescente entre os desejos de participação democrática e os meios que a possibilitariam, com, em consequência, uma rejeição de crescentes camadas da população à própria política tal qual se configura hoje.

Haveria várias maneiras de enfrentar intelectualmente a reconstrução desses temas e trajetórias mais gerais (ver, por exemplo, para aspectos centrais da discussão, Domingues, 1999, 2002 e 2012). Aqui pretendo, inicialmente, apenas investigar certos aspectos do marxismo nesse sentido – trazendo à luz as principais tendências de desenvolvimento que Marx e Engels identificaram na modernidade, bem como os mecanismos de sua superação, segundo eles, revisitando além disso alguns debates centrais dessa corrente de pensamento teórico e político-prático nesse registro.

Em seguida, pretendo indagar sobre as alternativas a essas concepções, que parecem haver se esgotado irremediavelmente, ainda que o marxismo como discurso perdure como central em várias correntes da esquerda, de maneira sistemática ou difusa. Analisarei brevemente duas daquelas alternativas – que são poucas –, presentes de maneiras diametralmente opostas nas obras de Santos e Negri, este há algumas décadas em companhia em especial de Hardt.

O marxismo, de modo geral, não evidencia nenhum avanço teórico significativo recente, ao passo que a teoria crítica de cunho frankfurtiano praticamente se dissolveu, na melhor das hipóteses contentando-se com uma teoria da democracia nos quadros da própria modernidade, sem pretender ultrapassá-la, ou seja, aceitando o capitalismo e o Estado moderno. Enfim, diagnosticando-as como problemáticas para responder aos desafios do presente, se tratará de repor as questões em tela e indagar sobre a possibilidade de articular respostas mais adequadas a elas. Devo enfatizar que é dado destaque aqui à identificação de tendências dentro e para além da modernidade, bem como aos conceitos que nos permitem apreendê-las. Infelizmente, o debate contemporâneo sobre essas questões é extremamente limitado, inclusive e sobretudo do ponto de vista das teorias que visam à emancipação.

Enfatizo ainda que este texto se insere nos quadros do que se pode definir como teoria crítica, em acepção muito mais ampla que aquela que remete à Escola de Frankfurt. Ela inicia-se com a obra de Marx, mas possui hoje caráter ecumênico muito mais amplo, portanto tampouco restringe-se ao marxismo. Em minha perspectiva de todo modo – e nas dos autores aqui discutidos, concorde eu com suas conclusões substantivas ou não –, trata-se de buscar nas tendências concretas do desenvolvimento social e nos impulsos emancipatórios que contêm os elementos que podem nos levar a um futuro para além da reprodução de sistemas de dominação e exploração. Em outras palavras, aposta-se em uma crítica imanente da modernidade.

Desde Marx e Engels, ela se calca na ideia de que a modernidade fez promessas que, em seus quadros institucionais, não se podem cumprir. Em uma visão ampla, ou *ecumênica*, não necessariamente marxista ou inclusive de corte ocidental, seus sujeitos práticos podem ser vários, desde que sigam, contudo, o critério da *liberdade igualitária*, valor crucial da modernidade, sem a qual a crítica perde seu rumo e pode acabar conivente com outros sistemas de dominação e exploração. À teoria crítica cabe dialogar com aqueles agentes, sem permitir-se ser a eles reduzida, mantendo assim autonomia, sua própria dinâmica e impulsos internos, para além da experiência dos próprios atores; deve buscar penetrar aspectos da vida social que tendem a escapar à interpretação da experiência cotidiana dos próprios sujeitos que podem ser portadores de projetos de emancipação.

Capitalismo, acumulação e comunismo

É no *Manifesto do Partido Comunista* que Marx e Engels (1848) tornam pública, com enorme força teórica e retórica, sua visão das tendências da sociedade moderna (a qual explicitamente vinculam ao capitalismo). Duas coisas eram claras. Primeira, tratava-se de uma população proletária – livre civilmente e livre do controle dos meios de produção – expropriada por aqueles que, por sua vez, se tornaram capitalistas. Se entre eles encontrava-se uma pequena burguesia proprietária de seus meios de produção, a tendência de desenvolvimento do capitalismo levava a uma polarização social em que ela desapareceria, subindo ou descendo, com o capital concentrando-se nas mãos de alguns poderosos burgueses e constantemente crescendo a massa de trabalhadores (que são sinônimos de proletários na maneira em que articulam o tema) que absorveria os, mais numerosos, decaídos. A produção cada vez mais social entrava ademais em conflito com a apropriação privada da riqueza. Enfim, a organização revolucionária da classe trabalhadora romperia seus grilhões e instalaria o comunismo, projeto político que – observam também em outro escrito (Marx e Engels, 1845, p. 38) – acompanhava o "movimento real das coisas" (isto é, a tendência processual da sociedade moderna). A cooperação social generalizada substituiria o caos e a competição do mercado capitalista.

Não convém exigir precisão demais de Marx e Engels a esta altura, pois estão no início do desenvolvimento de sua obra, embora seus primeiros resultados sejam de porte realmente impressionante. E, apesar das mudanças mais ou menos significativas sofridas por suas ideias, as linhas gerais de seu argumento se manteriam nas décadas seguintes, inclusive no que se refere àqueles que acabaram por ser conhecidos como "marxistas", ainda que o conflito de interpretações cedo se fizesse presente. Em outros textos, Marx e Engels se preocuparam com questões eminentemente políticas. Isso teve destaque por ocasião do levante que levou à Comuna de Paris (1871), com a construção da "ditadura do proletariado", um Estado radicalmente democrático que mediaria a passagem ao "evanescimento" dessa própria forma de dominação, a superação do capitalismo e a chegada ao comunismo. O mecanismo de realização desse processo seria em um primeiro momento a subjetividade revolucionária dos trabalhadores, levando ao socialismo como etapa de transição (ainda contando com o trabalho como medida e com os direitos individuais, ainda que cada vez mais igualitários), que desaguaria finalmente em uma sociedade sem classes e sem Estado, porém de economia planificada (Marx, 1871 e 1875). Estes são temas que posteriormente se tornariam centrais no pensamento marxista.

Seria, porém, em seus textos econômicos que Marx articularia sua visão das tendências de desenvolvimento do "modo de produção" capitalista de maneira sistemática, embora também aí com certa dose de ambiguidade. Essas tendências configuraram o que ele definiu como "leis naturais" que orientavam – descontadas variações circunstanciais – os processos e a direção da acumulação capitalista.

No primeiro volume de *O capital* (1867), Marx tece esses argumentos, que começam com a passagem da "mais-valia absoluta" (vinculada à duração da jornada de trabalho) à "relativa" (em função das lutas defensivas da classe trabalhadora e da própria competição dos capitalistas entre si, a maquinaria e a "subsunção real", direta, do trabalhador ao capital). Adiante assinala vários outros processos. Estes seriam o aumento da "composição técnica" do capital – com mais tecnologia e produtividade –, que implica um aumento de sua "composição orgânica", com aumento do "capital constante" (instrumentos de produção e matérias-primas, sem que nem sempre seja claro se Marx fala disso em termos eminentemente físicos ou de valor-trabalho acumulado, "vampirizado" pelo capital), em detrimento do "capital variável" (a força de trabalho transformada em capital por meio de sua compra). Seria possível verificar-se assim um excesso de trabalhadores – uma "superpopulação" relativa – que não pararia de crescer. Ele aponta igualmente para a "concentração" e "centralização" crescentes do capital, destacando percucientemente as tendências à formação de grandes empresas monopolistas no capitalismo avançado, o que implicava sua crescente socialização.

A "reprodução ampliada" do capital figurava na base dessa crescente acumulação de mais-valia nas mãos de um número cada vez menor ou ao menos associado de capitalistas. Mas, como somente o "capital variável" é capaz de repor o valor investido e criar mais valor, ao exceder as necessidades de sua própria reprodução, essa mudança contínua na composição do capital levaria, tendencialmente, a uma "queda" da taxa de lucro, frente à qual se apresentam contratendências, que implicam o barateamento do capital constante, assim como o aumento da taxa de mais-valia, com a questão ao fim e ao cabo simplesmente se desenvolvendo sob a forma de uma espiral, isto é, o problema se repondo em níveis mais altos.

Finalmente, expropriados pela "acumulação primitiva" e permanentemente mantidos nessa situação de privação do controle dos meios de produção, os trabalhadores expropriariam os expropriadores, ponto no qual, ao transplantar a discussão para o plano da ação política revolucionária, Marx interrompe sua argumentação.

Nos volumes seguintes de *O capital*, deixados incompletos e editados por Engels, Marx (1883 e 1894) retoma vários desses temas. Acrescenta a eles em particular o problema das "metamorfoses do capital", de dinheiro a capital constante e variável, daí a produtos sob a forma de mercadorias que têm de ser vendidas no mercado para que o capital se realize, isto é, retorne, sob a forma de dinheiro, com lucro em relação ao que fora investido. Todos os outros elementos que diziam respeito à reprodução ampliada foram retomados. Vale notar também que a questão da polarização social retorna ao centro de suas preocupações. Marx parecia não saber o que fazer com as classes médias – cuja presença é por demais significativa e mesmo crescente para que se sustente o esquema simplificador dos antagonismos de classe que ele e Engels haviam introduzido no *Ma-*

nifesto –, deixando notoriamente inacabado o capítulo que se propôs a escrever sobre as classes. Marx assinalou, porém, ainda que imprecisa e hesitantemente, ao falar das "terceiras pessoas" que se apropriam da mais-valia – para além de capitalistas e trabalhadores, e inclusive dos proprietários de terra –, a importância das classes médias, além do mais como consumidoras, nos quadros desse modo de produção.

Essas são as ideias fundamentais que se podem encontrar em O *capital*, em termos de tendências históricas de cunho basicamente "infraestrutural" (isto é, econômico), com reflexos diretos, contudo, nas outras dimensões sociais. Antes de analisar algumas de suas repercussões nos desenvolvimentos do marxismo posteriormente à morte de Marx e Engels, cumpre destacar que, se Marx falava abstratamente de "leis naturais" – que pareciam prescindir da subjetividade dos agentes, que seriam, como diz no "Prefácio" ao primeiro volume, meramente *persona*, suportes do capital, em seu funcionamento para além das perturbações contingentes que concretamente poderiam nublar sua identificação, em outras passagens a questão se coloca de maneira divergente.

Afinal, em todas as lutas econômicas entre burguesia e proletariado, não é apenas na esfera imediata da produção, sequer da circulação, mas sim na política e na esfera legislativa, que se jogam os destinos do capitalismo. Obviamente a revolução social passa pela tomada de consciência da classe trabalhadora, mas os capitalistas de modo mais diuturno lutam sempre para manter e ampliar suas taxas de mais-valia e de lucro, incidindo diretamente sobre o plano estatal, mediante leis e violência, para garantir sucesso, como Marx demonstra cabalmente em várias passagens de sua obra-mestra.

Assim, é muito difícil argumentar que seriam apenas aquelas "leis naturais" que subjazeriam ao processo histórico da acumulação capitalista. Ao contrário, é preciso dividir analítica e concretamente os processos a que se refere Marx em duas categorias. Em primeiro lugar, é antes de tudo de uma composição incontrolável e opaca de ações individuais e movimentos coletivos que se deve falar – não de fenômenos efetivamente "naturais", raciocínio com que Marx trai a influência do positivismo sobre suas concepções científicas a essa altura.[2] Agindo em função de metas mais imediatas, trabalhadores e capitalistas engendram processos tendencialmente orientados – como que presos a uma "dependência de trajetória" impossível de romper – que escapam a seu conhecimento e sua capacidade de controle, logo, o que se convencionou chamar de "consequências não intencionais da ação". Mas não se deve deixar de notar que, inclusive do ponto de vista da economia, conflitos e regulações que se encetam diretamente no Estado, mais ou menos intencionalmente levados a cabo por indivíduos e subjetividades coletivas (classes e outros agentes, frente ao e dentro do Estado), cumprem papel decisivo no desdobramento das tendências históricas da acumulação capitalista (caso, por exemplo, dos inspetores de fábrica vitorianos, famosamente celebrados por Marx).

É necessário assinalar também que nos *Grundrisse* Marx (1857--1958) aponta – de passagem e na verdade em grande medida de modo incongruente – para o papel crescente, diretamente produtivo, da ciência e do "intelecto geral", bem como para o "trabalhador

---

[2]. Por outro lado, a recorrente ideia, em *O capital* e alhures (nos próprios *Grundrisse*, em especial), de que é preciso ir além da "aparência", rumo à "essência", ou abstrair dos processos concretos que perturbam o curso normal das leis socionaturais, contrapondo-se necessidade e contingência, corresponde a elementos de metafísica que perduram sem elaboração adequada no pensamento de Marx, inclusive com analogias inadequadas com o estudo dos astros. No primeiro caso trata-se de reconstruir o argumento mediante uma versão de realismo analítico, preponderante até mesmo no pensamento do próprio Marx; no segundo, de não separar processos e contingência da regularidade de certas práticas sociais – em seus aspectos intencionais, bem como não premeditados –, de modo a mais adequadamente construir os "conceitos-tendência" capazes de captar as direções de surgimento, reiteração e superação das relações sociais. Elster (1985, *passim*) deu apropriada atenção à questão das consequências não intencionais (ainda que nos quadros de um equivocado "individualismo metodológico"), mas não as relacionou às "leis naturais", nem à queda da taxa de lucro, com ademais um estranho argumento quanto ao tema da essência e aparência.

coletivo", cuja emergência e cujo fortalecimento recebem foro de tendência histórica. Isso termina excluído de *O capital* em parte provavelmente porque daquela forma abriria espaço para identificar o trabalho organizador do capitalista como produtor em si de riqueza – o que de certo modo por outro lado faz ao retratar, na obra ulterior escrita já para publicação, como ele é fundamental para que o processo de trabalho encontre sua forma propriamente capitalista, com aumento da produtividade e da mais-valia (relativa).

Porém mais relevante ainda é que a Max faltava um conceito claro de "trabalho abstrato". Foi este que lhe permitiu retomar sob outra roupagem esses temas nos escritos da década seguinte, como uma larga e consistente discussão vem demonstrando a partir de uma releitura sistemática de sua obra e em particular após a publicação nos anos 1980 dos manuscritos preparatórios para os três volumes de *O capital* redigidos nos anos 1860-1870 (ver em especial Heinrich, 2003 e 2013; e, quanto aos *Grundrisse*, Bellofiore, Starosta e Thomas, 2013). Marx pôde assim definir precisamente seus conceitos de "valor" (de uso e troca), mais-valia (absoluta e relativa) e processo de trabalho, de capital constante e variável e de composição orgânica do capital, bem como reformular sua visão das crises (algo até certo ponto oculto na edição de Engels dos volumes 2 e 3 de *O capital*).

Destaque-se a reformulação de sua visão do papel da ciência, que não se opõe, ao contrário, à produção de mais-valia pela força de trabalho, na verdade a impulsiona. A importância daquelas teses preliminares e confusas de Marx de maneira positiva para a obra de Negri se fará manifesta mais adiante, mas não se justifica, deve--se desde já observar, em termos de motivação política e método de abordagem da história do pensamento. Vale notar em contrapartida que Marx, embora incapaz de teorizar adequadamente a questão do valor, da ciência e os destinos do capitalismo, falava da subsunção do trabalho ao "capital fixo" (maquinaria etc.), embutindo a produção material e espiritual da espécie, pondo-se em oposição ao trabalhador e gerando contradições que *somente sob o comunismo* seriam resolvidas, de maneira nenhuma já sob o capital e esperando apenas que seu envoltório se rompesse. Esse era o que poderia ser visto como o "núcleo racional" de sua percepção naquele momento. Apenas trabalho seguiria até então gerando valor, ainda que magnificado e com uma potência excessiva ante a estreiteza da capacidade de consumo da sociedade burguesa, o que se resolveria sob o comunismo.

No seio da Segunda Internacional dos Trabalhadores e em particular na poderosa e organizada social-democracia alemã, já no século XX, uma infinidade de debates foi encetada (ver Aricó, 1976- -1977, para um panorama da discussão). O mais notório foi aquele imposto pelo revisionismo de Bernstein (1899), que negava tanto a inexorabilidade quanto a positividade da revolução, além de pôr em dúvida muitos aspectos da própria teoria de Marx mais geralmente, com a reivindicação do socialismo como projeto de caráter fundamentalmente *ético*. Da parte dos marxistas – capitaneados pelo ortodoxo Kautsky (por exemplo, 1909) – a resposta foi simplesmente reiterar os pontos-chave do que então se definia como marxismo, expressos seja no *Manifesto*, seja em *O capital*, seja em outros textos de cunho mais político.

Na prática, e a despeito da formação de partidos marxistas à esquerda da social-democracia, esta acabou trilhando de fato os caminhos que Bernstein a aconselhara, abraçando um reformismo eleitoral e sindical fortemente orientado ao Estado e ao "capitalismo organizado" tal qual articulado inicialmente por Hilferding, em que a própria ideia de socialismo, para não falar de comunismo, acabou por desaparecer. A questão do imperialismo, tal qual formulada, de maneiras diversas, especialmente por Luxemburg e Lênin, com a mobilização pela primeira dos esquemas da "reprodução" – "simples" e "ampliada" – de Marx, de uma maneira que lhe granjeou fortes críticas, foi outro ponto de polêmica. No que diz respeito ao tema que busco tratar aqui, ou seja, a ideia de tendências no desenvolvimento do capitalismo e da modernidade, é interessante apontar para o debate sobre seu (in)evitável "colapso".

A disputa tinha como foco as teses de Marx sobre o aumento da composição orgânica do capital e a lei da tendência à queda da taxa de lucro (ver Sweezy, 1946). Luxemburg (1913) defendia a tese de que, bloqueada a possibilidade de os lucros se manterem em níveis necessários, o colapso do capitalismo seria inevitável. Além disso, era preciso sustentar esse determinismo, do contrário a própria viabilidade do movimento socialista seria ameaçada, pois teria, pode-se dizer, de lidar com a contingência, se essa "lei" ficasse aquém de uma tendência que, a longo prazo, levaria a impasses insuperáveis nos limites daquele modo de produção, minando-se assim a confiança e o entusiasmo dos militantes revolucionários.

Outros, especialmente Grossmann (1929), criticaram a forma com que Luxemburg articulou seus argumentos, mas rechaçaram as perspectivas de seus críticos, como Bauer, reafirmando a inevitabilidade do colapso do capitalismo, ao passo que Kautsky oscilou entre as duas posições (possivelmente por haver conhecido os textos originais preparatórios de Marx para os volumes 2 e 3 de *O capital*, em que o tema era tratado de forma bem mais suave que naquela em que terminaram publicados por Engels – como assinalado por Heinrich, 2013). Que papel teria a subjetividade coletiva revolucionária da classe trabalhadora frente a isso é tema que ficava pendente nessa discussão. Lênin ele mesmo parece não ter nunca aceito a validade da perspectiva catastrofista, acentuando a necessidade, por outro lado, de um partido revolucionário para operar a derrubada do capitalismo, ainda que concentração e centralização do capital, bem como sua exportação e a colonização da periferia pelos Estados europeus, estivessem nos fundamentos do imperialismo e da crise geral do sistema (Lênin, 1917). O debate marxista se desdobrou de forma sistemática ao menos até os anos 1950 com posições variáveis.

Hoje muitos desses debates parecem pertencer a um passado longínquo, a um mundo que nada tem a ver com o nosso, no qual se falava de revoluções e leis do desenvolvimento social, dois temas no mínimo problemáticos contemporaneamente, tempo de reformismo inclusive muito mais fraco que qualquer coisa que a social-democracia alemã pudesse sugerir naquele momento histórico e de suposta acentuação, hoje, da contingência do desenvolvimento social. Embora, como mencionei anteriormente, uma releitura da economia política de Marx tenha se realizado nas últimas décadas (ver Heinrich, 2013, por exemplo), poucos são os que se mantêm na linha de argumento da economia política marxista.

Esse é, porém, notadamente o caso de Harvey (2003 e 2009). Isso inclui seu conceito original de "acumulação por despossessão", sua retomada também do conceito de imperialismo e ênfase na expropriação dos bolsões não capitalistas contemporâneos, estatais, pré-capitalistas etc. Em contrapartida, nada ou quase nada daqueles debates sobre o colapso do capitalismo, muito menos tese semelhante, se encontra em suas obras (embora Harvey, 1990, recolha de Luxemburg a ideia de necessária expansão geográfica do capital para superar suas crises). O diagnóstico do presente permanece nos quadros do marxismo tradicional, mas quando se chega à construção de alternativas o que Harvey (2014) destaca é uma perspectiva lefebvriana restringida, apontando a vida cotidiana como a esfera decisiva da luta contra o capitalismo (diferentemente do próprio Lefebvre, vale assinalar, que a via como aspecto complementar estrategicamente). E por aí ficamos, salvo por proclamações vagas a respeito da inevitabilidade da revolução socialista. É verdade que se poderia argumentar que a expansão global do capitalismo reporá mais adiante exatamente os problemas que o marxismo do começo do século enfatizou. Essa literatura poderia inclusive renascer e servir de fonte de inspiração para o futuro, quando finalmente todo o mundo estiver subsumido ao capital realmente, sem sequer espaço para a "acumulação por despossessão", destacada por Harvey como forma de valorização do capital global financeirizado de nossos tempos. É ideia plausível, mas no fundo incorreta, pois não leva em conta a mudança de muitos aspectos da realidade social, que, mesmo se aqueles fatores continuam em operação, é bastante distinta daquela que Marx e Engels, Bernstein e Kautsky, Luxemburg e Lênin conheceram e teorizaram.

Alternativas contemporâneas

Vale examinar agora sumariamente duas alternativas contemporâneas dentro do campo da teoria crítica, com visões bastante distintas. Ambas identificam tendências de desenvolvimento que operariam fortemente hoje, mas de caráter inteiramente distinto e com consequências políticas também com direções divergentes. Não viso aqui a esmiuçar suas teorias, esforço que se justifica em ambos os casos, senão delinear algumas questões básicas em termos das alternativas processuais e teleológicas que se pode esperar de uma abertura emancipatória da modernidade. Conforme observado na introdução e na seção anterior, afora repetições rituais e pequenos avanços, o marxismo enquanto tal não se deteve nas últimas décadas nesse aspecto da teoria e os neo ou pós-frankfurtianos já não se preocupam com essa temática.

Boaventura de Sousa Santos possui uma obra que evoluiu sistematicamente ao longo do tempo, mas alguns elementos fundamentais se podem localizar em seus escritos (basicamente aqui aventados através de Santos, 1995, 1999, 2000 e 2007). Se começou com uma perspectiva em que se destacava, em uma veia pós-modernista, a crítica ao racionalismo ocidental, aos poucos sua visão foi se expandindo. Identificou desde há muito uma "transição paradigmática", sobretudo epistemológica – esta a verdadeira tendência operante hoje, a qual engloba inclusive a teoria crítica, levando-nos para além de Marx. Ele a enquadrou inicialmente pelo pós-modernismo e, enfim, crescentemente e com ele combinado, o pós-colonialismo.

Assim, é o caráter homogeneizador e orientado fortemente ao futuro da modernidade que ele irá recusar, incluindo o Estado moderno, cujo projeto se assentaria na ideia de uma nação una, homogênea e exclusiva. Os espaços de experiência contemporâneos – versus a orientação futurista da teoria crítica até hoje –, argumenta, devem ser valorizados, recusando-se o desperdício daquela, particularmente no plano da epistemologia, em oposição à razão ocidental, cientificizada. O mesmo vale para o pluralismo social, e o direito, sobretudo com a rejeição das soluções ocidentais, que está na ordem do dia, segundo ele, bem como uma nova utopia realista que enalteça e promova essas alternativas. É para aí que rolam as águas, é nessa direção que ele quer apostar, de forma a ultrapassar os impasses e os excessos de regulação, sobretudo estatal, e da secundarização da comunidade realizados no Ocidente desde o surgimento da modernidade, afirmando ainda a necessidade de ampliação da democracia e a abertura à experimentação social, inclusive em escala circunscrita.

Buscando um substituto para o proletariado marxista, Santos retoma o pluralismo da teoria dos movimentos sociais dos anos 1980, radicalizando-o e trazendo, enfim, para o centro de suas afirmações a ideia de que o "Sul global" – rompendo com sua própria crosta interna imperial – pode ter papel privilegiado a cumprir na "transição paradigmática" que se encontra em curso. Por exemplo, a Constituição e o Estado plurinacionais da Bolívia e do Equador, "desde baixo" invertendo a lógica do constitucionalismo, historicamente de caráter liberal, seriam ao menos em parte expressão do pós-modernismo e da descolonização, ainda em processo de transição de longo prazo (que incluiria, sugere, o declínio, ou algo parecido, do capitalismo). De todo modo, Santos interessantemente observa que o Estado é ele mesmo um campo de lutas e assim deve ser disputado pelos movimentos populares, impulsionado em uma direção democrática inclusiva e experimental.

Criticamente, pode-se sugerir que o problema principal de suas teses é que o diagnóstico dos processos sociais contemporâneos acaba subordinado a uma visão demasiado geral – além de nesse sentido apriorística e, a exemplo de Weber, unificada por uma concepção de racionalização redutiva. Ao mesmo tempo os processos propriamente sociais que subjazem a sua produção recebem tratamento secundário. Em particular, Santos se esquece de tema que em Marx e Engels seria fundamental, qual seja, a definição da teoria crítica como emancipadora não apenas genericamente, mas por ser capaz de apontar os caminhos da realização, fora da modernidade, dos valores que ela mesma prometera concretizar, sem que suas instituições o permitam.

Além do mais, ele perde de vista como o pluralismo – assim como foi o caso de esforços homogeneizadores emancipatórios no passado – pode não desafiar ou sequer incomodar os sistemas contemporâneos de dominação, os quais na verdade já aprenderam muito bem a lidar com esse tipo de desenvolvimento social, assim como souberam lidar com os projetos de emancipação calcados na homogeneização, seja da cidadania ou da classe operária como sujeito universal. Acaba, portanto, reificando a diferença, sem indagar acerca de seu significado contextual, pois não deve ser vista nunca como positivamente absoluta; e mesmo quando é.

Mais ainda, as novas epistemologias a que se refere nunca são apresentadas concretamente. "Ecologia dos saberes" e "tradução intercultural" seriam especificamente os instrumentos das epistemologias do Sul, argumenta Santos (2010, pp. 108-109). Mas em que se trata aqui efetivamente de operações do conhecimento não é nada claro, para não falar da caricatura que é traçada das ciências sociais modernas. Tampouco se entende por que mera plurinacionalidade (com sua pluralidade) nos levaria para além do Ocidente e da modernidade (existindo por exemplo há décadas na Índia, sem em nada desmentir seu caráter nacional moderno e a modernização em geral desse enorme país asiático). Trata-se de argumentos exagerados e de pouco auxílio para sair dos impasses atuais.

Enfim, que haja excessos e impasses da regulação não implica que uma transição paradigmática se apresente, suponha-se ou não que ela seja a solução dos problemas. De todo modo, seu lema – "um conhecimento prudente para uma vida decente" – tem a virtude de atribuir uma posição mais modesta à razão e às teorias sobre o presente e o futuro (se bem que sua visão tão abrangente ponha em dúvida se aplica a máxima a si mesmo, problema mais geral do pós-modernismo), assim como se destaca a ênfase, a bem da verdade hoje um consenso ao menos retórico, na demanda de aprofundamento da democracia e, em especial, na experimentação social.

Antonio Negri, por sua vez, claramente assinala, em várias ocasiões, de maneira direta ao prefaciar uma segunda edição de uma de suas obras em que pela primeira vez apresenta uma visão sistemática do novo "trabalhador social" e retomando o cerne de seus argumentos nela mesma e em outras ocasiões, que os textos de Marx são todos eles articulados pela identificação de "tendências" de desenvolvimento da modernidade (Negri, 2005, p. 10). É exatamente o que ele quer reiterar e, nesse sentido, sua relação com o marxismo é bastante estreita e na verdade tributária de uma visão de mundo que a muitos agradaria relegar ao século XIX e ao trágico XX, apesar da influência crescente de Nietzsche e dos nietzschianos franceses sobre sua concepção totalizante da vida social e de sua transformação. A rigor, Negri vai mais longe que Marx e radicaliza a abordagem das tendências, tratando enorme quantidade de temas em um enquadramento deste tipo, mesmo quando em Marx isso não se põe ou tal ocorre apenas parcialmente.[3]

---

3. Ver Murphy, 2012, para uma discussão geral da obra de Negri e de sua trajetória política. Observe-se que temas como o "operário social" eram bastante generalizados no "obreirismo" italiano dos anos 1960-1970; como em Mario Tronti, particularmente, que chega a conclusões opostas às de Negri quanto à "autonomia do político", voltando ao Partido Comunista Italiano. Ver também Gentili, 2013. Para uma visão mais geral da época, por outra vertente de esquerda do PCI, ver Magri, 2009.

O argumento de Negri está calcado na tese da passagem do trabalhador "massa" ao trabalhador "social", por volta dos anos 1970 no Ocidente. Aquele era típico do fordismo desqualificador, este é produtor de comunicação, cultura e afetos, com forte peso da ciência. Essa sua leitura busca mobilizar, como já assinalado, os *Grundrisse*, enfatizando o papel da subjetividade de maneira imediata, ao propor uma leitura ingênua e reducionista de Marx, curiosa se não fosse motivada politicamente ela também de forma imediata e não gerasse inevitavelmente graves distorções, que serão examinadas adiante (Negri, 1979 e 2005; ver também Hardt e Negri, 1994). Como fruto das lutas de classe (sem que dê ele qualquer importância à concorrência entre os capitalistas), nesse novo quadro o capitalismo alcançaria a "subsunção real" da totalidade social e se apropriaria de um valor em larga medida "imaterial", que por fim Negri definiria como "biopolítico", gerado de maneira genérica na sociedade, não mais apenas na fábrica ou pelo trabalho estrito senso. Além disso, já não haveria "sociedade civil" que desse sustento a um projeto reformista.[4] O Império desterritorializado que emergiu na virada do milênio generalizaria essa forma (mais recentemente reconhecendo eles o papel dos Estados nacionais, posta a insustentabilidade daquela tese, que se torna incongruente).

Negri muda de posição nas margens de sua proposta para tentar inclusive lidar implicitamente com as objeções de seus críticos, mas um tema central perdura em seu pensamento: a organização do proletariado (e de seus diversos sinônimos ao longo de sua obra: "mul-

---

4. Partindo de visão contrária a esse entendimento da teoria do valor, Offe (1973) destacou as contradições e os conflitos que surgem em função da tendência à ampliação de formas de trabalho que não se baseavam na forma mercadoria e no salário, senão na produção de valor de uso e na "renda", basicamente na segunda fase da modernidade, calcada no fortalecimento do Estado. O neoliberalismo e a "acumulação por despossessão" vieram, sob a ótica do capital, atacar em larga medida esse tipo de problema. Outra referência fundamental no debate sobre a teoria do valor é a obra de André Gorz, que não posso discutir aqui. Ver, porém, Silva, 2007.

tidão", como sua expressão política, e finalmente "pobres") se calca de forma imediata em sua "composição social" (no que revisita e transforma a discussão marxista analisada). Ele recusa autonomia à política veementemente (e a divisão do trabalho que a acompanha), posição que vem desde o início de seu embate com o Partido Comunista Italiano. Por outro lado, descartou o socialismo como fase de transição ao comunismo. Este estaria imediatamente disponível e deveria ser realizado de forma absoluta e imediata, contra, é claro, a perspectiva do próprio Marx. O Estado enquanto tal, há décadas já convertido em mero agente do capital, é um inimigo com o qual não poderia haver conciliação. Sobretudo o processo de trabalho seria, segundo Negri, fundamentalmente independente do capital a esta altura – este e o próprio Império seriam meros "parasitas". Não somente se nutrem das energias do trabalhador e da multidão, mas em nada contribuem para a organização da própria produção, ao contrário do que ocorria em períodos anteriores. Com isso o comunismo é já uma realidade que espera apenas descartar a crosta inútil e corruptora das forças dominantes (com ao menos em *Império* a defesa pura e simples de um "êxodo" das instituições, encarnado àquela altura pelos imigrantes globais). A multidão, conceito difícil e bastante difuso, é uma mescla mais uma vez direta entre singularidades – monadológicas, irredutíveis – e generalidade, conformando uma totalidade absoluta, sem que intervenham em sua composição coletividades intermediárias (o que não chega a ser dito explicitamente, mas encontra-se implícito). Ela seria o agente dessa transição sem paradas intermediárias.

Se alguns desses elementos não se acham ainda plenamente desenvolvidos, e não está claro em suas obras quais estão e quais não, o que importa para Negri – e Michael Hardt, seu principal colaborador desde a década de 1990 – é precisamente assinalar quais tendências comandam o desenvolvimento da modernidade e sua superação. Isso se faria hoje através da reapropriação do "comum" (*the commons*), na qual intervém, ainda que de maneira restrita –

sempre com a recusa de qualquer esquema de representação política – alguma espécie de mediação dentro da multidão. Nesse processo revolucionário, algumas das características que constituem grupos particulares (que se vinculam às críticas que Hardt e Negri receberam, mas também por vezes com modas acadêmicas), como mulheres, raças e colonizados, são assinaladas, mas dissolvidas, através de uma política de "liberação" que vai além de sua mera afirmação emancipatória, porém conservadoramente congelante.

Santos evidencia os problemas da fragmentação social elevada à solução dos problemas que o bloqueio da superação socialista da modernidade engendrou ao longo do século XX, porém Negri, ao contrário, se mostra herdeiro direto da Terceira Internacional e de sua visão totalizante. Mais curiosamente, desdobra um determinismo econômico e sociológico brutal ao derivar da "composição social" da classe trabalhadora sua realização política, embora, ciente das críticas que por isso lhe foram endereçadas, tente rechaçar, sem nenhum argumento de fato, essa caracterização (Hardt e Negri, 2011, p. 354).

Se esta é operação bastante estranha (ao juntar economicismo a uma teoria do valor totalizante, genérica e de discutível precisão), ainda mais problemática e de consequências políticas potencialmente deletérias é a série de equivalentes retóricos entre proletariado, multidão e, finalmente, "pobres", cuja constituição é exclusivamente positiva, contraposta ao parasitismo e à corrupção em que se baseiam capital e Império. A isso se somam, piorando as coisas, a falta de mediações políticas e de particularizações no que se refere às subjetividades coletivas que tecem os possíveis projetos de emancipação.

Não importa aqui realmente seguir em detalhe seu envolvimento na política da ultraesquerda italiana nos anos 1970-1980 – apesar das limitações burocráticas e reformistas do PCI àquela altura –, o que de resto Negri (1998, por exemplo) veio ao menos em parte a reconhecer posteriormente, problema que se restabelece em situações semelhantes. Cumpre apenas enfatizar que sua concepção de uma totalidade espontânea e sem mediações não pode senão convocar o desastre nas filas da esquerda, a despeito de seu distanciamento em relação à violência ofensiva e da introdução de um mínimo de mediação em sua obra recente, no que se refere à (re)construção do comum (Hardt e Negri, 2011, pp. 353ss).[5]

Nesse sentido, não obstante seu flerte com o nietzscheanismo francês, o peso de uma versão que radicaliza a ontologia marxiana é excessivo e a rigor ultrapassado, ao passo que sua simplista oposição entre poder constituinte e constituído, ou biopolítica e biopoder (Negri, 1992), supostamente a partir de Spinoza, e Foucault, reproduz na verdade lugares já bastante comuns do pensamento ocidental, radicalizados unilateralmente no poder constituinte ou no êxodo.

Muito seria necessário fazer para poder dar conta, em maiores detalhes, da obra de Santos e Negri. Essas consistem, de todo modo, nas linhas mestras de seu pensamento. Acima de tudo, servem-nos para pôr em tela de juízo os elementos fundamentais aos quais uma teoria social crítica, transformadora, aberta ao século XXI tem de responder.

Tarefas de uma teoria crítica – ou o comunismo tardio do século XXI

Por muitas décadas o marxismo foi a teoria quase inconteste de todos os movimentos anticapitalistas no mundo, ainda que várias fossem as leituras a que se prestou. Hoje, é patentemente insuficiente, embora não se deva subestimar quanto ainda é capaz de servir a um diagnóstico de muitos aspectos da realidade do capitalismo. Se

---

5. Para uma crítica e ampliação do conceito, que assume foros de alternativa geral, numa mescla de Marx e, até certo ponto, Proudhon, ver Dardot e Laval, 2014, em especial cap. 5.

isso é verdade, não há como salvar traços centrais de sua constituição como teoria social. O primeiro é relativo à própria definição do materialismo histórico, para o qual a economia e os interesses daí derivados são o ponto de partida causal e portanto analítico da vida social e de sua compreensão. Não quero elaborar esse tema aqui, pois há um largo debate, em especial na sociologia, que põe interrogações e oferece soluções, mais ou menos adequadas, para essa questão. No contexto deste capítulo, se se deve dizer que em Marx o problema é complicado, piores são suas reverberações em Negri, com sua identificação entre trabalhador social e comunismo em estado prático, com a recusa absoluta a aceitar uma dinâmica das práticas políticas em que certo grau de autonomia tem de ser reconhecido, inclusive com a formação de identidades que se referem diretamente a elas. Por outro lado, Marx acentuava o papel de subjetividades coletivas que medeiam entre o geral e o singular, o que a ideia de multidão de Negri totalmente descarta, com ademais a radicalização de uma concepção da vida social em que a subjetividade (não é claro se centrada ou descentrada, intencional ou não) adquire absoluta preeminência.

Sobretudo em uma formação social ou civilização em que se verifica crescente complexificação – de identidades, esferas, práticas –, isso precisa ser reconhecido. É disso que tratavam Laclau e Mouffe (1989) antes de principalmente aquele deslizar para uma apologia simplificadora do "populismo" (Laclau, 2005; ver também o Capítulo 8 deste livro) como instância absoluta de unificação das subjetividades populares, algo raro e improvável nas condições contemporâneas, o que de resto só pode ocorrer mediante a "articulação" que eles mesmos discutiram em relação à categoria, transformada, de hegemonia em Gramsci. Por outro lado, é justo aí que residem as virtudes e mistificações da obra de Sousa Santos, ao afirmar e fazer uma apologia excessiva, em nome em parte de uma pluralidade epistemológica, de uma multiplicação de subjetividades coletivas particulares, sem que ofereça critérios em torno aos quais pode e deve se compor um projeto emancipatório, bem como a esta altura com pouca análise sociológica daquilo sobre o que se assentam, logo as naturalizando.

Em outras palavras, trata-se de reconhecer a pluralização crescente da vida social e a necessidade de criar mediações emancipatórias (ou liberatórias, se se quer distinguir aquilo que na realidade se apresenta indistintamente), produzir alianças a partir de temas concretos e impulsionar a democracia a partir de sua dimensão política, o que não quer dizer que se deva perder de vista a dimensão social imediata nem a transformação radical da sociedade moderna, para além dela própria. Mesmo aqui há dificuldades, pois a visão marxista do comunismo, ou seu sucedâneo em Negri, o "comum", não se dá de forma imediata em uma suposta dispensabilidade do organizador e de certa hierarquia. Esta é inevitável, como sabemos, em organizações, que nunca se articulam de maneira simplesmente em rede, ou "rizomática", o que gera um problema permanente de *instituição, controle e desinstituição* democráticos, de modo a superar os impasses da "lei de ferro da oligarquia" segundo Michels (1915).

O problema é dramático, mas não há passe de mágica que o faça desaparecer, como espera Negri, inclusive na inevitabilidade da representação em uma formação social global altamente complexa como a nossa. Claro, problema ainda mais espinhoso se põe no que diz respeito às grandes corporações, a base do que seria, via socialização dos monopólios, a própria construção do socialismo, rumo ao comunismo, de acordo exatamente com as leis tendenciais da acumulação capitalista. É difícil confiar, por problemas burocráticos e raio de ação, no Estado nacional para fazê-lo, sem falar das bases de apoio e mobilização popular que seriam necessárias para operar tal política ou do enorme alcance das corporações transnacionais. Mas ela não pode deixar de estar em questão, por outro lado, se não nos contentamos com pequenos passos na vida cotidiana, como sugere Harvey, nem com a reivindicação de cidadania que, surpreendentemente, se põe nas propostas ou demandas práticas dos escritos publicados no novo milênio por Hardt e Negri (2000, 2005 e 2011).

Em certo sentido, é prioritário identificar exatamente em que aspectos dos sistemas políticos se deveria intervir para romper com o que parece ser a lógica inexorável e insuperável da democracia liberal como guardiã do capitalismo, e em parte de outras formas de opressão social. O que chamei em outros contextos de *liberdade igualitária* – ou seja, a distribuição igualitária do poder entre agentes capazes de intervenção sobre sua vida e na dimensão coletiva – é valor e *télos* que deve orientar essa perspectiva. Esse é critério que de resto falta a Santos, no máximo estando implícito e seja modernamente contrabandeado para dentro de seus argumentos sobre a emancipação, ainda que na obra de Negri ele se apresente de uma forma ou de outra também implícito, porém mais positivamente.

Mas em si isso não nos diz como efetivar essas aberturas da democracia, nem o que poderia colocar-se mais além desse passo, por exemplo e em especial, no que se refere às grandes empresas capitalistas, que de forma alguma são simplesmente parasitárias no que diz respeito à produção, afirmação forte mas não corroborada empiricamente na análise – ou mera postulação – de Negri, o que em parte funda sua visão ultraesquerdista e revolucionarista há tempos, ao transbordá-la para o plano político.

Não podemos simplesmente inventar o que seriam essas transformações, mas é preciso ao menos buscar na realidade atual as tendências de desenvolvimento – em especial na política como sistema relativamente autônomo da modernidade, ainda que apareça como uma reificação que define em larga medida a divisão do poder social em relação sobretudo ao Estado.

Pouco se faz hoje nessa direção, afora os esforços, a meu ver limitados ou problemáticos, dos autores aqui mencionados diretamente, embora em plano mais genérico e mais atinente à teoria política outros exemplos disso possam ser apontados na tradição crítica, em sua derivação, de bom ou de mal grado, para as vizinhanças do liberalismo (ver Habermas, 1992; Cohen e Arato, 1992; Kalivas, 2005).

Que há uma inevitável, goste-se ou não, dialética entre instituinte e instituído sabemos ao menos desde Marx e suas "Teses sobre Feuerbach" (1845), o que Sartre (1960), entre outros, nos reafirmou também, acentuando, vale observar, as construções e mediações coletivas, ainda que visando excessivamente à totalização dialética da história. De resto, isso é algo que Negri não desconhece. Obviamente, essa dialética engendra os problemas que cristalizações de poder autonomizadas implicam para a construção da democracia, sem que haja soluções mágicas para eles, mesmo em processos de transformação radical. O que cumpre considerar são quais rumos esta toma hoje e que pontos devem ser tensionados para empurrá-la na direção de sua dimensão instituinte (ou, pouco importa a palavra, "constituinte", desde que não homogeneizada, "monadologizada" e/ou absolutizada).

Isso se aplica aos sistemas políticos de modo geral, bem como às organizações populares, além do mais sem que saibamos como construir sistemas de mediação que não destruam aquilo que é mediado. Aqueles sistemas têm de fato certo grau de autonomia em relação a outros sistemas sociais, e assim devem ser tratados, a saber, como sistema de mediações em sociedades complexas, o que não quer dizer que se deva promover sua independência em relação às lutas e à criatividade populares, nem que em outro tipo de civilização permaneceríamos com o mesmo desenho institucional.

Trata-se, do ponto de vista de uma renovação da teoria crítica, de uma agenda de pesquisa indispensável nos dias de hoje, no centro da qual república e afirmação das massas, inclusive em sua autonomia (o que hoje se expressa em formas várias e insuficientes de neoanarquismo explícito e declarado, por vezes como inspiração mais difusa), não podem figurar senão com centralidade.⁶ Nesse sentido, se o espaço global se afirma cada vez mais como esfera necessária da emancipação, os Estados nacionais seguem sendo o recorte mais acessível e imediatamente produtivo das lutas sociais, insubstituível por ora, embora ligações por sobre suas fronteiras sejam também crescentemente importantes.

Igualmente imprescindível é voltar a dar ênfase à questão do capitalismo, acima de tudo no que diz respeito às grandes corporações. E cumpre, é claro, mais uma vez retomar a discussão sobre as subjetividades coletivas transformadoras, não porém aquelas postas por qualquer filosofia genérica, senão as que se podem localizar empiricamente, em suas tendências concretas de desenvolvimento, assim como Marx o supunha em *O capital* e hoje nos conformamos com perder de vista.

Se não cabe permanecer nas margens derridianas, tampouco é o caso de radicalizar a dialética negativa de Adorno ou simplesmente abraçar a filosofia deleuziana da diferença. A crise da metafísica já há tempos, começando com Marx, nos indicou o esgotamento da filosofia em sentido clássico. Somente a análise científica dos fenômenos sociais pode efetivamente nos orientar, ainda que ela deva a seu modo incorporar e responder às grandes questões da tradição filosófica, sem a ela sucumbir.

A derrota do socialismo, tal qual configurado no "socialismo real", mas não apenas nele, impõe a revisão de todas as expectativas

---

6. Nesse sentido é positivo que Honneth (2015) se disponha a renovar a ideia de socialismo, em parte tentando corrigir o caráter apologético da modernidade como liberdade já realizada tal qual presente em seu livro anterior (Honneth, 2011). Mas, além de não chegar sequer a problematizar o poder dos grandes aparelhos econômicos e políticos modernos, a rigor descarta a luta e mobilização de massas, bem como simplesmente assimila, sem maiores elaborações e sem mostrar qual de fato a relação entre diversas demandas, a questão das tendências de desenvolvimento na direção do socialismo à necessidade de inclusão de qualquer grupo excluído, acentuando a dimensão *moral*, transnacional hoje, a ser trabalhada na esfera pública (p. 162). As esferas hegelianas diferenciadas da política, da economia e da família não se alterariam ademais pelo experimentalismo socialista que propugna, o que nos deixa trancafiados na modernidade.

dessa tradição, sem render-se a seu abandono. O comunismo – mais que o capitalismo, na versão frankfurtiana – é um projeto tardio na modernidade hodierna, no sentido de que tarda e talvez tenha atingido um climatério frustrado. Nada nos diz, afora proclamações otimistas sem sustentação de modo algum inequívoca na realidade, ao estilo do que Luxemburg enfatizava, que sua hora chegará. Se queremos realizar, contudo, a liberdade igualitária que a modernidade nos prometeu e não pode ela mesma realizar, em virtude dos sistemas de dominação que a atravessam e constituem, devemos abraçar a contingência de sua possível realização e buscar as tendências de desenvolvimento que nos poderiam sugerir caminhos mediante os quais essa civilização seja superada. Elas de forma alguma configuram "leis naturais", sequer na economia, menos ainda na política, embora esta tampouco esteja sujeita realmente à totalidade dos desígnios dos agentes que a tecem.

Assim, se a emancipação social e humana será algum dia efetivada, depende ela de nossa vontade, expressa hoje, ainda que limitadamente, em um amplo espectro de contestações sociais que não reproduzem mais simplesmente a época áurea do movimento operário revolucionário, embora tenha levado, como sabemos, muito tempo para que o desejo de voar da espécie humana tenha podido se concretizar, de formas não imaginadas e inimagináveis durante quase todo o curso de sua evolução, como Brecht e outros assinalaram. Em sua pluralidade e possível convergência, precisa ser impulsionada e perseguir caminhos mais radicais para continuar avançando ao menos como tendência que pode se desdobrar rumo ao futuro. Para isso pode servir a teoria social cientificamente informada.

É preciso nesse sentido um pouco de modéstia. Já não há lugar de fato para formulações que se assemelhem a cosmologias totalizantes, nem delas carecemos, ainda mais se derivam de um princípio simples, quase emanacionista. É discutível mesmo se Marx abraçava algo dessa natureza, apesar de seu compromisso com a ideia de totalidade e seu unilateralismo histórico de cunho econômico, quaisquer que sejam as qualificações que a ele se possa alegar. De todo modo importa à política mover-se impulsionada pelos sujeitos sociais – os quais necessitam, a meu ver, de uma teorização mais avançada, como a que tentei com conceitos como o de subjetividade coletiva, incluindo consequências não intencionais, e criatividade social –, embora a teoria seja também uma força efetiva ao mesclar-se com as práticas sociais e ajudar a organizá-las, dialogando com a multiplicidade de coletividades que de uma forma ou de outra portam projetos de emancipação social. Convém que isso se realize hoje com a teoria se pondo de maneira mais circunscrita, empírica e científica, assim como com a manutenção de sua autonomia. Isso pode produzir, com efeito, um conhecimento ousado e incisivo, com critérios emancipatórios claros, porém, aí sim, mais prudente, como quer Santos, sem por outro lado perder-se no empiricismo e no localismo, sem compromissos ademais com a pluralidade por si mesma.

Nesse sentido seria possível avançar com o espírito de Marx, ainda que sem incorporar inteiramente seu compromisso demasiado forte com uma visão da totalidade, que não deve ser no entanto, dentro de certos limites e consideradas as mediações da prática científica, descartado. Este segue sendo um desafio da teoria crítica: trazer à luz as tendências que apontam para o futuro, pensar como explorá-las na direção da emancipação e buscar a totalidade, sim, mas sem supor que a alcançou jamais, portanto precavendo-se de projetar cenários demasiado abrangentes e *a priori* para a mudança social. A política transformadora prescinde e deve recusar qualquer coisa a mais do que isso.

Referências bibliográficas

Abaza, Mona. *Changing Consumer Cultures of Modern Egypt: Cairo's Urban Reshaping.* Leiden e Boston: Brill, 2006.

Adams, Susan (org.). *Cornelius Castoriadis: Key Concepts.* Nova York: Bloomsbury, 2014.

Adorno, Theodor W. & Horkheimer, Max. (1944-1945) *Dialektik der Aufklärung.* Frankfurt am Main: Suhrkamp, 1984.

Agamben, Giorgio. *Homo sacer. Il potero sovrano e la vita nuda.* Turim: Einaudi, 1997.

_____. *Stato di eccezione.* Turim: Bollati Boringhieri, 2003.

Alexander, Jeffrey C. *Action and its Environments.* Nova York: Columbia University Press, 1988.

Alexander, Jeffrey A. *The Meanings of Social Life: a Cultural Sociology.* Oxford e Nova York: Oxford University Press, 2003.

_____. *The Civil Sphere.* Oxford e Nova York: Oxford University Press, 2006.

Almond, Gabriel A. "Introduction: a functional approach to comparative politics", in Gabriel A. Almond & James S. Coleman (orgs.). *The Politics of Developing Areas.* Princeton, NJ: Princeton University Press, 1960.

_____. & Verba, Sidney. *The Civic Culture.* Boston, MA: Little, Brown & Co., 1965.

Althusser, Louis (1965). *Pour Marx.* Paris: La Découverte, 1996.

American Political Science Association Task Force on Inequality and American Democracy. *American Democracy in an Age of Rising Inequality.* Disponível em: <www.apsanet.org>. Acesso em 15/12/2017.

Amin, Samir. *L'Imperialisme et le development inegal.* Paris: Minuit, 1973.

_____. *L'Eurocentrisme.* Paris: Economica, 1988.

Anderson, Perry. "Balanço do neoliberalismo", in Emir Sader & Pablo Gentile (orgs.). *Pós-Neoliberalismo*. São Paulo: Paz e Terra, 1995.

Ansaldi, Waldo & Giordano, Veronica. *América Latina. La construcción del orden*, v. 1-2. Buenos Aires: Ariel, 2012.

Araújo, Kathya. *El miedo a los subordinados*. Santiago: Lom, 2016.

_____. & Martuccelli, Danilo. *Desafíos comunes. Retrato de la sociedad chilena y sus individuos*. Santiago: Lom, 2012.

Archer, Margaret & Bhaskar, Roy & Collier, Andrew & Lawson, Tony & Norrie, Alan (orgs.). *Critical Realism: Essential Readings*. Oxford/ Nova York: Routledge, 1998.

Arditi, Benjamin. "Populism as the internal periphery of democracy", in Francisco Panizza (org.). *Populism and the Mirror of Democracy*. Londres / Nova York: Verso, 2005.

Aricó, José (1976-1977). *Nueve lecciones sobre economía y política en el marxismo*. Cidade do México: Fondo de Cultura Económica/El Colegio de México, 2012.

Ariza, Marina & Oliveira, Orlandina de. "Familias en transición y marcos conceptuales en redefinición". *Papeles de Población*, n. 28, 2001.

Arriagada, Irma. "Changes and inequality in Latin American families". *Cepal Review*, n. 77, 2002.

_____. "Transformaciones sociales y demográficas de las familias latinoamericanas". *Papeles de población*, n. 40, 2004.

Austin, John (1861). *Lectures on Jurisprudence or the Philosophy of Positive Law*. Londres: John Murray, 1885.

Auyero, Javier. *La política de los pobres. Las prácticas clientelares del peronismo*. Buenos Aires: Manancial, 2001.

Beck, Ulrich (1986). *Risk Society: towards a New Modernity*. Londres: Sage, 1992.

Becker, Gary S. *A Treatise on the Family: Enlarged Edition*. Cambridge, MA: Harvard University Press, 1991.

Bell, Daniel (1978). *The Cultural Contradictions of Capitalism*. Nova York: Basic Books, 1996.

Bellofiore, Ricardo & Starosta, Guido & Thomas, Peter D. (orgs.). *In Marx's Laboratory: Critical Interpretations of the Grundrisse*. Leiden: Brill, 2013.

Bendix, Reinhard. *Nation-Building and Citizenship: Studies of our Changing Social Order.* Berkeley/Los Angeles: University of California Press, 1996.

_____. *Kings and People: the Mandate to Rule.* Berkeley/Los Angeles: University of California Press, 1980.

Benhabib, Seyla. *Critique, Norm and Utopia: a Study of the Foundations of Critical Theory.* Nova York: Columbia University Press, 1986.

Bernstein, Eduard (1899). *Socialismo evolucionário.* Rio de Janeiro: Zahar, 1997.

Bhaskar, Roy. *A Realist Theory of Science.* Leeds: Leeds Books, 1975.

_____. *The Possibility of Naturalism.* Nova York/Londres: Routledge, 1998.

Boltanski, Luc. *De la Critique. Précis de sociologie de l'émancipation.* Paris: Gallimard, 2009.

_____. & Chiapello, Ève. *Le Nouvel esprit du capitalisme.* Paris: Gallimard, 1999.

_____. & Thévenot, Laurent. *De la Justification. Les economies de la grandeur.* Paris: Gallimard, 1991.

Botton Beja, Flora. "La familia y el Estado en China y Singapur: algunos puntos de comparación". *Estudios de Asia y África*, v. 34, 1999.

Boudon, Raymond (1984). *La Place du désordre.* Paris: Presses Universitaires de France, 2004.

Boyer, Robert. *La Théorie de la regulación. Une analyse critique.* Paris: La Découverte, 1986.

Brandão, Gildo Marçal. *Linhagens do pensamento político brasileiro.* São Paulo: Hucitec, 2007.

Brenner, Robert. *The Economics of Global Turbulence: the Advanced Capitalist Economies from Long Boom to Long Downturn, 1945-2005.* Londres/Nova York: Verso, 2006.

Browne, Craig. "The end of immanent critique?" *European Journal of Social Theory*, v. 11, 2008.

Bruce, Steve. *Religion in the Modern World: from Cathedrals to Cult.* Oxford: Oxford University, 1996.

Buarque de Hollanda, Sérgio (1936). *Raízes do Brasil.* São Paulo: Companhia das Letras, 1997.

Burawoy, Michael. "For public sociology". *American Sociological Review*, v. 70, 2005.

Butler, Judith & Laclau, Ernesto & Zizek, Slavoj. *Contingency, Hegemony, Universality: Contemporary Dialogues on the Left.* Londres/Nova York: Verso, 2000.

Canovan, Margaret. "Talking politics to the people: populism as the ideology of democracy", in Yves Mény & Yves Surel (orgs.). *Democracies and the Populist Challenge.* Basingstoke/Nova York: Palgrave, 2002.

Casanova, José. *Public Religions in the Modern World.* Chicago: Chicago University Press, 1994.

_____. "Erkundungen des Postsekulären. Role und Bedeutung der Religion in Europa". *Westend*, v. 8, 2011.

_____. "Rethinking public religions", in Timothy Samuel Shah & Alfred Stepan & Monica Duffy Toft (orgs.). *Rethinking Religion and World Affairs.* Oxford: Oxford University Press, 2012.

Castells, Manuel (1996). *The Information Age: Economy, Society and Culture*, v. 1. The Rise of Network Society. Malden, MA/Oxford: Blackwell, 2000.

_____. *Networks of Outrage and Hope: Social Movements in the Internet Age.* Cambridge: Polity, 2013.

Castoriadis, Cornelius. *L'Institution imaginaire de la société.* Paris: Seuil, 1975.

_____. "Modes of being and problems of knowledge of the social-historical", in *Philosophy, Politics, Autonomy.* Nova York: Oxford University Press, 1994.

Chakrabarty, Dipesh (2000). *Provincializing Europe.* Princeton, NJ: Princeton University Press, 2007.

Chatterjee, Partha. *The Nation and its Fragments: Colonial and Postcolonial Histories.* Princeton, NJ: Princeton University Press, 1993.

_____. *The Politics of the Governed: Reflections on Popular Politics in Most of the World.* Nova York: Columbia University Press, 2004.

Clausewitz, Carl von (1832). *Vom Krieg.* Bonn: Dümmler, 1991.

Cohen, Jean & Arato, Andrew. *Civil Society and Political Theory.* Cambridge, MA: The MIT Press, 1992.

Cohn, Gabriel. *Crítica e resignação. Fundamentos da sociologia de Max Weber.* São Paulo: T. A. Queiroz, 1978.

_____. "A sociologia e o novo padrão civilizatório", in Cesar Barreira (org.). *A sociologia no tempo.* São Paulo: Cortez, 2003.

REFERÊNCIAS BIBLIOGRÁFICAS

Collins, Randall. *Weberian Sociological Theory*. Cambridge: Cambridge University Press, 1986.

_____. *Macrohistory: Essays in the Long Run*. Stanford, CA: Stanford University Press, 1995.

Cooley, Charles H. (1909). *Social Organization: the Study of the Larger Mind*. Ithaca, NY/Londres: Cornell University Press, 2009.

Cooper, Frederick. *Colonialism in Question: Theory, Knowledge, History*. Los Angeles and Berkeley: University of California Press, 2005.

Coser, Lewis. *The Functions of Social Conflict*. Nova York: Free Press, 1956.

Crouch, Colin. *Post-Democracy*. Cambridge: Polity, 2004.

Dahl, Robert. *Poliarchy: Participation and Opposition*. New Haven, CO/Londres: Yale University Press, 1972.

_____. *Democracy and its Critics*. New Haven, CO/Londres: Yale University Press, 1989.

Dardot, Pierre & Laval, Christian. *Commun. Essai sur la revolution au XXIe scièle*. Paris: La Découverte, 2014.

Davis, Deborah S. & Friedman, Sara L. *Wives, Husbands and Lovers: Marriage and Sexuality in Hong Kong, Taiwan, and Urban China*. Stanford, CA: Stanford University Press, 2014.

Devés Valdés, Eduardo. *Pensamiento periférico. Una tesis interpretativa global*. Santiago do Chile: Idea-Usach, 2012.

Delamata, Gabriela. "Luchas sociales, gobierno y estado durante la presidencia de Néstor Kirchner", in Maria Regina Soares de Lima (org.). *Desempenho de governos progressistas no Cone Sul*. Rio de Janeiro: Edições IUPERJ, 2008.

_____ (org.). *Movilizaciones sociales: ¿nuevas ciudadanías? Reclamos, derechos, Estado en Argentina, Bolivia y Brasil*. Buenos Aires: Biblos, 2009.

Derrida, Jacques. "La Structure, le signe et le jeu dans le discours des sciences humaines", in *L'Écriture et la différence*. Paris: Seuil, 1966.

Descola, Phillipe. *Par-delà nature et culture*. Paris: Gallimard, 2005.

Diehl, Paula. "Die Komplexität des Populismus. Ein Plädoyer für ein mehrdimensionales und graduelles Konzept". *Totalitarismus und Demokratie*, v. 8, 2011.

Domingues, José Maurício (1992). "A América. Intelectuais, interpretações e identidades", in *Do Ocidente à modernidade. Intelectuais e mudança social*. Rio de Janeiro: Civilização Brasileira, 2003.

_____. *Sociological Theory and Collective Subjectivity*. Basingstoke: Macmillan Press e Nova York: Saint Martin's Press/Palgrave, 1995a.

_____ (1995b). "A dimensão espaçotemporal dos sistemas sociais", in *Ensaios de sociologia*. Belo Horizonte: Editora UFMG, 2003.

_____. *Criatividade social, subjetividade coletiva e a modernidade brasileira contemporânea*. Rio de Janeiro: Contra Capa, 1999.

_____ (2000). "A cidade. Racionalidade e liberdade em Max Weber", in *Do Ocidente à modernidade. Intelectuais e mudança social*. Rio de Janeiro: Civilização Brasileira, 2003.

_____. *Interpretando a modernidade. Imaginário e instituições*. Rio de Janeiro: Editora FGV, 2002.

_____. *Ensaios de sociologia*. Belo Horizonte: Editora UFMG, 2004.

_____ (2006). "Instituições formais, cidadania e 'solidariedade complexa'", in *Aproximações à América Latina. Desafios contemporâneos*. Rio de Janeiro: Civilização Brasileira, 2007.

_____ (2008). *A América Latina e a modernidade contemporânea. Uma interpretação sociológica*. Belo Horizonte: Civilização Brasileira, 2009.

_____ (2009a). "Modernidade e giros modernizadores: a América Latina em perspectiva comparada", in *Teoria crítica e (semi)periferia*. Belo Horizonte, Editora UFMG, 2011.

_____ (2009b). "Democracia, liberdade e dominação: uma discussão teórica com referência especial (via Índia) à América Latina, Brasil", in *Teoria crítica e (semi)periferia*. Belo Horizonte: Editora UFMG, 2011.

_____ (2010). "Ashis Nandy e as vicissitudes do self. Crítica, subjetividade e civilização indiana", in *Teoria crítica e (semi)periferia*. Belo Horizonte: Editora UFMG, 2011.

_____ (2012). *Modernidade global e civilização contemporânea. Para uma renovação da teoria crítica*. Belo Horizonte: Editora UFMG, 2013.

_____. *O Brasil entre o presente e o futuro. Conjuntura atual e inserção internacional*. Rio de Janeiro: Mauad, 2ª edição revista e ampliada, 2015.

Dun, John. *Western Political Theory in the Face of the Future*. Cambridge: Cambridge University Press, 1979.

Durkheim, Emile. *De la Division du travail social*. Paris: Presses Universitaires de France, 1973.

_____ (1897). *Le Suicide. Etude de sociologie.* Paris: Presses Universitaires de France, 2013.

Easton, David. *A Framework for Political Analysis.* Englewood Cliffs, NJ: Prentice-Hall, 1965.

Ebrey, Patricia. "The Confucian family and the spread of Confucian values", in Gilbert Rozman (org.). *The East Asian Region: Confucian Heritage and its Modern Adaptation.* Cambridge: Cambridge University Press, 1991.

Eisenstadt, Shmuel N. *Traditional Patrimonialism and Modern Neopatrimonialism.* Beverly Hills, CA/Londres: Sage, 1973.

_____. "The civilizational dynamic of modernity: modernity as a distinct civilization". *International Sociology,* v. 16, 2001.

Elias, Nonbert (1939). *The Civilizing Process: Sociogenetic and Psychogenetic Investigations.* Oxford: Blackwell, 2000.

Elster, Jon (1985). *Making Sense of Marx.* Cambridge: Cambridge University Press, 1995.

_____. *Alexis de Tocqueville: the First Social Scientist.* Cambridge: Cambridge University Press, 2009.

Engels, Fridriech (1884). *Der Ursprung der Familie, des Privateigentum und des Staats,* in Karl Marx & Friedrich Engels, *Werke,* v. 21. Berlim: Dietz, 1975.

Evans, Peter & Rueschemeyer, Dietrich & Skocpol, Theda. *Bringing the State back in.* Cambridge: Cambridge University Press, 1985.

Foucault, Michel (1976). "Cours de janvier 1976", in *Dits et écrits,* v. 2. Paris: Gallimard, 2001.

_____ (1982). "Le sujet et le pouvoir", in *Dits et écrits,* v. 2. Paris: Gallimard, 2001.

Fraser, Nancy. *Scales of Justice: Reimagining Political Space in a Globalizing World.* Cambridge: Polity, 2009.

_____ & Honneth, Axel. *Redistribution or Recognition: a Political-Philosophical Exchange.* Londres/Nova York: Verso, 2003.

Freud, Sigmund (1900). *Die Traumdeutung,* in *Studienausgabe,* v. 1. Frankfurt am Main: S. Fisher, 1972.

_____ (1915). "Das Unbewusste", in *Studienausgabe,* v. 3. Frankfurt am Main: S. Fisher, 1975.

_____ (1923). *Das Ich und das Es*, in *Studienausgabe*, v. 3. Frankfurt am Main: S. Fisher, 1975.

García, Brígida & Lorena Rojas, Olga (2001). "Cambios en la formación y disolución de las uniones en América Latina". *Papeles de población*, n. 32, 2002.

García Canclini, Néstor. *Consumidores y ciudadanos. Conflictos multiculturales de la globalización*. Cidade do México: Grijalbo, 1995.

Gentili, Dario. "Una crisi italiana. Alla radice della teoria dell'autonomia del politico". *Il rasoio de Occam*, 27 de fevereiro, 2013.

Germani, Gino. *Política y sociedad en una época de transición*. Buenos Aires: Paidós, 1965.

Giddens, Anthony. *New Rules of Sociological Method*. Londres: Hutchinson, 1976.

_____ (1984). *The Constitution of Society*. Cambridge: Polity, 1985.

_____ *The Nation State and Violence*. Cambridge: Polity, 1985.

_____ *The Consequences of Modernity*. Cambridge: Polity, 1990.

Giroux, Henry A. *The Terror of Neoliberalism: Authoritarianism and the Eclipse of Democracy*. Boulder, CO/Londres: Paradigm; Aurora/Ontario: Garamond, 2004.

Go, Julian. "For a postcolonial sociology". *Theory and Society*, v. 42, 2012.

Godelier, Maurice. *Horizon, trajets marxistes en anthropologie*. Paris: Maspero, 1973.

_____. *Métamorphoses de la parenté*. Paris: Flammarion, 2010.

Goode, William J. (1963). *World Revolution and Family Patterns*. Nova York: Free Press, 1970.

Graeber, David (2011). *Debt: the First 5.000 Years*. Nova York/Londres: Melville House, 2014.

Gramsci, Antonio (1929-1935). *Quaderni del carceri*, v. 1-3. Turim: Einaudi, 2001.

Grossmann, Henryk (1929). *Das Akkumulation-und Zusammenbruchgesetz des kapitalistischen Systems*. Frankfurt am Main: Neue Kritik, 1967.

Habermas, Jürgen. *Für Rekonstruktion historischen Materialismus*. Frankfurt am Main: Suhrkamp, 1976.

_____ (1980). "Das unvollendete Projekt der Moderne", in *Philosophisch--politische Aufsätze, 1977-1990*. Leipzig: Reclam, 1994.

_____. *Theorie des kommunikativen Handelns*, v. 1-2. Frankfurt am Main: Suhrkamp, 1981.

_____. *Faktizität und Geltung*. Frankfurt am Main: Suhrkamp, 1992.

_____. *Die Zukunft menschilichen Natur*. Frankfurt am Main: Suhrkamp, 2001a.

_____. *Glauben und Wissen*. Frankfurt am Main: Suhrkamp, 2001b.

_____. *Eine Verfassung Europas. Ein Essay*. Frankfurt am Main: Suhrkamp, 2011.

Hadden, Jeffrey K. "Toward desacralizing secularization theory". *Social Forces*, v. 65, 1987.

Halevy, Elie (1901-1904). *The Growth of Philosophical Radicalism*. Nova York: Augustus M. Kelley, 1970.

Hardt, Michel & Negri, Antonio. *Labour of Dyonisius: a Critique of the State Form*. Minneapolis, MN: University of Minnesota Press, 1994.

_____. *Empire*. Cambridge, MA: Harvard University Press, 2000.

_____. *Multitude: War and Democracy in the Age of Empire*. Nova York: Penguin, 2005.

_____. *Commonwealth*. Cambridge, MA: Harvard University Press, 2011.

Harvey, David. *The Condition of Postmodernity*. Malden, MA/Oxford: Blackwell, 1990.

_____. *The New Imperialism*. Oxford: Oxford University Press, 2003.

_____. *The Enigma of Capital and the Crisis of Capitalism*. Nova York: Oxford University Press, 2009.

_____. *Seventeen Contradictions and the End of Capitalism*. Nova York: Oxford University Press, 2014.

Hayek, Friedrich A. *The Road to Serfdom*. Londres: Routledge & Kegan Paul, 1979.

Hedström, Peter & Swedberg, Richard (orgs.). *Social Mechanisms: an Analytical Approach to Social Theory*. Cambridge: Cambridge University Press, 1998.

Heinrich, Michael. *Die Wissenschaft vom Wert. Die Marxsche Kritik der politischen Ökonomie zwischen wissenschaftlicher Revolution und klassischer Tradition*. Münster: Westfälisches Dampfboot, 2003.

_____. "Crisis theory, the law of the tendency of the profit rate to fall, and Marx's studies in the 1870s". *Monthly Review*, v. 64, 2013.

Hirschman, Albert O. *The Passion and the Interests: Political Arguments for Capitalism before its Emergence*. Princeton, NJ: Princeton University Press, 1976.

Hobbes, Thomas (1651). *Leviathan*. Cambridge: Cambridge University Press, 1996.

Hobsbawm, Eric. "Introduction", in Karl Marx, *Pre-Capitalist Economic Formations*. Nova York: International Publishers, 1964.

Ho-fung, Hung. "Rise of China and the global overaccumulation crisis". *Review of International Political Economy*, v. 15, 2008.

Honneth, Axel (2008). "Verflussigungen des Sozialen: Zur Gesellschaftstheorie von Luc Boltanski und Laurent Thévenot", in *Das Ich in Wir. Studien zur Annerkennungstheorie*. Frankfurt am Main: Suhrkamp, 2010.

_____. *Das Ich in Wir. Studien zur Anerkennungstheorie*. Frankfurt am Main: Suhrkamp, 2010.

_____. *Das Recht der Freiheit. Grundrisse eine demokratischen Sittlichkeit*. Frankfurt am Main: Suhrkamp, 2011.

_____. "Die moral im 'Kapital'. Versuch einer Korrektur der Marxschen Ökonomiekritik", in Rahel Jaeggi & Daniel Loick (orgs.). *Nach Marx. Philosophie, Kritik, Praxis*. Frankfurt am Main: Suhrkamp, 2014.

_____. *Die Idee des Sozialismus*. Frankfurt am Main: Suhrkamp, 2015.

Huntington, Samuel P. (1968). *Political Order in Changing Societies*. New Haven, CO/Londres: Yale University Press, 2006.

James, Daniel. *Resistance and Integration: Peronism and the Argentine Working Class, 1946-1976*. Cambridge: Cambridge University Press, 1990.

Jameson, Fredric. *Post-Modernism, or the Cultural Logic of Late Capitalism*. Durham, NC/Londres: Duke University Press, 1991.

Jay, Martin. *Marxism and Totality: the Adventures of a Concept from Lukács to Habermas*. Berkeley/Los Angeles: University of California Press, 1986.

Jessop, Bob. *State Theory: Putting Capitalist States in their Place*. Cambridge: Polity, 1990.

_____. *State Power*. Cambridge: Polity, 2008.

Jhabvala, Renana & Standing, Guy. "Targeting the 'poor': clogged pipes and bureaucratic blinkers". *Economic and Political Weekly*, v. 45, n. 26-27, 2010.

Joas, Hans. *Glaube als Option: Zukunftsmöglichkeit des Christentums*. Freiburg: Herder, 2012.

Kalyvas, Andreas. *Democracy and the Politics of the Extraordinary: Max Weber, Carl Schmitt, and Hannah Arendt*. Cambridge: Cambridge University Press, 2005.

Karatani, Kojin (2004). "Introduction: the Eighteenth Brumaire of Louis Bonaparte", in *History and Repetition*. Nova York/Chichester: Columbia University Press, 2011.

_____. *Transcritique: on Kant and Marx*. Cambridge, MA: MIT Press, 2005.

_____. *The Structure of World History: from Modes of Production to Modes of Exchange*. Durham, NC/Londres: Duke University Press, 2014.

Kautsky, Karl (1909). *O caminho do poder*. São Paulo: Hucitec, 1979.

Knöbl, Wolfgang. *Spielräume der Modernisierung*. Weilerwist: Velbrück, 2001.

_____. *Die Kontingenz der Moderne: Wege in Europa, Asien und America*. Frankfurt am Main/Nova York: Campus, 2007.

Kowarick, Lucio. *Capitalismo e marginalidade na América Latina*. Rio de Janeiro: Paz e Terra, 1977.

Laclau, Ernesto. *On Populist Reason*. Londres/Nova York: Verso, 2005.

_____ & Mouffe, Chantall. *Hegemony and Socialist Strategy*. Londres/Nova York: Verso, 1985.

Lange, Hellmuth & Meier, Lars (orgs.). *The New Middle Classes: Globalizing Lifestyles, Consumerism and Environmental Concern*. Dordrecht: Springer, 2009.

Laplanche, Jean & Pontalis, Jean-Bertrand (1967). *Vocabulaire de la psicanalyse*. Paris: PUF, 2002.

Lechner, Nobert (1997). "Tres formas de coordinación social", in *Obras Escogidas*, t. 2. Santiago: Lom, 2007.

Lefort, Claude. *L'Invention démocratique. Les limites de la domination totalitaire*. Paris: Fayard, 1981.

Leledakis, Akis. *Society and Psyche: Social Theory and the Unconscious Dimension of Social Life*. Londres: Berg, 1995.

Lerner, Daniel. *The Passing of Traditional Society: Modernizing the Middle East*. Nova York: Free Press, 1958.

Lévi-Strauss, Claude. "The family", in Shapiro, Harry L. (org.). *Man, Culture, and Society*. Oxford: Oxford University Press, 1969.

Lezama, José Luis (1993). *Teoría social, espacio y ciudad*. Cidade do México: Colegio de México, 2005.

Lipset, Seymor M. "Some social requisites of democracy: economic development and political legitimacy". *The American Political Science Review*, v. 53, 1959.

Lênin, Vladimir (1917). *Imperialismo, fase superior do capitalismo (ensaio popular)*. São Paulo: Alfa-Ômega, 1986.

Lukács, Gyorg (1923). *Geschichte und Klassenbewusstesein. Studien über Marxistische Dialektik*, in *Werke*, v. 2. Darmstadt: Luchterhand, 1977.

Luxemburg, Rosa (1913). *Die Akkumulation des Kapitals. Ein Beitrag zur ökonomischen Erklärung des Imperialismus*. Berlim: Institut für Marxismus-Leninismus, 1975.

Lyotard, Jean-François. *La Condition postmoderne. Rapport sur le savoir*. Paris: Minuit, 1979.

Macfarlane, Alan. *The Origins of English Individualism*. Cambridge: Cambridge University Press, 1978.

Madan, T. N. (1987). "Secularism and its place", in *Images of the World: Essays on Religion, Secularization, and Culture*. Nova Delhi: Oxford University Press, 2006.

_____. *Modern Myths, Locked Minds: Secularism and Fundamentalism in India*. Nova Delhi: Oxford University Press, 1997.

Madsen, Richard. "Religious revival", in You-tien Hising & Kwan Ching Lee (orgs.). *Reclaiming Chinese Society: the New Social Activism*. Nova York/Londres: Routledge, 2010.

Magri, Lucio (2009). *O alfaiate de Ulm. Uma possível história do Partido Comunista Italiano*. São Paulo: Boitempo, 2013.

Maneiro, María. *Encuentros y desencuentros. Estado y movimientos de trabajadores desocupados del Gran Buenos Aires (1996-2005)*. Buenos Aires: Biblos, 2012.

Manicas, Peter T. *A Realist Philosophy of the Social Sciences*. Cambridge: Cambridge University Press, 2006.

Manin, Bernard. *The Principles of Representative Government*. Cambridge: Cambridge University Press, 1997.

Mann, Michael. *The Sources of Social Power*, v. 1. A History of Power from the Beginning to A.D. 1760. Cambridge: Cambridge University Press, 1986.

_____. *The Sources of Social Power*, v. 2. The Rise of Classes and Nation-States, 1760-1914. Cambridge: Cambridge University Press, 1993.

_____. *The Sources of Social Power*, v. 4. Globalizations, 1945-2011. Cambridge: Cambridge University Press, 2013.

Marshall, T. H. (1950). "Citizenship and social class", in *Class, Citizenship and Social Development*. Garden City, NY: Double Day & Co, 1964.

Martin, David. *A General Theory of Secularization*. Nova York: Harper & Row, 1978.

Martín-Barbero, Jesús. *De los medios a las mediaciones. Comunicación, cultura y hegemonía*. Barcelona: G. Gilli, 1987.

Martínez, Tomás E. *Requien por un país perdido*. Buenos Aires: Aguilar, 2003.

Martuccelli, Danilo. *Forgé par l'éprouve. L'individu dans la France contemporaine*. Paris: Armand Colin, 2006.

_____. *La Société singulariste*. Paris: Armand Colin, 2010.

Marx, Karl (1844). *Zur Judenfrage*, in Karl Marx & Friedrich Engels, *Werke*, v. 1. Berlim: Dietz, 1956.

_____ (1845). "Thesen über Feuerbach", in Karl Marx & Friedrich Engels, *Werke*, v. 3. Berlim: Dietz, 1956.

_____ (1852). *Der achtzehnte Brumaire des Louis Bonaparte*, in Karl Marx & Friedrich Engels, *Werke*, v. 8. Berlim: Dietz, 1972.

_____ (1857-1858). *Ökonomische Manuskripte 1857/58 (Grundrisse), Mega 42*. Berlim: Dietz, 1983.

_____ (1859). "Vorwort", in *Zur Kritik der politischen Ökonomie*, in Karl Marx & Friedrich Engels, *Werke*, v. 13. Berlim: Dietz, 1971.

_____ (1867). *Das Kapital. Kritik der politischen Ökonomie*, v. 1. Berlim: Dietz, 1968.

_____ (1871). *The Civil War in France*, in Karl Marx & Friedrich Engels, *Collected Works*, v. 22. Moscou: Progress Publishers, 1986.

_____ (1875). *Kritik der Gothaer Programms*, in Karl Marx Karl & Friedrich Engels, *Werke*, v. 19. Berlim: Dietz, 1973.

_____ (1883). *Das Kapital. Kritik der politischen Ökonomie*, v. 2. Berlim: Dietz, 1963.

_____ (1894). *Das Kapital. Kritik der politischen Ökonomie*, v. 3. Berlim: Dietz, 1983.

_____ & Engels, Friedrich (1845). *Die deutsche Ideologie*, in *Werke*, v. 3. Berlim: Dietz, 1969.

_____. *Manifest der kommunistischen Partei*, in *Werke*, v. 6. Berlim: Dietz, 1959.

Mead, Georg H. (1920-1930). *Mind, Self and Society*. Chicago: The University of Chicago Press, 1962.

Medina Echevarría, José. *Consideraciones sociológicas sobre el desarrollo económico*. Buenos Aires: Solar y Hachette, 1964.

Merton, Robert K. *Social Theory and Social Structure*. Nova York: Free Press, 1968.

Michels, Robert (1915). *Sociologia dos partidos políticos*. Brasília: Editora UnB, 1982.

Mignolo, Walter D. *Local Histories/Global Designs: Coloniality, Subaltern Knowledges, and Border Thinking*. Princeton, NJ: Princeton University Press, 2000.

_____. *The Idea of Latin America*. Oxford: Blackwell, 2005.

Mill, John Stuart (1843). *System of Logic, Ratiocinative and Inductive, being a Connected View of the Principles of Evidence, and the Methods of Scientific Investigation*. Nova York: Harper and Brothers, 1882.

Milliband, Ralph. *The State in Capitalist Society: the Analysis of the Western System of Power*. Londres: Quarter, 1971.

Moore Jr., Barrington. *Social Origins of Democracy and Dictatorship: Lord and Peasant in the Making of the Modern World*. Boston, MA: Beacon, 1967.

Morgenthau, Hans J (1949). *Politics among Nations: The Struggle for Power and Peace*. Nova York: Alfred A. Knopf, 1967.

Müller-Doohm, Stephan. "How to criticize: convergent and divergent paths in critical theories of society", in Gerard Delanty (org.), *Handbook of European Social Theory*. Londres/Nova York: Routledge, 2005.

REFERÊNCIAS BIBLIOGRÁFICAS

Murillo, Sonia. *Colonizar el dolor. La interpelación ideológica del Banco Mundial en América Latina. El caso argentino desde Blumberg a Cromañon*. Buenos Aires: Clacso, 2008.

Murmis, Miguel & Portantiero, Juan Carlos (1972). *Estudios sobre los orígenes del peronismo*. Buenos Aires: Siglo XXI, 2006.

Murphy, Timothy S. *Antonio Negri*. Cambridge: Polity, 2012.

Nanda, Meera. *Prophets Facing Backwards: Postmodernism, Science, and Hindu Nationalism*. Delhi: Permanent Black, 2004.

Nandy, Ashis (1978). "Towards a Third World utopia", in *Traditions, Tyranny, and Utopias: Essays in the Politics of Awareness*. Nova Delhi: Oxford University Press, 1992.

⎯⎯⎯ (1985). "An anti-secularist manifesto", in *The Romance of the State and the Fate of Dissent in the Tropics*. Nova Delhi: Oxford University Press, 2003.

⎯⎯⎯ (1990). "The politics of secularism and the recovery of religious tolerance", in *Times Warp: Silent and Evasive Pasts in Indian Politics and Religion*. New Brunswick, NJ: Rutgers University Press, 2002.

Navarro, Marysa. "The case of Eva Perón", *Signs*, v. 3, 1977.

Negri, Antonio (1979). *Marx oltre Marx. Quaderno di lavoro sui Grundrisse*. Roma: Manifestolibri, 2003.

⎯⎯⎯ (1992). *Il potere constituente. Sagio sulle alternative del moderno*. Roma: Manifestolibri, 2002.

⎯⎯⎯. "Reviewing the experience of Italy in the 1970s". *Le Monde Diplomatique*, English edition, setembro 1998.

⎯⎯⎯. *The Politics of Subversion: a Manifesto for the Twenty-First Century*. Cambridge: Polity, 2ª edição, 2005.

Neri, Aldo *et al*. *Asignación universal por hijo. Ciclo de conferencias*. Buenos Aires: AAPS, 2010.

Nobre, Marcus. "Teoria crítica hoje", in Daniel Tourinho Peres *et al*. (orgs.), *Tensões e passagens. Filosofia crítica e modernidade*. São Paulo: Singular, 2008a.

⎯⎯⎯. "Introdução. Modelos de teoria crítica", in Marcus Nobre (org.), *Curso livre de teoria política*. São Paulo: Papirus, 2008b.

Nun, José. *Marginalidad y exclusión social*. Buenos Aires e Cidade do México: Fondo de Cultura Económica, 2001.

O'Donnell, Guillermo. "Delegative democracy". *Journal of Democracy*, n. 5, 1991.
Offe, Carl. *Strukturprobleme des kapistalistischen Staates*. Frankfurt am Main: Suhrkamp, 1973.
Ortiz, Renato. *Mundialização e cultura*. São Paulo: Brasiliense, 1994.
Panitch, Leo & Gindin, Sam. *The Making of Global Capitalism: the Political Economy of the American Empire*. Londres/Nova York: Verso, 2012.
Panizza, Francisco. *Populism and the Mirror of Democracy*. Londres/Nova York: Verso, 2005.
Parsons, Talcott (1937). *The Structure of Social Action*. Nova York: The Free Press, 1966.
_____(1951). *The Social System*. Londres: Routledge & Kegan Paul, 1979.
_____. "The American family: its relations to personality and to the social structure", in Talcott Parsons & Robert F. Bales (orgs.), *Family: Socialization and Interaction Process*. Nova York: Free Press, 1955.
_____. *Sociological Theory and Modern Society*. Nova York: Free Press, 1967.
_____. *The System of Modern Society*. Englewood Cliffs, NJ: Prentice-Hall, 1971.
Pasukanis, Evgeny B. (1926). *La Théorie generale du droit et le marxisme*. Paris: EDI, 1969.
Patel, Sujata. "Beyond binaries: a case for self-reflexive sociologies". *Current sociology*, v. 54, 2006.
Patel, Tulsi (org.). *The Family in India: Structure and Practice*. Nova Delhi: Sage, 2005.
Pateman, Carol. *The Sexual Contract*. Stanford, CA: Stanford University Press, 1988.
Piaget, Jean & García, Rolando. *Psychogenèse et histoire des sciences*. Paris: Flammarion, 1983.
Pierson, Paul & Skocpol, Theda (orgs.). *The Transformation of American Politics: Activist Government and the Rise of Conservatism*. Princeton, NJ: Princeton University Press, 2007.
Piketty, Thomas. *Le Capital au XXIe siècle*. Paris: Seuil, 2013.

Pitkin, Hannah F. *The Concept of Representation*. Berkeley/Los Angeles: University of California Press, 1967.

Pleyers, Geoffrey. *After Globalization: Becoming Actors in the Global Age*. Cambridge: Polity, 2011.

Polanyi, Karl (1944). *The Great Transformation: the Political and Economic Origins of our Time*. Boston: Beacon, 2002.

Poulantzas, Nicos. *Pouvoir politique et classes sociales*. Paris: Maspero, 1968.

_____. *L'Etat, le pouvoir, le socialismo*. Paris: Presses Universitaires de France, 1978.

Quijano, Aníbal. *Imperialismo y marginalidad*. Lima: Mosca Azul, 1977.

Quilodran, Julieta. "La familia, referentes en transición". *Papeles de población*, n. 37, 2003.

Riley, Alexander T. "'Renegade Durkheimianism' and the transgressive left sacred", in Jeffrey A. Alexander & Philip Smith (orgs.). *The Cambridge Companion to Durkheim*. Cambridge: Cambridge University Press, 2005.

Riley, Patrik. *Will and Political Legitimacy: a Critical Exposition of Social Contract Theory in Hobbes, Locke, Rousseau, Kant, and Hegel*. Cambridge, MA: Harvard University Press, 1982.

Robbins, Lionel. *An Essay on the Nature and Significance of Economic Theory*. Londres: Macmillan, 1932.

Rock, David. *Argentina, 1516-1982: from Spanish Colonization to Alfonsín*. Berkeley/Los Angeles: University of California Press, 1987.

Rodriguez Vignoli, Jorge A. "¿Cohabitación en América Latina: modernidad, exclusión o diversidad?" *Papeles de población*, n. 40, 2004.

Ronen, Ruth. "Description, narrative and representation". *Narrative*, v. 5, 1997.

Rouanet, Sérgio Paulo. *A razão cativa*. São Paulo: Brasiliense, 1985.

Sahlins, Marshall (1960). "Evolution: specific and general", in E. R. Service at al. (orgs.). *Evolution and Culture*. Ann Arbor, MC: The Michigan University Press, 1982.

Santos, Boaventura de Sousa. *Pela mão de Alice. O social e o político na pós-modernidade*. São Paulo: Cortez, 1995.

_____. "Por que é tão difícil construir uma teoria crítica?". *Revista Crítica de Ciências Sociais*, n. 54, 1999.

_____. *A crítica da razão indolente. Contra o desperdício da experiência.* São Paulo: Cortez, 2000.

_____. "Para uma sociologia das ausências e uma sociologia das emergências". *Revista Crítica de Ciências Sociais*, v. 63, 2002.

_____. *Renovar a teoria crítica e reinventar a emancipação social.* São Paulo: Boitempo, 2007.

_____. *Refundación del Estado en América Latina. Perspectivas desde una epistemología del Sur.* Lima: Instituto Internacional de Derecho y Sociedad, 2010.

Saraceno, Chiara. *Anatomia della famiglia.* Bari: De Donato, 1976.

Sarlo, Beatriz. *La audacia y el cálculo: Kirchner 2003-2010.* Buenos Aires: Sudamericana, 2011.

Sarmiento, Domingo F. (1845). *Facundo. Civilización y barbarie: vida de Juan Facundo Quiroga.* Caracas: Biblioteca Ayacucho, 1977.

Sartre, Jean-Paul. *Critique de la raison dialectique.* Paris: Gallimard, 1960.

Sassen, Saskia. *A Sociology of Globalization.* Nova York: W. W. Norton & Co., 2007.

_____. *Territory, Authority, Rights: from Medieval to Global Assemblages.* Princeton, NJ: Princeton University Press, 2ª edição, 2006.

Schmidt, Volker H. "One world, one modernity", in Volker H. Schmidt (org.). *Modernity at the beginning of the 21st century.* Newcastle: Cambridge Scholarly Publishing, 2007.

_____. "Modernity and diversity: reflections on the controversy between modernization theorists and multiple modernists". *Social Science Information*, v. 49, 2009.

Schumpeter, Joseph A (1942). *Capitalism, Socialism, and Democracy.* Nova York: Harper, 2008.

Schutz, Alfred. *Collected papers*, v. 1-3. Dordrecht: Martinus Nijihoff, 1962-1966.

Senén González, Santiago & Lerman, Gabriel D. *El 17 de octubre de 1945: antes, durante, después.* Buenos Aires: Lumière, 2005.

Sewell Jr., William H. *Logics of History: Social Theory and Social Transformation.* Chicago: University of Chicago Press, 2005.

Shah, A. M. *The Family in India: Critical Essays.* Himayatnegar, Hyderabad: Orient Longman, 1998.

Sidicaro, Ricardo. *Los tres peronismos: Estado y poder económico.* Buenos Aires: Siglo XXI, 2ª edição, 2010.

Sigal, Silvia & Verón, Eliseo. *Perón o muerte: los fundamentos discursivos del fenómeno peronista.* Buenos Aires: Eudeba, 2003.

Silva, Josué Pereira da. *André Gorz. Trabalho e política.* São Paulo: Annablume, 2007.

Simmel, Georg (1908). *Soziologie. Untersuchungen über die Formen der Vergesellschaftung.* Frankfurt am Main: Suhrkamp, 1992.

Singh, Yogendra (1986). *Modernization of Indian Tradition.* Nova Delhi: Rawat, 2009.

Skocpol, Theda. *States and Social Revolutions: a Comparative Analysis of France, Russia, and China.* Cambridge: Cambridge University Press, 1979.

Smelser, Neil J. *Social Change in the Industrial Revolution: an Application of the Theory to the British Cotton Industry.* Chicago: The University of Chicago Press, 1959.

Smith, Adam (1776). *The Wealth of Nations.* Oxford: Oxford University Press, 2014.

Smith, Dennis. *The Rise of Historical Sociology.* Philadelphia, PA: Temple University Press, 1992.

Spivak, Gayatri C. "Can the subaltern speak?", in Cary Nelson & Lawrence Grossberg (orgs.). *Marxism and the Interpretation of Culture.* Urbana, IL: University of Illinois Press, 1988.

Stepan, Alfred. "Multiple secularisms". *Seminar*, #593. <http://www.india-seminar.com/2009/593.htm>.

Streeck, Wolfgang. "The crisis of democratic capitalism". *New Left Review*, n. 71, 2011.

_____. *Gekaufte Zeit. Die vertagte Krise des demokratischen Kapitalismus.* Frankfurt am Main: Suhrkamp, 2013.

Svampa, Maristella. *La sociedad excluyente. La Argentina bajo el signo del neoliberalismo.* Buenos Aires: Taurus, 2005.

_____. *Barbarie o civilización. El dilema argentino.* Buenos Aires: Taurus, 2ª edição, 2006.

_____. *Cambio de época. Movimientos sociales y poder político.* Buenos Aires: Siglo XXI e Clacso, 2008.

Sweezy, Paul. *The Theory of Capitalist Development*. Nova York: Monthly Review, 1946.

Swingewood, Alan. *A Short History of Sociological Thought*. Basingstoke: Macmillan, 1991.

Taylor, Charles. *A Secular Age*. Cambridge, MA/Londres: The Karnap Press of Harvard University Press, 2007.

Therborn, Göran. *Between Sex and Power: Family in the World, 1900--2000*. Nova York/Londres: Routledge, 2004.

_____. *From Marxism to Post-Marxism*. Londres/Nova York: Verso, 2009.

Tilly, Charles. *Big Structures, Large Processes, Huge Comparisons*. Nova York: Russel Sage Foundation, 1984.

_____. *Coercion, Capital and European States: Ad 990-1992*. Oxford: Willey-Blackwell, edição revista, 1992.

_____. *Contention and Democracy in Europe, 1650-2000*. Cambridge: Cambridge University Press, 2004.

_____. *Democracy*. Cambridge: Cambridge University Press, 2007.

Tenbruch, Friedrich H. "The problem of thematic unity in the works of Max Weber". *British Journal of Sociology*, v. 31, 1980.

Ungpakorn, Giles. "The impact of the Thai 'sixties' on the People's Movement today". *Critical Asian Studies*, v. 7, 2006.

Vanaik, Achin. *The Furies of Indian Communalism: Religion, Modernity and Secularization*. Londres/Nova York: Verso, 1997.

Velho, Otavio Guilherme. *Capitalismo autoritário e campesinato*. São Paulo: Difel, 1976.

Wallerstein, Immanuel. *The Modern World System*, v. 1-3. Nova York: Academic Press, 1974, 1980, 1989.

Wagner, Peter. *A Sociology of Modernity: Liberty and Discipline*. Londres/Nova York: Routledge, 1994.

_____. *Modernity as Experience and Interpretation: a New Sociology of Modernity*. Cambridge, Polity, 2008.

_____. *Modernity: Understanding the Present*. Cambridge: Polity, 2012.

Wainwright, Hilary. *Arguments for a New Left: Answering the Free-Market Right*. Oxford/Cambridge, MA: Willey-Blackwell, 1994.

Weber, Max (1904a). "Die 'Objekivität' sozialwissenschaftlicher Verursachung in der historischen Kausalbetrachtung", in *Schriften zur Wissenschaftslehre*. Stuttgart: Philiph Reclam, 1991.

_____(1904b). *Die Wirtschaftsethik der Weltreligionen. Die Protestantischen Ethik und der Geist der Kapitalismus*, v. 1. Tübingen: J. C. B. Mohr [Paul Siebek], 1988.

_____(1913). "Ueber einige Kategorie des verstehenden Soziologie", in *Gesammelte Aufsätze zur Wissenschaftslehre*. Tübingen: J. C. B. Mohr [Paul Siebeck], 1951.

_____(1919). "Wissenschaft als Beruf", in *Gesammelte Aufsätze zur Wissenschaftslehre*. Tübingen: J. C. B. Mohr [Paul Siebeck], 1988.

_____(1920a). "Vorbemerkung", in *Die Wirtschaftsethik der Weltreligionen*, in *Gesammelte Aufsätze zur Religionssociologie*, v. 1. Tübingen: J. C. B. Mohr [Paul Siebeck], 1988.

_____(1920b). *Die Wirtschaftsethik der Weltreligionen. Zwischenbetrachtung: Theorie der Stufen und Richtungen religiöser Weltablehnung*, in *Gesammelte Aufsätze zur Religionssociologie*, v. 1. Tübingen: J. C. B. Mohr [Paul Siebeck], 1988.

_____(1920c). *Die Wirtschaftsethik der Weltreligionen. Konfuzianismus und Taoismus*, in *Gesammelte Aufsätze zur Religiossoziologie*, v. 1. Tübingen: J. C. B. Mohr [Paul Siebek], 1988.

_____(1921-1922). *Wirtschaft und Gesellshaft. Grundriβ der verstehenden Soziologie*. Tübingen: J. C. B. Mohr [Paul Siebeck], 1980.

_____(1923). *General Economic History*. Masfield Center, CT: Martino, 2013.

Werneck Vianna, Luiz. *Liberalismo e sindicato no Brasil*. Rio de Janeiro: Paz e Terra, 1975.

West, Cornel. *The American Evasion of Philosophy: a Genealogy of Philosophy*. Madison, WI: The Wisconsin University Press, 1989.

White, Harrison. *Identity and Control: a Structural Theory of Social Action*. Princeton, NJ: Princeton University Press, 1992.

Williamson, Oliver E. *Markets and Hierarchies*. Nova York: Free Press, 1983.

Winckelmann, Johannes (org.). *Die protestantische Ethik*, v. 2. Kritiken und Antikritiken. Mohn: Guesteloher, 1995.

Zavaleta Mercado, René. *El Estado en América Latina*. Cochabamba/La Paz: Los Amigos del Libro, 1990.

Zeng Yui. *Family Dynamics in China: a Life Table Analysis*. Madison, WI: The University of Wisconsin Press, 1991.

Zizek, Slavoj (1989). *The Sublime Object of Ideology*. Londres/Nova York: Verso, 2008.

Livros publicados pelo autor

No exterior

A sociologia de Talcott Parsons. Coimbra: Imprensa da Universidade de Coimbra, 2012.
Desarrollo, periferia y semiperiferia en la tercera fase de la modernidad global. Buenos Aires: Clacso, 2012.
Emancipation and History: The Return of Social Theory. Leiden: Brill, 2017.
Global Modernity, Development, and Contemporary Civilization: Towards a Renewal of Critical Theory. Nova York/Londres: Routledge, 2012.
La modernidad contemporánea en América Latina. Buenos Aires: Siglo XXI/Clacso, 2009.
Latin American and Contemporary Modernity: A Sociological Interpretation. Nova York/Londres: Routledge, 2008.
Modernity Reconstructed. Cardiff: University of Wales Press, 2006.
Social Creativity, Collective Subjectivity and Contemporary Modernity. Londres/Basingstoke: Macmillan Press; Nova York: Saint Martin's Press (Palgrave), 2000.
Sociological Theory and Collective Subjectivity. Londres/Basingstoke: Macmillan Press; Nova York: Saint Martin's Press (Palgrave), 1995 (pp. i-x e 1-200).

No Brasil

A América Latina e a modernidade contemporânea. Uma interpretação sociológica. Belo Horizonte: Editora UFMG, 2009.
A sociologia de Talcott Parsons. Niterói: Eduff, 2001. 2ª edição: São Paulo: Annablume, 2008.
Aproximações à América Latina. Desafios contemporâneos. Rio de Janeiro: Civilização Brasileira, 2007.

Brasil entre o presente e o futuro. Conjuntura interna e inserção internacional. Rio de Janeiro: Mauad, 2013 (pp. 1-120). 2ª edição, revista e ampliada, 2015.
Criatividade social, subjetividade coletiva e a modernidade brasileira contemporânea. Rio de Janeiro: Contra Capa, 1999.
Do Ocidente à modernidade. Intelectuais e mudança social. Rio de Janeiro: Civilização Brasileira, 2003.
Ensaios de sociologia. Belo Horizonte: Editora UFMG, 2004.
Esquerda: crise e futuro. Rio de Janeiro: Mauad, 2017.
Estudos e críticas em teoria social. São Paulo: Annablume, 2016.
Interpretando a modernidade. Imaginário e instituições. Rio de Janeiro: Editora FGV, 2002.
Modernidade global e civilização contemporânea. Para a renovação da teoria crítica. Belo Horizonte: Editora UFMG, 2013.
Sociologia e modernidade. Para entender a sociedade contemporânea. Rio de Janeiro: Civilização Brasileira, 1999. 2ª edição, 2001. 3ª edição, revista e atualizada, 2005.
Teoria crítica e (semi)periferia. Belo Horizonte: Editora UFMG, 2011.
Teorias sociológicas no século XX. Rio de Janeiro: Civilização Brasileira, 2001. 2ª edição, 2004; 3ª edição, 2007; 4ª edição, 2015.

Como organizador

José Maurício Domingues & Alice Guimarães & Aurea C. Mota & Fabrício Pereira da Silva. *A Bolívia no espelho do futuro.* Belo Horizonte: Editora UFMG, 2009.
José Maurício Domingues & Maria Maneiro. *América Latina hoje. Conceitos e interpretações.* Rio de Janeiro: Civilização Brasileira, 2006.
José Maurício Domingues & Breno Bringel. *Global Modernity and Social Contestation.* Londres/Delhi: Sage, 2015.
José Maurício Domingues & Leonardo Avritzer. *Modernidade e teoria social no Brasil.* Belo Horizonte: Editora UFMG, 2000.
José Maurício Domingues & Sérgio Costa & Wolfgang Knöbl & Josué Pereira da Silva. *The Plurality of Modernity: Decentring Sociology.* Mering: Hampp, 2006.

*O texto deste livro foi composto em Sabon LT Std,
desenho tipográfico de Jan Tschichold de 1964
baseado nos estudos de Claude Garamond e
Jacques Sabon no século XVI, em corpo 11/15,5.
Para títulos e destaques, foi utilizada a tipografia
Frutiger, desenhada por Adrian Frutiger em 1975.*

*A impressão se deu sobre papel off-white
pelo Sistema Cameron da Divisão Gráfica
da Distribuidora Record.*